国家治理研究书系

中国城市社会治理

姜晓萍　衡霞　田昭／著

中国人民大学出版社
·北京·

前　言

城市社会治理现代化是国家治理现代化的重要组成部分，城市社会治理水平集中体现国家治理发展的逻辑。构建党委领导、政府负责、民主协商、社会协同、公众参与、法治保障、科技支撑的社会治理体系，建设人人有责、人人尽责、人人享有的社会治理共同体，必须以习近平新时代中国特色社会主义思想为指导，贯彻习近平总书记关于城市工作和城市社会治理的新思想新理念新要求，贯彻创新、协调、绿色、开放、共享的发展理念，遵循城市社会治理规律，全方位提升城市能级、变革发展方式、完善治理体系、优化城市功能品质，以党建为引领，以全面深化改革为基本动力，加强依法治理，推进系统治理，提升智慧治理，强化精准治理，建设与全面体现新发展理念相适应的城市社会治理体系，提高城市社会治理能力。

城市社会治理要遵循党建引领、多元治理，改革创新、依法治理，尊重规律、统筹治理，以人为本、科学治理的基本原则。只有将党总揽全局、协调各方的政治优势同政府的资源整合优势、企业的市场竞争优势、社会组织的群众动员优势有机结合起来，才能顺应城市发展规律，坚持以人民为中心的城市社会治理理念，统筹推动城市社会治理的改革创新，破解城市社会治理难题，不断提升城市环境质量、人民生活质量、城市竞争力，使人民获得感、幸福感、安全感更加充实、更有保障、更可持续。

习近平总书记在党的十九届四中全会指出，要“加强和创新社会治理，完善党委领导、政府负责、民主协商、社会协同、公众参与、法治保障、科技支撑的社会治理体系”，提高社会治理社会化、法治化、智能化、专业化水平；要加强社区治理体系建设，推动社会治理重心向基层下移，发挥社会组织作用，实现政府治理和社会调节、居民自治良性互动。因此，城市社会治理的目标同样在于构建适应城市社会治理的党建引领格局，形成城市社会治理的多元主体结构，重塑城市社会治理的空间治理体制，完善城市社会治理的公共服务体系，创新城市社会治理的社会治理机制，推动城市社会治理由经验管理向现代科学治理转变，从而提升城市社会治理的法治化、科学化、精细化和组织化水平。

当前城市发展进入了新的历史阶段，但与此同时，城市社会治理也呈现出一系列新特征，面临一系列新挑战：一是城市人口持续增长，城市社会治理面临教育、医疗、养老、资源环境等问题，为城市管理和应急管理埋下隐患。二是市民利益日趋多元。户籍人口期盼有更好的工作、更高的收入、更优质的医疗教育；新增人口望在社保、医疗、居住、就学等方面，享有与户籍人口同等的待遇；高素质高收入人群对良好保障、宜居环境、生活质量的需求日益增长；低收入群体对就业、收入、社保等生活保障的期望值日益增高。多元群体还会涉及共同的利益纠纷和矛盾。三是社会发展活力不足。在城市扩张和城市改造的过程中，相当一部分人靠“吃租金”过日子，创业就业动力不足、能力不够；在公共资源方面，科研装备、公共服务平台资源总量和结构难以满足迅速增长的创新需求；机关、学校、企业、社区条块分割、封闭运行，资源共享率普遍较低；社会组织发育水平不高，普遍存在机关化、行政化、小型化特征，具备3A等级以上、有资格承接政府职能转移的社会组织占比仅为12.3%。除此以外，城市社会治理机构的设置、人员管理、放管服改革、公共服务方式等诸多方面还与国家中心城市社会治理要求存在一定差距，城市社会治理现代化水平还有待进一步提高。

城市社会治理现代化的提出体现了党的建设新的伟大工程对社区发展治理的新要求。党的十九大报告指出：“伟大斗争，伟大工程，伟大事业，伟大梦想，紧密联系、相互贯通、相互作用，其中起决定性作用的是党的建设新的伟大工程。”报告要求：“要以提升组织力为重点，突出政治功能，把企业、农村、机关、学校、科研院所、街道社区、社会组织等基层党组织建设成为宣传党的主张、贯彻党的决定、领导基层治理、团结动员群众、推动改革发展的坚强战斗堡垒。”这些重要论述深刻阐明了加强城市社会治理中党组织建设的目标和任务，即必须把加强基层党组织的建设摆在城市发展治理的首位，必须把发挥基层党组织核心作用作为城市发展治理的主线，必须把全面从严治党贯穿城市发展治理的始终。

城市社会治理现代化的提出体现了以人民为中心的发展思想对城市发展治理的新要求。党的十九大报告强调，必须坚持以人民为中心的发展思想，要“形成有效的社会治理、良好的社会秩序，使人民获得感、幸福感、安全感更加充实、更有保障、更可持续”。这些重要论述充分体现了以人民为中心的执政理念，明确了城市发展治理的价值取向。因此，在城市发展治理规划纲要中，要把人民对美好生活的向往作为城市发展治理的奋斗目标，推动城市社会治理机构健全、设施完备、主体多元、供给充分、群众满意的城市服务体系的建立健全；要把党的群众路线贯彻到城市发展治理全部活动之中，最大限度集合服务资源，形成城市共建共治共享合力；要始终坚持以人民为中心，把“生活城市”作为城市永续发展的最高目标，建设高品质和谐宜居的生活城市。

本书从国家治理现代化高度出发，把握党建引领的政治站位，结合我国城市发展的客观实际，从制度体系建设的高度和多元行动策略构建的维度对城市社会治理现代化做出科学的战略设计。本书既有对城市现状的分析和对未来的预测，又有对国内外先进城市的对比；既具有较强的战略性与前瞻性，又具有较强的操作性；既可以看作城市未来几十年的规划方案，又可以作为推进城市社会治理现代化的操作指南。

目 录

第一章 城市社会治理的理论溯源

一、城市的形成与发展

（一）城市的产生

城市作为人类文明进步的标志之一，它的出现可以回溯到中世纪的欧洲，“中世纪城市的产生，预示着欧洲未来发展的方向，是欧洲进步的基石”①。城市的出现是社会经济、政治、文化在当时的社会环境条件下的一种巨大的飞跃，不仅深刻影响着欧洲社会的经济结构、政治结构和思想文化，也对世界文明史产生了重要的影响。美国历史学者汤普逊对于中世纪的城市有着极高的评价，他写道：“城市运动，比任何其他中世纪运动更明显地标志着中世纪时代的消逝和近代的开端。”② 实际上，“城”和“市”最早并不是作为一个完整的形态出现的，《说文解字》中的注解——“市，易也”，说明“市”是进行物品交易的地方，而“城”的主要功能则是守卫城池。严格说来，处于这种状态之下的“城”和“市”都还并不具备现代意义上功能较为完备的城市。现代的众多西方学者认为，城市的出现归结于一种“经济革命”：中世纪的欧洲由于社会生产力的不断发展、劳动工具的不断改进与生产技术的持续提高，出现了第一次社会大分工；分工带来的生

① 张海．欧洲发展史新释：从古代到工业革命［M］．广州：广东人民出版社，2002：4-5.

② 摩尔根．古代社会：上册［M］．北京：商务印书馆，1977：257.

产效率的提高不仅为人们产出了足够自给自足的产品，还多出了剩余的产品，这就为商业活动的交换奠定了物质基础。正如马克思所说："商业依赖于城市的发展，而城市的发展也要以商业为条件，这是不言而喻的。"① 随着商业的不断繁荣与发展，商品的交换规模越来越大，货物的流通越来越多，这样的商业环境就需要商人们寻找一个固定的场所来对要进行交换的货物进行保管、储存和运输。美国学者汤普逊在《中世纪经济社会史》中提出，在当时，人们进行商品存储交换的地点有很多是在寺院城墙和封建城堡附近，于是在这样的地方逐渐形成了"市"；在"市"的基础上，商业规模不断扩张，需要的配套功能越来越多，需要的"市"的范围越来越大，使得集市逐渐固定化，最终就有可能演变为工商业聚集地，也就是城市②。

1. 古代的城市

从世界范围来看，雅典的城市萌芽很早，虽然与雅典的城邦制度有很大的关系，二者的形成与发展大致上经历了同一个历史过程，但是城市与城邦有着一定的区别，城市"首先是一定的集体，是以一定的方式组织起来的人的共同体"③。雅典城池的建设最早可以追溯到新石器时代，多发的战争是建设城池的主要原因，在之前的原始部落的基础上逐渐出现了"以环形垣垒围绕的城市，最后则围绕以整齐叠砌石块的城郭"④。已有的城郭与城池，随着社会分工的不断加深、社会生产力的持续进步、商品货币经济的日益发达，逐渐发展成为功能齐全、设施完备、集中固定的城市。除了从"经济革命"的角度来看待雅典城市的形成之外，雅典一直进行的民主政治改革不仅完善了其政治职能，而且也有利于商品经济的不断发展。在政治与经济的相互配合下，加上公元前 6 世纪所形成的工商业奴隶主阶级作为社会基础，雅典的城市逐渐形成发展。

从我国现有的史实资料来看，我国虽然不像雅典可以确定城市萌芽兴起的大致时间段，但可以下定论的是，我国古代的城市也出现较早，从原始时期向现代时期过渡的时候就出现了人群聚居的城垣，与彼时的雅典城一样，它们还并非严格意义上的城市。在鸦片战争之前，我

---

① 马克思，恩格斯．马克思恩格斯文集：第 7 卷［M］．北京：人民出版社，2009：370.

② 汤普逊．中世纪经济社会史：下册［M］．北京：商务印书馆，1984：409-415.

③ 谢连科．城邦与城市［M］．北京：时事出版社，1985.

④ 摩尔根．古代社会：上册［M］．北京：商务印书馆，1977：257.

国城市的发展大致经历了初创阶段、自然增长阶段、变革发展阶段、成熟阶段①。初创阶段的城市通常是为了守卫和保护国家而建立的城郭，在相对固定的范围之内，有着较为密集的人口，并且伴随着一定的商业活动，随着商业活动要求的场所越来越固定化、物质化，城市的布局安排也会较之前单纯承担防卫功能的城郭有所创新。在此阶段也出现了城郭制度，也就是在原来国家的城墙之下建设有百姓所居住生活的大型建筑。春秋战国时期属于城市自然增长阶段。商品经济不断发展，有专门的商人负责各国之间的商品交易与运输。各个大国的经济实力不断增强，城市的数量猛增且规模越来越大，也出现了独立经营的商铺与作坊。黄河中下游地区、淮河流域，城市发展的速度最快，出现了一批新城市，形成北方城市分布的雏形。随着汉水流域、四川盆地和长江三角洲经济的发展，这些地区也出现了一批城市②。古代城市发展到变革阶段后，随着商品经济的不断扩张发展，早开晚闭的传统城市以及原有的城市规模已经逐渐不能满足商品交易与人民的需求，唐朝中后期一直到宋代，城市开始出现变革，简单的市场开始发展为大都会，唐朝也赋予人们随处设立商铺的权利。到了宋代，城市在其规划、建筑和管理之上冲破了“坊”的限制，直接可以临街设店，营业时间也开放到了夜间。毫无疑问，在商品经济的带动下，城市的发展与变革是一种必然趋势。至明清时期，我国的古代城市趋于成熟。由于社会生产力的提高，资本主义开始萌芽，城市的功能不断发展，配套设施也越来越完善，出现了很多以工商为主的中心城市，同时也出现了向周边辐射的城市群，连接起了城市和乡村，进一步带动了农村的城市化，还出现了不同类型的城市，如政治中心城市、手工业中心城市、商业中心城市、外贸港口城市、综合性城市等。城市的布局、结构及建筑风格开始多样化③。

城市的兴起和发展是历史的必然结果。从对古代城市发展历史的探究中我们可以观察到，不管是中国还是同一时期世界上的其他国家，都是在社会生产力发展的基础上，在商品经济和商业活动的带动下，其城市的规模才不断扩大、功能才不断完善、配套设施才不断健全。虽然不同的国家有着不同的政治文化背景，但是仍然有着一定的相同轨迹可以

---

① 高志春．我国古代城市发展及经济特征：以唐宋为例［J］．商讯，2020（5）：12.

② 李传永．我国城市的兴起和发展［J］．四川师范大学学报（哲学社会科学版），1994（1）：115-121.

③ 同①.

探寻。探究各国古代城市的发展历史，可以为我们今天研究近现代城市提供可以借鉴的经验。

2. 近代的城市

现代的众多西方学者认为，城市的出现归结于一种“经济革命”。18 世纪后期的英国，开始进行工业革命，城市化进程开始加快并且逐渐建立起具有现代意义上的城市，工业化进程中物质财富的积累以及城市化进程的加快，使得英国在 19 世纪成为世界上第一个实现城市化的国家，伦敦也成为“世界上第一个现代化城市”①。从 18 世纪起，英国的城市人口就已经和整个欧洲大陆的城市人口在比例上相接近了，大约为 9%。随着工业革命的深入开展，人口大量向城市聚集，并且城市中也聚集了众多的工商业活动，英国城市人口已占英国总人口的 16%，与欧洲城市人口比例相比已经超过其一倍多。随着城市化进程的快速发展，大批新兴城市在英国西北部迅速崛起，与以伦敦为中心的东南地区的城市共同发展，最终形成了功能完备、联系紧密的全国城市体系②。城市的规模和面积不断扩张，到了 19 世纪，在英国之前还存在着的“城市-乡村”格局逐渐被“首都城市-地方城市”格局所代替③，英国成为世界上第一个完成城市化的国家。

与英国相比，中国近代的城市化进程开始较晚。自鸦片战争起，资本主义国家的侵略一步步加深，在 19 世纪中后期，中国商品经济的范围开始扩大，由于商品运输的需要，各种新型运输方式的出现拓展了城市的辐射范围，又出现了一批新兴城市。由于通商口岸的开辟，上海首先成为中国当时最繁华的大都市，还成为远东第一大都会，而长江沿岸以及其他沿海通商口岸的开辟，也不同程度地加速了城市化的发展。在《近代上海城市研究》一书中，作者基于对上海近代的发展初步提出了中国近代城市发展的三条规律：(1) 走由商而兴的城市发展之路；(2) 努力保持内部安定的环境；(3) 坚持走开放之路。在这一时间段，由于外国侨民不断增多，他们的生活方式、饮食习惯产生的新的市场需求使得市场供给不断丰富，工商业不断发展，

---

① BARNETT D. London，hub of the industrial revolution [M]. New York：St. Martins Press，1999：4.

② 欧阳萍. 英国城市的发展与近代郊区的兴起 [J]. 城市学刊，2016，37 (4)：31-35.

③ THOMPSON F M L，GRIFFIN W D. The cambridge social history of Britain 1750—1950 (Vol. I) [M]. Cambridge：Cambridge University Press，1990：15.

城市人口也不断增多。石家庄、郑州、青岛、唐山、大连、哈尔滨、齐齐哈尔、安东等，都是近代时期涌现出来的新城市①。虽然也有众多学者认为中国近代发展起来的像上海这样的城市不能代表当时中国农村中未受城市化影响的地区，但是它作为受西方影响崛起的一个较为典型的近代城市，是中国近代化起步最早、受影响程度最大的城市，它的存在对于周边城市的辐射以及商品经济的发展有着不容忽视的先导作用。

从英国和中国近代城市的发展可以看出，城市化进程是人类文明发展的一种大趋势，社会生产力的不断发展是城市化进程不断加快的内因。对于近代中国城市的发展而言，像外来侵略所带来的经济、政治、文化和社会影响也是要考虑的因素。

3. 当代的中国城市

（1）当代中国城市发展历程。

改革开放前，受当时社会历史条件等因素的影响，我国城市化进程停滞不前。改革开放后，我国城市化、城市规模有了较大的发展，城市数量和城市规模均有提高：1985 年，我国县级以上城市有 324 个，城市人口总和为 2.12 亿；1990 年，对应城市数量为 467 个，城市人口总和为 3.35 亿；1995 年，对应城市数量为 640 个，城市人口总和为 4.99 亿；2000 年，对应城市数量为 661 个，城市人口总和为 5.45 亿。可以看出：1985—1990 年和 1990—1995 年这两个五年里，城市数量分别在原来的基础上增加了约 150 个，平均每年增加约 30 个；城市总人口分别增加了约 1.25 亿，平均每年增加约 2 500 万。而在 1995—2000 年的五年里，城市只增加了 21 个，平均每年增加 4 个，城市人口增加了 4 600 万，平均每年增加大约 900 万，速度比前两个阶段都慢了。

中国城市发展总体方针演变历程与指导效果如表 1-1 所示。

表 1-1　中国城市发展总体方针演变历程与指导效果

发展时期	年限	城市化发展方针或政策主要内容	对国家城市化进程的指导效果
“一五”时期	1953—1957	项目带动，自由迁徙，稳步前进	项目带动的自由城市化进程

① 刘克祥. 近代城市的发展与资本主义中小农场的兴起［J］. 中国经济史研究，1998（3）.

续表

发展时期	年限	城市化发展方针或政策主要内容	对国家城市化进程的指导效果
“二五”时期	1958—1962	调整、巩固、充实、提高	盲进盲降的无序城市化进程
“三五”时期	1966—1970	控制大城市规模，搞小城市	动荡萧条的停滞城市化进程
“四五”时期	1971—1975		
“五五”时期	1976—1980	严格控制大城市规模，合理发展中等城市和小城市	改革恢复的积极城市化进程
“六五”时期	1981—1985	严格控制大城市规模，积极发展小城镇	抓小控大的农村城市化进程
“七五”时期	1986—1990	严格控制大城市规模，合理发展中等城市和小城市	大中小并举的多元城市化进程
“八五”时期	1991—1995	开发区建设拉动大城市发展	大城市主导的多元城市化进程
“九五”时期	1996—2000	严格控制大城市规模，突出发展小城镇	大中小并举的健康城市化进程
“十五”时期	2001—2005	大中小城市和小城镇协调发展	大中小并进的协调城市化进程
“十一五”时期	2006—2010	以城市群为主体，大中小城市和小城镇协调发展	中国特色的健康和谐城市化进程
“十二五”时期	2011—2015	城市群与大中小城市和小城镇协调发展	符合国情的积极稳妥城市化进程
“十三五”时期	2016—2020	城市群与大中小城市和小城镇合理分布、协调发展	深度调整应对新形势城市化进程

注：在学者整理的基础上补充了“十三五”时期的资料。

资料来源：方创琳．中国城市发展方针的演变调整与城市规模新格局［J］．地理研究，2014，33（4）：674-686．

（2）当代中国城市发展规模。

根据2014年国务院印发的《关于调整城市规模划分标准的通知》，城市规模划分标准发生了改变：城区常住人口50万以下的城市为小城市，其中 20 万以上 50 万以下的城市为Ⅰ型小城市，20 万以下的城市为Ⅱ型小城市；城区常住人口 50 万以上 100 万以下的城市为中等城市；城区常住人口 100 万以上 500 万以下的城市为大城市，其中 300 万以上 500 万以下的城市为Ⅰ型大城市，100 万以上 300 万以下的城市为Ⅱ型大城市；城区常住人口 500 万以上 1 000 万以下的城市为特大城市；城区常住人口 1 000 万以上的城市为超大城市。2018 年中国城市规模分布如表 1－2 所示。

表 1－2　2018 年中国城市规模分布　　（单位：个）

区域	合计	大于 1 000 万	500 万～1 000 万	100 万～500 万	50 万～100 万	小于 50 万
全国	298	4	12	146	90	46
东部	103	3	8	63	23	6
中部	100	0	2	44	43	11
西部	95	1	2	39	24	29

注：城市人口为市辖区平均人口。
资料来源：根据《2018 年中国城市统计年鉴》整理所得。

（3）当代中国城市规模的展望。

城市发展方针是指导城市持续健康发展、把握城市发展大局与方向的总体纲领。方创琳在《中国城市发展方针的演变调整与城市规模新格局》中提出了调整现行城市发展方针的建议方案，重新划分大、中、小城市的规模标准，将中国城市划分为超大城市（市区常住人口规模＞1 000 万）、特大城市（500 万～1 000 万）、大城市（100 万～500 万）、中等城市（50 万～100 万）、小城市（10 万～50 万）、小城镇（＜10 万）等 6 个规模等级标准；将新形势下中国城市发展方针调整为：引导发展城市群，严格控制超大和特大城市，合理发展大城市，鼓励发展中等城市，积极发展小城市和小城镇，形成城市群与大、中、小城市和小城镇协调发展的国家城市发展新格局。截止到 2020 年形成了由 20 个城市群、10 个超大城市、20 个特大城市、150 个大城市、240 个中等城市、350 个小城市和 19 000 个小城镇组成的 6 级国家城市规模结构新体系；重新构建建制市的设市标准，尝试建立民族自治市；鼓励发展小城市和小城镇，把其作为农业人口就近就地市民化的首选地，不断提升城镇化发展质量①。

① 根据《中国城市统计年鉴》整理所得。

（二）城市的发展与转型

1. 城市转型的背景

在 20 世纪 50—60 年代，经济学家大多把城市看作现代社会产业和信息的聚集中心，看作创新、机遇和政治变革的中心，看作国家现代化的动力之源，因而主张优先发展工业和城市，对城市化持乐观主义态度，认为城市化对发展具有正面效应，在政策上应该促进和加快城市化。但是，到 20 世纪 70 年代，由于许多发展中国家在城市化过程中出现严重的“城市病”和“城市危机”，城市化乐观论顿时衰落。在这个时期，许多学者把发展中国家的城市化看作一个“公共地悲剧”（tragedy of the commons），即过度使用公共资源的经典例子。因此，在这些发展经济学家看来，这种过度城市化不是发展的标志，而恰恰是经济疾病的征兆。这些学者提出的政策也是主张通过发展农村来减缓和控制城乡间的人口流动，抑制快速的城市化和城市增长，防止出现“过度城市化”危机。进入 20 世纪 90 年代，学术界对城市化作用的主流看法又发生了改变，从悲观论再次转向乐观论。学者们意识到，世界各国抑制城市化和城市增长的尝试是很不成功的。政府抑制城市化和城市增长的政策要么根本不起作用，要么使发展付出的代价太大。城市作为现代工业和服务业的聚集地，拥有大量有技能的工人、完善的辅助厂商网络以及大量的顾客，资本、人员、信息等各种生产要素聚集到城市，扩大了人们之间相互交流和接触的机会，促进了技术创新和知识的流动。

城市管理是一个古老的话题，资本主义国家多年来城市化发展的经验使我们认识到城市发展有优先次序，不能全面铺开，要优先发展大城市，但是众所周知，它们走的是一条“先污染，后治理”的道路。由于在城市化趋势下，城市的地位日益重要，我国的城市化应该从我国的国情出发，从城市治理的思路来思考和解决城市发展所面临的各种问题，统筹大中小城市的发展，统筹城乡发展，摒弃粗放外延式的发展方式，兼顾社会、经济与生态三大方面，推进城市发展走科学的可持续发展道路；同时，伴随着科技的不断发展，它实实在在地改变着我们的日常生活，也应该将科技融入城市的发展中，使城市的功能够更加多元、服务更加智能和人性化，智慧城市的出现也会更加有利于民生发展。

2. 城市转型的策略

2015 年 11 月 10 日，在中央财经领导小组第十一次会议上，习近平指出，做好城市工作，首先要认识、尊重、顺应城市发展规律，端正城市发展指导思想。同年 12 月，中共中央政治局会议研究部署了城市工作，会议提出要认识、尊重、顺应城市发展规律，端正城市发展指导思想；推进农民工市民化，加快提高户籍人口城镇化率；增强城市宜居性；改革完善城市规划；提高城市管理水准；坚持把“三农”工作作为全党工作重中之重，同时更加重视做好城市工作。我国城市的建设与规划要顺利转型以适应时代发展的需要，必须进行一系列的策略部署，将城市的发展置于多种因素中综合考虑，在充分考虑城市合理承载力的基础上，维持城市载体和承载对象之间的协调与平衡，优化城市发展模式，“扩容减压、增收减支”，促进城市可持续发展。

城市建设和发展的基础离不开自然资源，自然资源是人们活动不可缺少的前提和基础，城市要转型首先应该考虑自然资源。相对于其他规模的城市，大城市受自然资源的影响相对较小，但自然资源仍是大城市承载力的一块短板，尤其是居民赖以生存的主要自然资源，如土地、水等。随着大城市人口的聚集、生活生产消费的膨胀，大城市对自然资源的消耗相应地增加，可供开发、利用的自然资源的比重在逐渐降低。因此，今后的城市建设要协调好自然资源和城市发展之间的关系，提高自然资源以及各类资源的利用率。在资源总量一定的条件下，资源利用率越高，资源产出的效益越大，所能承载的人口也会相应增加。随着科学技术的进步和管理水平的提高，大城市的资源利用率逐渐提高，这在一定程度上弥补了资源的不足。

其次要考虑经济因素。城市是生产发展的产物，城市人口因经济因素而聚集。可以说，经济发展是城市承载力的直接影响因素，没有社会生产、没有就业，人们就会失去生存的基础。在居民生活水平普遍得到提高的同时，公共服务、文化生活也越来越成为吸引人口的重要因素，而这些也与经济发展状况高度相关。

最后，要考虑人口因素。城市的主体是人，因人的聚集而发展，因人口规模的扩大而扩张，因人的需求而产生供给，因人的活动而承受各种压力。作为给城市环境施压的人口，其需求和排污超过了城市的承载能力和消化能力，就会使城市的生产生活失衡，就会出现城市承载力问题。可见，人口在一定程度上也是决定城市承载状况的主要因子。并且，生活水平不同，人们对各类资源的消耗水平不同，给环境资源造成的压力也会不同。在城市发展的一定阶段，在城市资源总量不变的情况下，城市所能承载的人口也相对较少。一般来说，随着城市人口密度的增加，城市居民生活水平呈倒“U”形走势，在达到城市适度人口之前，人口的增加会促进城市经济的繁荣，但达到适度人口之后，人口的进一步聚集会使居民生活质量下降。所以，城市今后的发展趋势为在保证城市功能不断扩张完善的基础上，提高城市居民的生活水平。

3. 城市转型的趋势

（1）建设可持续发展城市。

我国城市化进程中出现的各种问题已经在提醒我们目前的城市化进程应该从单纯地关注数量转换到关注发展质量。之前所使用的人口指标、经济指标应该让步于更加科学的指标，这些指标要能够合理地考量城市建设的质量，要综合考虑城市的长远发展，强调城市与社会、与自然环境的和谐相处以及协调发展。城市的规划应该因地制宜地考虑本地区的情况，合理地布局产业结构，淘汰资源结构不合理的产业，集中布置适合集群的产业，在经济发展的前提下更加注重生态环境的保护。

（2）建设网络化城市。

世界上众多城市发展的经验表明，现代化的城市发展离不开从单中心向多中心联动的网络型城市发展的路径。在我国建设网络化城市，首先要考虑的就是统筹城乡发展，带动好城市周边地区的城市化进程之后，可以进一步构建群组化的多城市协同发展，这样的模式之下可以集约利用各类稀缺资源，比如城市扩张过程中越来越紧缺的土地资源。其次，网络化的城市协同发展模式还可以在城市之间进行合理的分工，各个城市可以在分工的基础上紧密联系、优势互补。目前，我国城市群发展迅速，除了长三角、珠三角和环渤海城市群，山东半岛城市群、中原城市群、川渝城市群、长江中游城市群、海峡西岸城市群和关中城市群等也在形成和发展中。

（3）建设智慧城市。

智慧城市就是指利用目前先进的科学技术，整合城市提供的各类服务与系统，提高资源的利用率，借此优化城市各种行业的管理与服务，从而方便居民的工作生活，改善交通状况以及公共设施。支撑起整个智慧城市网络的关键就在于信息技术，政府在日常工作中应用智慧办公体制作为主要引导，使处于智慧体系中的城市做到信息化、服务多元化、工业现代化，使城市的发展体现更高标准。建设智慧城市，首先有利于公共服务水平的提升，使城市的医疗、就业、文体、公共设施等便民服务更加精准化与个性化，也增加了公共服务的效率，大大节约了各类资源。其次有利于政府管理效能的提高，智慧城市所整合的各类信息能帮助政府提高决策的时间与能力，帮助政府创新管理思路、探索新的城市发展规律。智慧城市的建立是当今信息网络化、大数据时代背景下政府建设城市的一种全新的思路与趋势。

（三）城市的发展规律

各国的城市化进程都经历了漫长的道路，城市的出现标志着在当时的条件下经济和社会的巨大发展，虽然各个国家的社会环境不同，城市化进程也有快慢先后，但是大致都会经历城市的兴起、城市的变革、城市的转型这三个阶段，仍然有一定的规律可循。

1. 经济发展是城市兴起的内在动因

从古代城市发展的历史我们可以观察到，城市的兴起和发展是历史发展的必然结果，不论是中世纪的欧洲国家还是古代中国，大都是在社会生产力发展的前提下，农业与手工业相分离，商品经济的不断发展与商业活动的不断加强带动着城市规模的扩大。由于世界范围内城市的兴起基本上可以追溯到商品经济的萌芽以及不断发展，以至于当代的众多西方学者将城市的出现归结为一种“经济革命”。商品交换与城市的出现是相辅相成的，商业的开展需要城市提供场所，而城市的不断发展正是由于商业活动所提供的物质基础。正是这样一种不断交替进行的过程，使得商品经济越来越发达，城市规模越来越大，城市功能也越来越完善。

2. 外部力量是城市发展的重要影响因素

虽然经济因素是推动城市产生及发展的内在动因，但城市化进程的不断加快也离不开政治、文化和社会等其他因素的影响。以近代中国为例，经济因素之下所产生的城市往往聚集在资源分布地，或者是城墙、庙宇之下等原有基础较好的场所附近，但是从鸦片战争后所开设的通商口岸来看，在政策原因的影响下，城市的分布集中在沿海还有沿河地区，城市的范围开始越来越广，城市发展的程度开始有变化，比如在当时的租界上海，还会因为外国侨民的生活工作习惯改变城市消费商品的种类。新中国成立之后，由于国家产业规划，内地一些先天经济条件不足的地区也开始慢慢发展出了城市。因此，从英国和中国近代城市的发展可以看出，虽然经济的发展是城市发展的内在动因，但是像外来因素所带来的整个社会的改变，以及经济、政治、文化和社会的影响也是要考虑的

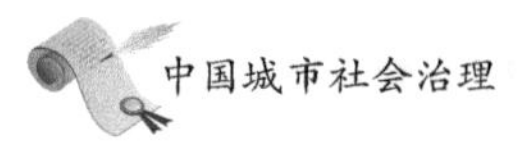

因素。

3. 城市的发展与变革经历着大致相同的阶段

世界上城市的发展虽然发生在不同的社会背景和环境中，每个国家也有着不同的资源禀赋和历史文化环境，各国城市的发展有先有后，程度有深有浅，但是根据城市科学理论，城市化大致都会经历相同的四个阶段。第一个阶段是城市化的开始阶段。这一阶段由于农业与手工业相分离，人们进行商品交换的机会变多，乡村的人口逐渐开始向城市聚集，城市规模开始不断扩大并成为越来越多人口的居住地。第二个阶段是带动郊区城市化。城市在这一阶段一般规模较为固定，人口在城市周边地区与城市之间往返，也可以理解为城市发展到一定阶段对于周边地区的辐射作用。第三个阶段可以称为逆城市化阶段。由于流入城市的人口不断增加，城市问题不断涌现，城市中的人口开始向周边地区流失，从而达到缓解城市中心问题的效果。第四个阶段是再城市化阶段。由于城市的变革以及产业的合理配置，人员重新回流到城市。

二、城市社会治理的兴起

城市是人类文明进步的结晶和摇篮，爱琴海边的古雅典城邦开启了欧洲文明之源，地中海的古罗马城市推动了各古文明之间的交融，大不列颠岛的伦敦吹响了工业时代的号角，大西洋彼岸的纽约承载了现代人类文明的光辉。在我国悠久的历史中，从睥睨天下一统六国的秦都咸阳，到扬子江上历经六朝繁华的古都金陵，到挥斥方遒指点江山的革命圣地延安，再到雄踞华东见证腾飞的现代化都市上海，无不承载着独特而又充满魅力的华夏文明。

城市的发展在映射人类文明发展的同时，亦承载着人类对美好生活的无限向往与追求，城市发展过程必然经历城市社会问题。城市社会问题具有历史性与现代性，是在城市文明进程中涌现的矛盾；城市社会问题具有世界性与中国性，其既具有城市发展的普遍性问题，也具有中国国情的特殊问题；城市社会治理问题具有农村性与城市性，社会结构重组增加了社会的复杂性。社会治理从属全球治理，西方国家开启城市社会治理的先河。在全球化背景下，西方国家面临政府失灵、社会失范、资本错配等问题，中国经验正逐渐成为全球治理的新范式。

党的十九大报告指出，新时代中国社会的主要矛盾已转化为人民日益增长的美好生活需要和不平衡不充分的发展之间的矛盾。美好生活需要宜居的生活环境、健康的人际交往、稳定的工作环境，是伴随着城市化工业化进程加快出现的。据国家统计局数据，2018 年我国常住人口城镇化率达到 59.58%。伴随着我国城市化的不断推进、农民进城速度的加快，城市社会问题成为城乡转型新问题，城市逐渐呈现出综合性、多元性、复杂性特征，城市社会因环境复杂带来治理挑战，因新老问题混杂带来复合治理难题。

（一）城市社会问题的历史性与现代性

城市社会问题是个历史问题，从工业革命到如今的全球化，城市社会问题是困扰人类发展的基础议题。城市社会问题是个现代问题，现代化发展既要求经济市场化和政治民主化①，又要求现代化治理满足人类美好生活诉求。城市社会问题的核心是重建人类基础秩序，从社会矛盾的解决，到公共服务的提供，再到人民期待满足，社会治理历经历史长河。

1. 从“宏大研究”到“微观叙事”

城市社会问题根植于城市化，城市化是表象，背后是工业化。早期的城市社会问题源于工业革命带来人口进城，社群结构改变衍生城市社会问题。经典社会理论家使用“共同体”“有机团结”等术语，在价值追寻下利用宏大叙事，以对资本主义工具理性的批判为基点，抽象探讨社区团结和社会关系。

芝加哥学派在北美城市繁荣中应运而生，该学派认为已有宏大研究缺乏现实操作性，主张研究城市社会中人的生存状态。作为城市社会学的奠基人，帕克秉持城市研究的实证主义，主张通过训练有素的观察进行研究②。此后，芝加哥学派关注微观城市社会问题及社会发展路径，尤其关注“街角社会”等社会事实。后来的新城市主义研究者，将视角再次集中于微观问题，以阶级剥削、金融资本等概念，批判城市社会治理理念和策略。我国的城市社会问题研究经历与西方相类似的过程，从早期的城市化趋势研究到社会微观问题关注，逐渐转向有中国场景和中

① 吉登斯．现代性的后果［M］．田禾，等译．南京：译林出版社，2000.

② 帕克．城市社会学［M］．宋俊岭，等译．北京：华夏出版社，1987.

国关怀的城市社会问题研究。

2. 从“价值探讨”到“现实关怀”

城市社会问题演进是从“价值探讨”转向“现实关怀”的过程。早期社会学家对城市社会问题的研究，大多带有强烈的价值关怀。以齐美尔为代表，他认为对个体而言，城市生活须应对精神紧张刺激，提高个体的理性计算能力，使个体更好地适应城市新型空间。城市特质塑造城市人普遍的算计、冷漠、世故特征①，货币成为承担该种非人格化去价值性的物质担纲者②。

随着城市社会的发展，对城市社会问题的探讨由于过于价值化，无法针对具体问题，不得不让位于现实问题研究。从芝加哥学派研究底层暴力犯罪、贫困集中、毒品泛滥、抢劫、底层亚文化、社会的空间隔离等现实问题，再到公共管理学界对社会群体的工作需求、生活保障、住房需求等问题的探讨，城市社会问题越来越具象化与可操作化。

关于城市社会问题，中国学者早期基于社会自治，探讨行政与自治的协调问题、公众参与与民主治理的关系，以民主价值引领社会改革，将社会赋权作为社会桎梏的解除路径。经济发展与多元诉求带来社会矛盾频发，城市社会问题研究逐渐转向社会抗争现实描述，更加关注居民尤其是弱势群体的基本权益。

3. 从“福利保障”到“民心导向”

城市化问题随着环境的变化不断变迁，早期城市化问题源于大量人口进城，社会体制跟不上现实的步伐，从而引发社会矛盾，该种矛盾化解是社会进步的过程。伴随着城市内部分化、社会与种族隔离加剧，底层亚文化快速出现，聚集犯罪、脏乱、拥挤问题。芝加哥学派认为，城市社会问题的根源是生活、住房和教育保障的缺失，由此开启城市社会问题的“福利保障”研究与治理回应。相关研究认为，要解决城市社会问题，应当重建社会关系来引导社会有序，需要外在力量的干预，尤其是要发挥公权力的作用。具体说来，一是通过社会保障和社会福利，保证城市居民的基本生活和满足其公共需求；二是通过大规模地改造老旧房屋，改善城市居民尤其是弱势群体的居住条件。美国于 1949 年颁布《住房法》，开始了长达 20 多年的城市更新运动，直到 1972 年《分享岁

---

① 齐美尔. 大都会与精神生活［M］. 顾仁明，等译. 上海：学林出版社，2000.

② 齐美尔. 货币哲学：第 1 卷［M］. 于沛沛，等译. 北京：中国社会科学出版社，2007.

入法案》的颁布停止。

资源投放再多仍难激发民众的获得感与幸福感，主要是“福利保障”导向的基本公共服务供给难以解决“民心问题”。20 世纪 90 年代，公共管理学科倡导公民参与理念。政府作为元治理主体，推动社会主体有序参与的最终目标是提高社会的获得感。公共管理学理念的引入，使以增强群众满意度为基础的“民心导向”，成为回应现代城市社会问题的核心议题。我国城乡社会治理现代化的目的，是满足人民对美好生活的向往。单向度地为民众提供制度性保障服务，已难以解决新时代的诉求，倡导群众参与，寻求多元合作，立足人民需求和人民满意，是我国社会治理的新导向。

4. 从“单核治理”到“多元共治”

从早期的宏大叙事和价值追寻，到芝加哥学派前的微观研究，在城市社会问题回应上皆秉持社会本位视角，更多从发挥主体性角度出发，追求人与人、人与社会的自然和谐。直到芝加哥学派发现城市亚文化，以此作为城市社会问题研究的突破口，政府作为重要变量才嵌入社会。随着公共管理学的倡导，政府逐渐成为社会的“元治理”中心。政府在各国社会的角色有差异，但都是作为社会治理场域的力量源。无论社会本位还是政府本位，都试图改变社会“单核治理”方略。

随着治理目标的转型，志愿团体、社会组织等力量的发展，对公共生活和社会治理的影响程度逐渐增加，各类公共管理理论的兴起和应用为城市社会问题的解决提供了重要的理论资源。它们提倡社会和政府共建共治，以满足群众诉求，增进社会认同，助力城市社会的善治格局。由于我国历史和国情不同，政府长期包揽社会治理和服务，随着市场经济的兴起、社会组织的发展及治理理论的借鉴，我国积极寻求党委领导、政府负责、民主协商、社会协同、公众参与、法治保障、科技支撑的社会治理体系。

（二）城市社会问题的世界性与中国性

工业化、城市化带来的城市社会问题，既具有世界性又具有中国性。工业化发展必然带来人口流动和集聚，城市社会问题以此为基础生长扩大。中国和西方的城市社会问题，既有相似性又有阶段差异。处于剧烈转型期的中国，出现城乡社会治理问题，既有源于世界性城市化过程中的一般性矛盾，又有源于我国经济社会体制改革的特殊问题。

1. “先发展后治理”与“发展中治理”

西方国家的城市化根植于工业化，在工业化的裹挟下，大量人口进城，形成工业集聚效应的同时，带来聚集区各类问题。在自由经济体制下，西方国家遵循市场经济规律，采取自由放任的治理模式。在快速城市化的过程中，城市人口承载力受到严重挑战，“城市病”问题加剧。考虑到社会矛盾频发影响城市稳定发展秩序，西方政府着手现代化晚期社会治理，城市社会实践遵循“先发展后治理”的逻辑，为其他国家或地区提供社会治理经验。

从计划经济向市场经济转变，从城乡双轨走向城乡一体，从单位制走向社会制，我国城市社会问题缘起独特。在高速城市化的过程中，随着传统共同体的瓦解，城乡体制的藩篱被打破，商品房小区快速兴起，我国社会治理体制渐趋失衡，越来越无法应对社会变迁问题。要注意的是，我国的城市社会问题是“发展型”问题，只要我们在吸收先进经验的基础上，遵循“发展中治理”的实践逻辑，应该能逐步建立健全城市社会体制，适应爆发性人口聚集态势。

2. “价值虚无”与“核心价值观”

西方国家城市社会问题的重要背景，是工业化带来价值异化问题，社会化大生产带来人的尊严扭曲，资本过多关注利益增长，缺乏对工人的人文关怀。马克思关注资本主义生产方式时发现，城市化的本质是资本追求剩余价值，工业生产使工人与产品、工人与工人的关系“异化”①，只有工人阶级联合，发挥人的主体性，社会才能进入新秩序。

中国共产党作为中国人民和中华民族的先锋队，始终引领人民前进方向。秉持“为民服务”和“为国奉献”的集体式和奉献式价值观，中国共产党在社会治理中倡导社会主义核心价值观，积极传播社会正能量。在该种政治统合、价值统合的治理环境下，中国能够坚定特色治理模式，以实践为导向注重人心治理，积极解决城乡社会发展问题。

3. “慈善社会”与“社会建设”

城市规划建设以功能区来划分，个体和生活工作地点隔离，依托交通发展形成“潮汐式”的流动模式。该种模式难以回应人的发展型诉求，人与人之间的关系越发趋于陌生。同时，阶层分化带来空间隔离，亚文

---

① 马克思．1844年经济学哲学手稿［M］．中共中央马克思恩格斯列宁斯大林著作编译局，译．北京：人民出版社，2000．

化的产生加剧社会关系的“区隔”。西方社会民间力量发育成熟，以慈善组织、社工组织等来引导社会关系和谐，政府担任基本公共服务角色。以社会组织为主体的“慈善社会”模式，依托的是自愿性民间力量，容易取得良好的社会效果，但是，不持续性和分散性成为其短板。

中国以“社会建设”为抓手，政府作为重要主体引导社会建设方向，积极培育市场和社会组织回应社会居民的诉求。社区党组织、居委会、社会组织、市场主体、志愿者共同参与社会建设，以系统解决社会发展问题为治理目标。

4. “被动政府”与“积极政府”

西方政府是“小政府”，更加关注市场自身力量，以维持社会稳定为目标，很难主动去关注社会众多群体，尤其是弱势群体的需求和利益。西方政府关注基本的生存保障和住房保障，应对城市社会问题时注重维持秩序，在社会治理方面较为被动保守。西方政府是资产阶级政府，倾向维护资产阶级自身利益，关注城市化中的城市社会问题，主要是为维护资本的有效运转，保障资产阶级利益少受侵害的同时，平衡城市化过程中的各方利益。

中国政府是“积极政府”，以群众需求为导向，积极主动地解决群众诉求，目的是追求生活美好、人民和谐与安居①。政府高度有为是由我国社会主义体制、集中统一的治理体制、人民本位的治理理念决定的。党和政府以人民对美好生活的向往为目标，以满足群众的多元化需要为诉求，积极探索城乡社会治理发展方向。

（三）城市社会问题的农村性与城市性

独特的历史进程以及社会发展的不均衡，使社会具有城乡二元特征。人类社会必然历经从传统村庄共同体向陌生人基础上的社会结构转变。无论发达国家还是发展中国家，都面临城乡二元结构问题，即农村性与城市性问题。

1. 农村性与“失范”

“共同体”最早由滕尼斯提出②。农村呈现非流动的特征，不仅是生产方式的重复性与自足性，也是生活方式的单一和趋同，由此形成社会关系的熟络化，衍生出以“熟人社会”为特征的强关系。人与人之间同

---

① 徐勇．基于中国场景的“积极政府”［J］．党政研究，2019（1）．

② 滕尼斯．共同体与社会：纯粹社会学的基本概念［M］．北京：北京大学出版社，2010．

质性高，容易形成社会的“机械团结”，集体情感高度作用于个人，使得利他主义掩盖利己主义。

随着城市化进程的加快，农村社会结构的转变，人口流动速度的提升，市场力量逐渐解构农村性。农村社会的原子化程度加深。“机械团结”的社会结构被瓦解，新的社会团结形式尚未形成，人与人之间的关系逐渐“失范”。农村性向城市性的转变，意味着两种生活方式的冲突和两种价值观念的交锋，在生活模式的不适应中出现新的罅隙和裂缝，由此给城乡社会治理带来巨大挑战。

2. 城市性与“冷漠”

城市社会关系相较农村而言，具有契约式、非人格化特点，人们彼此生疏、冷漠、互不关心，形成以“陌生人社会”为特征的结构，个体关注自身利益、有参与社会的积极性。人口异质带来社会情感的疏远，高密度的聚居带来功能的分化，分化催生出城市社会的亚文化，使社会关系复杂，易出现矛盾。

中国处于城乡转型关键期，城乡治理矛盾多元交织，尤其是随着大量农民进城务工形成的农民工群体安身问题，包括居住保障、服务供给、社会管理问题，征地拆迁速度过快形成过渡性社会矛盾积累等，均对城乡社会治理体制改革创新提出较高的紧迫性要求。由于陌生人社会的固有属性，人与人交往呈冷漠化特征，社会居民间的互助关系及社会团结纽带尚未形成，导致居住情感的隔膜、居民与自治组织的隔离、自治组织和市场组织的冲突等。

3. 农村与城市融合趋势

农村现代化的归属是走向城乡一体，实现城乡社会和谐有序运行，达成人与人关系的和谐、人与自然关系的亲近。霍华德提出三磁场理论，认为城市和农村均有其独特的优势和磁场来吸引群众，比如城市拥有更多的社交、更多的就业和更高的工资，但也兼有更多的污染和城市社会问题；农村拥有更自然的风景、宜居的环境和淳朴的人际关系，但基础设施和经济发展难以满足群众需要。霍华德基于城乡融合的理念，试图以人的主体需求为导向，以空间规划设计融合城乡，建构居住、工作和交往空间融合的“田园城市”①。

城乡融合是社会发展和社会建设的趋势，其最终目的是满足群众的

---

① 霍华德. 明日的田园城市［M］. 金经元，译. 北京：商务印书馆，2010.

多元需求。城市社会问题农村性与城市性的对立，将在城乡融合大趋势下消解，形成城乡共同繁荣和相互补充的格局。成都市将构建“高品质和谐宜居生活社区”作为新时代目标，以人民对美好生活的向往为依据，其对城乡社会发展治理的有益探索，将为社会治理现代化提供范本。

（四）社会治理的中国场域与时代需求

1. 中国社会治理体制变迁：民主自治

社会治理体制是国家治理理念在基层实践的作用下组织、协调并落地的系统设计，其改革与创新是破解城市社会治理问题的根本途径。自20世纪30年代引入“社区”概念起，我国社会治理体制总体上经历了从“单位制”向“社会制”转变的过程。

（1）单位共同体的变迁。

不同于欧美国家根植于工业化和城市化进程下的城市社会发展，20世纪50年代的中国面对整体性危机与社会重建的难题，基于“社会整合”的目的，依托单位制度形成了“单位共同体”①。单位共同体是为适应计划经济而设立的一种特殊组织形式，在“单位”这一总体性、全能性的体制下，国家事实上并不存在体系外的社会管理系统。在依托“企业办社会”的格局下，单位共同体的社会管理实际上是作为单位管理部分存在的。学者田毅鹏将这种具有高度社会整合功能的管理体制称为“中国有史以来规模最为巨大的‘空间重组’”，并指出“这既包括城市地理空间的变化，也包括社会关系和社会控制体系的重构”②。与此同时，为了加强对无业城市居民的管理，中国逐步在城市基层建立街道办和居委会。

单位制对于当时高度集中的政治体制运作，以及计划经济体制下的社会整合起到了至关重要的作用，在运行过程中不可避免地产生了一系列后果，学者何海兵将其概括为“总体性社会”和“依赖型人格”③。总体性社会即社会结构分化低，政治、经济和意识形态三位一体，高度重叠；社会结构由“国家-社会精英-民众”三层结构变为“国家-民众”两

① 田毅鹏，胡水．单位共同体变迁与基层社会治理体系的重建［J］．社会建设，2015（2）．

② 田毅鹏．“典型单位制”的起源和形成［J］．吉林大学社会科学学报，2007（7）．

③ 何海兵．我国城市基层社会管理体制的变迁：从单位制、街居制到社会制［J］．管理世界，2003（6）．

层结构，社会生活日趋行政化。依赖型人格即由于单位对社会资源进行集中分配，单位成为单位成员唯一的生活福利来源。此外，单位制还限制了成员的生活空间，单位成员只能全面依附单位，因而形成了依赖型人格。伴随着我国改革开放和社会结构的转型，政府通过单位控制社会的基础发生了动摇，单位制不可避免地走向解体，单位制的管理职能外移，由街道居委会来承接。

（2）社会管理体制改革。

20世纪90年代，“社区建设”在我国兴起。1998年，国务院的政府体制改革方案确定民政部在原基层政权建设司的基础上设立基层政权和社会建设司；与此同时，分别在北京、上海、沈阳、武汉等城市设立26个“全国社区建设实验区”。社区建设在全国范围开展起来，包含社会管理体制改革，涉及制度创新、政府职能转变及城市工作格局调整的系统工程。

我国推进城市社区建设的目的是培育基层民主，加强基层政权建设和行政管理①。在这个过程中，建设服务型政府的提出以及和谐社会的理念，为社会治理注入了新内涵。与此同时，我国的经济体制、社会结构及社会利益格局和思想观念等都发生了巨大变化，使得城市基层管理出现了很多新情况和新问题，各种社会问题开始聚集于城市基层社会当中，这些问题给我国社会管理带来了挑战，增加了管理的难度和复杂性。基于此，我国各地纷纷围绕提供社会服务和实现社会自治进行社会治理体制创新。

政府主导下的社会治理体制改革——“两级政府、三级管理”。20世纪90年代末，由于计划经济时代沿袭下来的条块分割、职责同构的城市社会管理体制弊端，街道内部的行政秩序混乱不堪，“条块冲突、职责不清”，基层治理面临“上面千条线，下面一根针”的矛盾，上面很多任务落到街道，但是街道没有明确的职权，社会治理一度难以开展。“两级政府、三级管理”模式的主要作用是界定了市与区之间的职能，将街道作为一级准政府纳入城市管理体制中；将治理重心下移，强调依靠行政力量；将居委会纳入“四级网络”体系，加强居委会在基层党建、精神文明建设和社会综合治理中的职能。这实现了以政府为主导、以社会为支

---

① 厉云飞，黄瑞瑞．选聘分离：我国城市社会治理的体制创新［J］．宁波大学学报，2009（6）．

点、以居民参与为核心的一体化管理体系。

民主自治导向型体制改革——“议行分离、政社合作”。以沈阳模式为例，20 世纪 90 年代后期，随着经济体制改革的不断深入，城市基层社会面临重组，而此时，沈阳市下岗职工累计 70 多万人，常住人口 30 多万，流动人口有 50 多万，对于这些群体的管理，亟须建立以社区为载体的社会保障和社会服务网络。沈阳开始对城市基层管理体制进行改革，大力推进社区建设。由于居委会不可避免地保有旧体制的弊病，诸如职能单一、规模小、干部老龄化严重，以及缺乏居民的认同感等，沈阳市建立以居住地为特征、以居民的认同感和归属感为纽带、以居委会为依托的社区管理体制。沈阳市遵循“社会是我家，建设靠大家”的基本理念，在社会创造性地形成以党组织为核心的“领导层”，这是社区的领导核心；以社会成员代表大会组成的“决策层”，这是社区自治机构；以社区（管理）委员会组成的“执行层”，与居委会实行一套班子、两块牌子；社区协商议事委员会组成“议事层”。这四个层面共同协商，助推社区自治的发展，从而形成“议行分离、社区自治、相互制约”的社会运行机制。

以政府购买服务培育社区自治。社区建设经过多年实践，促进了社会的快速发展；同时，社区居民诉求多样化、社会问题的复杂程度加深，对政府管理水平提出了要求。政府逐渐明确，提升社区的服务供给质量和服务水平，是增强社会凝聚力和提升社会管理能力、转变社会管理体制的根本途径，而在社区居民诉求多样化、利益格局复杂的情况下，“全能型”政府早已不是唯一的治理主体，因此，转变政府职能成为政府改革的关键。政府应该是服务型政府，在新的背景下，政府购买公共服务，作为政府转变职能的关键工具，在我国城市社会形成并推广。政府购买公共服务主要是指政府委托营利性或非营利性组织等各类社会服务机构，通过财政支付或部分契约化“购买”行为，以履行服务社会的职责，为公众提供需要的服务。其中，上海是我国内地最先尝试政府购买公共服务的城市，其探索一直走在我国内地城市的前列。20 世纪 90 年代以后，上海市开始大范围购买公共服务；2000 年，上海率先开始改革社会管理体制，提出购买公共服务的要求；2003 年，上海市基于从源头减少犯罪，加强社会管理的要求，由上海市委政法委牵头，按照“政府主导推动，社团自主运作，社会多方参与”的思路，通过政府向社会组织购买服务的方式，组建新航、阳光、自强三个民办非企业单位，分别由市矫正办、市团委和市禁毒所委托，从事社会矫正人员、失学（失业、失管）青少年以及滥用药物的社会人员的相关服务工作，并且分别按照相关比例来匹配社工开展工作①。

我国城市社会治理体制的变革主要以社区民主自治建设为主线推进。党的十七大报告指出，基层民主必须作为发展社会主义民主政治的基础性工作重点推进，并把“基层群众自治制度”确定为我国民主政治的四项制度之一。党的十八届三中全会指出：要“以网格化管理、社会化服务为方向，健全基层综合服务管理平台”，促进群众在城乡社会治理中依法自我管理、自我服务、自我教育以及进行自我监督的作用，为我国城市社区自治发展指明了方向。2017 年，党的十九大报告指出，我国社会矛盾转变为人民日益增长的美好生活需要和不平衡不充分的发展之间的矛盾。社会矛盾转变是历史发展的结果，更是发展实践对社会治理水平提出的新要求。习近平总书记和党中央秉承“人民对美好生活的向往，就是我们的奋斗目标”的宗旨，强调从解决人民群众最关心、最直接、最现实的利益问题入手，建设中国特色社会主义社会治理体系。党的十九大不仅要求加强社会治理制度建设，完善党委领导、政府负责、社会协同、公众参与、法治保障的社会治理体制，而且要求提高社会治理社会化、法治化、智能化、专业化水平。

近年来，随着我国经济社会的迅速发展，居住和工作时空割裂、交往空间发生转移。作为基层社会生活单元的社区，是现代国家建构的重要内容。当社会治理与生活实践出现“断裂带”，群众诉求层次高、利益多元化，城市社会复杂化、矛盾多样化，如何构建既满足人民群众需求又实现有效治理的社会体制，成为新时代社会治理的核心所在。

2. 社会治理的基本诉求

（1）老旧小区民生问题亟须改善。

城市社区治理是伴随着住房商品化发展起来的，自 20 世纪 80 年代末 90 年代初开始，大规模开发建造住宅小区已有多年，今天，大批“老旧小区”出现，街老、院老、房老、设施老、生活环境差是老旧小区常见的“四老一差”困局，不仅成为小区居民的一桩“心事”，也成为城乡社会治理的一大“心病”。

---

① 王名，乐园. 中国民间组织参与公共服务购买的模式分析［J］. 中共浙江省委党校学报，2008（4）.

一是基础设施条件落后。老旧小区公共基础设施存在不同程度的老化现象，如电力设施老化、给排水管道陈旧、消防设施缺乏、环卫基础设施不达标等。由于建筑时间较久，房屋外观大多衰败，建筑墙皮剥落破损，影响整体视觉效果，乱搭乱建现象普遍，小区内公共空间缺乏。同时，老旧小区一般地处老城区，由于过去城市规划设计标准要求不规范，内部和周边路网容量低，导致小区停车位不足，停车供需关系严重失衡。

二是改造资金投入不足。老旧小区改造治理需要大量资金，资金筹措困难、政府财政投入不足成为多数老旧小区的困境。资金缺口大，政府无力承担全部治理资金，寻求小区原产权单位支付整治费用难度大，同时，老旧小区一般产权关系较复杂，社会资本不敢投入太多资金开发，居民大多是收入较低的群体，无法承担高额的改造费用。

三是改造缺少政策法规依据。老旧小区改造相关制度分散，缺乏高层次、专项独立的法律法规，多数法律条文是原则性描述，缺乏可操作性，对实际工作开展难有真正意义的规范作用；地方立法层次低、差异性大，适用范围相对有限①。缺乏相关政策法规支撑，导致老旧小区改造无法律法规参照，容易引起执行过程中的摩擦和冲突。

（2）流动人口基本公共服务诉求越发迫切。

2019 年 4 月，国家统计局发布《2018 年农民工监测调查报告》，报告显示 2018 年全国农民工总量为 28 836 万人，农村人口进城后生产生活方式转变，对公共服务体系建设和供给产生特定诉求，必须引起足够的重视。2017 年 6 月，中共中央、国务院印发《关于加强和完善城乡社区治理的意见》，明确指出要拓展流动人口有序参与居住地社区治理渠道，丰富流动人口社区生活，促进流动人口社区融入，体现出党和国家对流动人口聚居地的重视，对社会公共服务提出较高要求。但是，流动人口与既有居民在不少方面存在差异，公共服务作为早已建立的机制，难免在呼应流动人口的诉求方面出现问题，双方在不断博弈、协调、统一中共同将社会推向和谐发展方向。

大量农村人口进入城市并在城市边缘区形成聚居社会，以满足本地人口需求为目标的社会公共服务设施构建体系存在不足，仅用服务人口

① 燕妮，高红．国内老旧小区治理研究现状与热点主题分析：基于 CiteSpace 知识图谱的可视化分析［J］．哈尔滨市委党校学报，2019（3）：58-63.

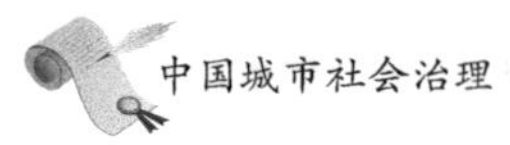

和服务半径配置公共服务设施，难以契合社会实际需求，实现公共服务均等化。在新时代，进城人口对公共服务均等化的要求不会仅局限于基本公共服务，还包括社会具体的公共服务设施配套。该种要求是多层次的，主要包括五个方面：一是身份转换认同。由于现行户籍管理体制，农村人口不享有与居民相同的身份，身份的模糊化和边缘化，使得他们尽管进入城镇，但不能取得城镇居民身份。二是社会保障。城乡社会保障没有实现完全对接，相较本地人，他们的社会保障不健全、水平低，且社会保障关系转移难度较大，流出地和流入地政府间缺乏协调合作的渠道。三是子女教育问题。近年来，政府对接收农村子女义务教育虽然做出安排，但因信息不对称和资料提供不全，仍存在农村子女入学难的问题，还存在农村孩子在学校受歧视的现象。四是劳动和就业保障。在向城镇流动过程中，农村人口需要及时有效的就业信息和技术培训，城镇相关部门就业服务往往忽略该类群体。另外，因为地位相对弱势，农村人口发生劳动纠纷时，很难得到及时公正的处理，如农民工欠薪问题层出不穷，政府三令五申仍屡禁不止。五是精神文化生活需求。有些农村人口虽然在城市居住的时间长，但迫于工作和生活上的压力，精神文化生活匮乏，缺少精神上和心理上的归属感。

(3) 社会基本矛盾亟待解决。

我国进入改革发展的关键时期，经济体制发生变革，社会结构发生变动，利益格局发生变化。社会是反映社会矛盾的前沿阵地，社会的规模、人员结构、运行模式等随着城市化快速发展而越来越复杂，新型社会矛盾出现，老的社会矛盾扩大，亟待各方共同解决。新的矛盾主要表现在以下几方面：

第一，居民与业委会的矛盾。随着城镇化进程加快，商品住宅小区越来越多，业主维权意识越来越强。自1991年内地首家业委会成立以来，居民与业委会的矛盾频繁被媒体报道，尽管《物权法》从人大立法的高度，明确了业委会的法律地位，但业委会的发展并未走出困境。主要原因是各地对业委会的监管缺乏有效经验，行政主管部门没有具体监管措施，社会党组织、居委会同样缺乏有效的监管渠道，业委会一旦成立几乎成为监管真空。不少地方的业委会以自治为由拒绝任何部门的指导和监管，导致在物业企业选聘、维修资金使用、社会公共环境维护等方面引发诸多矛盾。2019年，人民网“地方领导留言板”业委会留言征集活动上线，仅10天就收到各地反馈及建言近千条。居民与业委会的矛盾已成为新时代我们不得不面对的棘手问题。总结起来，居民与业委会的矛盾有以下四点：

一是居民与业委会信任度低。成立业委会阻力和困难较多，首先，有居民认为成立业委会有猫腻，业委会成员是个“肥差”；其次，业委会委员候选人报名时，主动报名参加的业主不多，投票选举时主动参与的不多，需要做大量群众动员工作；最后，有居民认为“我推荐的人要代表我的利益”，当最终当选的不是自己“心仪”的人选时，就会产生排斥心理并可能付诸行动。二是居民对自身权力不重视。不少居民对业委会成员不了解，不少人表示自己平时工作忙，没有多余时间关心、建言和监督，易导致业委会成员独断专行。三是业委会换届时的审计矛盾。业委员只是业主大会的常设执行机构，根据业主大会的授权处理事务，业委会虽然是依法成立的组织，但是没有明确法律规定业委会的法人资格。从法律责任上分析，业委会成员不可能对业委会行为承担最终责任，业委会在任期间手握小区财权，离任时无法对其审计和追责，当业委会换届想过问资金使用情况时，可能会因账目不明引发业委会间的矛盾。四是社会和街道监管难度大。因业委会管理的相关法律不够完善，政府部门只能“监督”不能“监管”，一字之差，让政府部门的角色尴尬，难以形成强有力的行动。

第二，居民与物业公司的矛盾。物业管理犹如社会的“毛细血管”，它顺畅无阻，社会才能和谐。但是，现阶段很多社会的物业管理出现各种问题，业委会和物业公司矛盾层出不穷。国务院发展研究中心研究员刘卫民指出，住宅物业问题包括三类：一是部分物管机构的公共服务功能薄弱，业主与供水供电等专业公司对接，沟通过程容易出现问题；二是物业管理不规范，比如定价不合理、物业费使用不透明、服务不尽如人意；三是业委会运行效率低，对一些需要业主表决的管理事项，往往因为人难凑齐，导致迟迟不能推进①。

收费纠纷是物业问题的焦点，并且常常形成“恶性循环”——物业公司服务差，少有业主愿意缴费；物业公司营收恶化，服务更差；缴费业主更少，物业干脆破罐子破摔。物业纠纷的主要责任在物业管理机构，目前不少小区是由开发商指定利益相关者做物业公司，居民开始入住就

---

① 如果没有良好的物业服务，房子再敞亮，住户们心里也憋屈：小区物业 别成摆设[EB/OL]．(2017－08－11)．http://www.qstheory.cn/society/2017－08/11/c_1121468040.htm.

没有选择权，物业管理机构处于明显的强势地位，即便服务差，业主们也奈何不了。如果想更换物业管理机构，则需要召开业主大会，但实际操作难度很高；若以拒交物业费对抗物业管理机构，物业管理机构一纸诉状告到法院，个人的声誉与征信可能受损；在法律层面，目前社区居民和业委会与物业管理机构在“话语权”方面处于极度不对等的状态。

根据《物业管理条例》，作为居民代表的业委会要监督和协助物业履行服务合同。按理说，业委会与物业公司打交道比业主单枪匹马更高效。但是，很多小区长期没有业委会，即便突破阻挠成立业委会，由于居民与业委会间的矛盾，在开展工作时，业委会处于高压之下。业委会既要对业主负责，又要接受业主的监督，还要平衡与物业公司和居委会的关系，时常面临服务不好“东家”、督促不了“管家”的尴尬局面①。

第三，行政力量与“自治”的矛盾。在制度设计上，居委会是社区群众自治组织，但在运行时，社区自治仍是处于培育过程中的基层民主形式。一方面，社区组织对行政力量存在较高的依赖；另一方面，行政力量和自治组织存在难以协调的矛盾。

根据《城市居民委员会组织法》和《城市居民委员会组织条例》，社区自治包括人事任免自治、财产财务自治、社会服务自治、社会管理自治等，从实际情况看，存在街道办（乡镇）政府与社会关系不清、城市管理中的“条块”关系不顺、居民委员会功能发挥存在错位等问题，易造成社会组织运行的行政化。

由于没有界定清楚行政与自治边界，行政干预自治的可能依然存在，而且常常发生政府安排居委会各项事务，条块职能不断下移到居委会，居委会承担了较多行政职能，要应付评比报表和资料整理等。比如，低保政策本应政府落实，调查居民家庭人均收入、审批补助对象和标准、发放低保金等都应是政府的工作，但实际工作中很多城市都规定，由居委会负责接受居民申请、核实签署意见、上报审批等。

3. 新时代社会治理的新需求

党的十六届四中全会提出“社会管理体制创新”执政理念，党的十八届三中全会通过的《中共中央关于全面深化改革若干重大问题的决定》，首次正式提出社会治理命题，将“社会管理”转变为“社会

---

① 人民网联合报道组．三问业委会：路漫漫其修远兮，谁能帮助履好职？[EB/OL].(2019-08-21). http://leaders.people.com.cn/n1/2019/0821/c58278-31307363.html.

治理”，实现核心理念的转换与更新，标志着我国社会管理理论与实践达到新高度。作为城市的细胞，基层社会是矛盾诉求的集散地。进入新时代，我国的社会矛盾发生了深刻的变化，人民日益增长的美好生活需要和不平衡不充分的发展之间的矛盾越来越凸显。习近平总书记和党中央秉持“人民对美好生活的向往，就是我们的奋斗目标”的宗旨，强调从解决人民群众最关心、最直接、最现实的利益问题入手，建设中国特色社会主义社会治理体系，不断保障和改善民生，并在党的十九大报告中明确提出“打造共建共治共享的社会治理格局”，要求“推动社会治理重心下移”。在这样的背景下，社会居民在满足了基本的生活需要之外，对社会生活、管理以及社会发展等方面有了更多的期待和追求。

（1）党建引领的核心诉求。

党的十九大提出，要把基层党组织建成“领导基层治理”的坚强战斗堡垒。对于基层社会治理，习近平总书记强调要完善基层群众自治机制，要善于运用党的优良传统开展工作。社会治理的关键是基层党组织，党的工作最坚实的力量在基层，只有坚强党的领导才能集中力量精准施治，适应城市社会结构和组织形态变化，把党建贯穿于城市治理全过程，推动党建与基层治理融合、互促共进，不断提高社会治理水平。从各地经验来看，社会党建待解决如下问题：

一是解决社会治理的“领导核心”问题。我国城镇化进程加快，社会的规模和范围不断扩大，社会治理的地位越来越重要。虽然政府仍发挥主导作用，但是，社会治理主体已不再是政府“单打独斗”，社会组织、企业、居民不断参与，通过协商合作共同处理社会公共事务，从而形成多元共治的局面。社会治理主体的多元化，为社会治理增添了很多新的活力，但如果各主体间缺少凝聚力和协作性，多元化带来的分散化反而会给社会治理带来不利影响。推动形成社会共治格局，需要发挥党的政治优势和组织优势，打通基层党建与基层治理关节。全面推进基层服务型党组织建设，增强党组织凝聚力和战斗力，促进社会主体形成合力，进一步理顺社会治理工作机制①，能更好地满足居民的迫切需要，提高服务的精准化和有效性。

二是解决社会治理的“先进示范”问题。社会承担的社会管理、治

① 罗旭.“智慧党建”助力社会治理［N］. 光明日报，2016-12-20（4）.

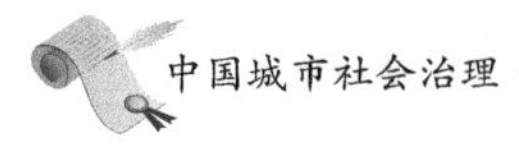

理职能和任务越来越多，必须发挥党组织和党员的“先进带头”作用。从社会治安、社会保障到组织志愿服务、开展文体活动，再到开展法制教育、公德教育及职业培训，包括搞好社会卫生等，社会党建水平直接决定社会公共服务水平，要强化党建工作的示范效应，运用“从群众中来，到群众中去”的原则，强化党建工作的带动效应，强化社会党员干部的先锋模范作用，主动作为、积极应对，把各种工作联系好、梳理好，推动相关问题较早较好地解决。

三是解决社会治理的“统筹协调”问题。社会治理存在多元力量，只有在同一个目标框架下，通过协同互动、一体联动，才能取得更好的治理效果。然而，社会共治不是一蹴而就的过程，有的缺乏共享意识，参与共治的热情不高；有的缺少制度联系，工作更多靠人际关系；有的社会存在各种“围墙”，界限分明，难共治。面对繁杂的社会事务，各方的积极性、主动性难以自发形成，必须依靠党组织的统筹协调，增强社会治理的互动性、整体性，推动各方力量有效衔接、对接、连接，形成互联互通、资源共享、优势互补的运行体系。只有不断健全完善互动机制，打破“九龙治水”行政隶属壁垒，引导有关方面强化共建意识，通过结对共建、交叉任职、人才联育、文明共创、活动共办、场地共用等方式，增进党组织之间、党员之间、党群之间的联系互动，形成区、街、居与驻区单位以党组织为核心的联合治理机制，才能不断拓宽社会的服务共享空间，促进不同治理主体间的交流合作，凝聚共建美好家园的强大力量。

四是解决社会治理的“思想引领”问题。社会的进步和发展拓展了人们的生存空间，促使居民诉求向着多层次和个性化的方向发展。比如，人们的角色定位从原来的“单位人”向“社会人”转变；群众需求从“物质保障”向“物质与精神保障并重”转变；社会治理阵地从主要集中在居民区，向商务楼宇、商圈市场、网络媒体转变。种种变化意味着社会治理不能再像过去那样按部就班、简单化，必须针对治理对象范围、层次、结构的变化，加强党组织的“战斗堡垒”作用，发挥党建政治思想引领作用，丰富居民精神文化生活，做好社会精神文明建设。

从实际情况看，各地社会党建尚有提高空间。例如，一些地方社会党建难以深入社会群众的生活；一些地方社会党建停留在口号，既缺乏组织化的载体，又缺乏场地和经费支持；一些地方党组织的职能缺乏清晰边界，对于如何发挥党的领导作用缺乏认识和规定，党组织参与事务多，面面俱到、不堪重负。再如，新建商品房小区党建工作难开展，小区内“隐形党员”“口袋党员”多，老旧小区老年党员多、青年党员少，一旦组织活动缺乏吸引力，就难以发挥党组织的作用①。

加强社会党建解决社会问题，必须探索社会党建的新路子。一是应明确社会党建政治建设与社会建设的双重功能；二是要完善党组织的功能和体制，在横向上加强区域化党建，在纵向上健全组织体系，保障党建和服务的空间、资源，发挥党组织、党员的模范带头作用，引导社会自治良性运行；三是要将党建与群众关切联系起来，提升社会党建的服务力，保证社会党建不落空，让党建根基扎根社会，不断增强党组织的凝聚力。

（2）美好生活的目标诉求。

“城市的核心是人”，社会治理不是“为了城市而管好人”，而是“为了人而管好城市”②。社会治理的目标就是要对城市永续发展负责，对人民的安居幸福负责，城为民建、市为民享，凝聚最广泛的力量、激发最磅礴的意志，建设高品质和谐宜居生活社区。

社区是人民群众安居乐业的家园，是党和国家政策落实的“最后一公里”。建设高品质和谐宜居生活社区，就是坚持以基层党建为统揽、以政府治理为主导、以居民需求为导向、以改革创新为动力，努力探索全面体现新发展理念、符合城市治理规律的城乡社会发展新路。要建立健全基层党组织领导、基层政府主导的多元参与、共同治理、共促发展的城乡社区发展治理体系，使党执政的基层基础进一步巩固，城乡社区发展治理体制更加完善，城乡社区发展治理能力显著增强，城乡社区服务功能进一步强化，居民生活品质进一步提高，居民文明素养进一步提升，努力建设良序善治的高品质和谐宜居生活社区。

社会治理必须有全球视野，对照国内外社会治理实践，认识规律、把握规律，因地制宜、探索创新，处理好五对基本关系：一是处理好科学发展与有效治理的关系，在推动城市健康发展中促进社会治理水平提高；二是处理好党建引领与融合共治的关系，引导多元主体深度融入社会治理和服务；三是处理好行政推动与共建共享的关系，努力建设共享

---

① 吴晓林. 人民日报新论：以社会党建引领社会治理［N］. 人民日报，2019-06-27(9).

② 范锐平. 坚持党建引领　强化共建共治　努力建设高品质和谐宜居生活社区［J］. 先锋，2017 (9)：4-8.

资源、共享文化、共享服务的社会生活共同体；四是处理好城市特色与现代城市的关系，让居民在城市“看得见山、望得见水、记得住乡愁”；五是处理好依法治理与文明浸润的关系，既坚持依法治理、依规办事，又注重以文化人、以德润城。

社会治理必须把转理念、转职能、转方式、转机制、转形态贯穿社会发展治理的全过程。推动城市发展从工业逻辑回归人本逻辑，从生产导向转向生活导向，大力开展老旧城区改造、背街小巷整治、特色街区创建、社会服务提升、平安社会创建等系统工程，不断夯实和谐宜居生活城市底色①。

社会治理必须全面提升党领导城乡社会发展治理的能力。要坚持以基层党组织建设为统揽、以政府治理为主导、以居民需求为导向、以改革创新为动力，构建科学的组织动员体系、法治的管理运行体系、精准的引领服务体系、专业的人才支撑体系和严格的权责约束体系，推动传统管理向现代治理转变，着力提升城乡社会发展治理法治化、科学化、精细化和组织化水平。

社会治理必须坚持问政于民、问需于民、问计于民。广泛收集群众意见和建议，充分了解群众最急、最愿、最盼的事情，着力补齐城乡社会发展治理短板，坚持居民共建，形成大家的事情大家办、自己家园共同关爱氛围；提升社会服务能力和水平，加快推动社会回归服务职能，优化社会服务方式和流程；抓好考核落实，确保工作责任层层落实到位，增加对社会的公共财政投入，关心关爱社会干部和工作者，及时解决他们工作中遇到的困难。通过共同努力，探索社会治理新路，持续增进民生福祉。

（3）全方位参与的路径诉求。

社会是居住在一定范围内的人所构成的生活共同体，人民群众的基本生活、生产活动在很大程度上要依附于社会进行。作为社会的构成主体，居民有其行动理性，有社会治理参与意愿。

居民参与可以分为政治性参与和非政治性参与。政治性参与是指通过参与保障社会自治，如社会选举、协商自治、民主决策；非政治性参与是指通过参与，满足居民的特定需求，培育社会公共意识，促进社会

---

① 深入推进城乡社区发展治理 建设高品质和谐宜居生活社区［J］. 先锋，2017（9）：19-21.

和谐发展。

进入新时代，随着经济发展水平的提高，居民权利观念逐渐增强。一项针对城市典型社区的调查研究显示①，居民认为“社区建设，人人有责，应该支持”的人占 72.28%，认为“参与社区治理是居民的权利和义务”的占 68.90%，表明多数居民有着较高的参与社区治理的意愿。

一般来说，建设越有成效、居民参与积极性越高的社会，在实践中就越能动员资源、取得成效。以北京市西城区的“民生工作民意立项”项目②为例。从 2015 年起，西城区尝试建立民生工作民意立项工作机制，在棚改、老旧小区抗震加固等民生工程中，政府要求每个街道自己办的民生实事，必须获得群众同意才能立项申报；在最基层的社区，资金的使用需要“社区议事”，干什么怎么干，群众商量着决定。2018 年上半年，西城区将民生工作民意立项制度化，并将其作为政府各部门、各街道的刚性约束，居民参与的意愿迅速增强，能很快就某议题达成一致，进而获得更多的项目支持，社会建设取得了实实在在的成效。

居民参与社区治理的全过程，是社区组织回归共同体属性、回归以人为本基本原则的表现。新时代社会环境的变化，使居民逐渐意识到社区发展的责任，越发关心自身的权利，共同策划社区发展战略，从而共享社区发展成果。

（4）共建共治共享的格局诉求。

党的十八届五中全会提出“构建全民共建共享的社会治理格局”。党的十九大报告进一步明确“打造共建共治共享的社会治理格局”，提出要“加强社区治理体系建设，推动社会治理重心向基层下移，发挥社会组织作用，实现政府治理和社会调节、居民自治良性互动”。在共建共享的基础上增加共治，对社会治理发展提出新要求。2019 年 1 月，习近平总书记在中央政法工作会议上强调，要深入推进社区治理创新，构建富有活力和效率的新型基层社会治理体系，打造共建共治共享的社会治理格局③。

新时代，社区治理作为城市治理基础工作，应由维稳型的经验治理

---

① 杨舟．居民参与社区治理能力提升的社会工作介入研究［D］．咸阳：西北农林科技大学，2019.

② 王少峰．探索建立民生工作民意立项机制［N］．学习时报，2018-08-03（4）.

③ 习近平出席中央政法工作会议并发表重要讲话［EB/OL］．新华网，2019-01-16.

转向人本型的社会治理，以社区治理创新引领社会治理新常态，加快构建符合大型城市特点和规律的城乡社会治理体系①，形成创新性的治理体系，以高度的政治自觉、思想自觉和行动自觉，推动共建共治共享理念落地落实。必须注意到，当前社会治理仍然存在问题。

一是多元主体权责规范不明。传统的社会管理中政府包揽一切，政府部门的指示是社会工作开展的重要依据，社会治理有着明显的行政色彩，缺少自主性和灵活性，居委会在居民眼里是政府部门的附庸，很少有人对社区自治管理有深刻体会②。进入新时代，随着社会事务日益复杂，受人力、物力、财力的限制，社会管理问题开始显现，在管理向治理转型的背景下，社会开始注重多元力量，政府尝试合作治理、第三方治理、契约治理等方式。由于尝试尚处“摸着石头过河”阶段，面对复杂的社会治理问题，政府多是被动承担主导作用，前置性制度安排相对缺位，对多元主体权责缺乏规范。

二是多元主体联动机制缺位。当前，政府、企业、社会组织、居民等主体的共治渠道、共治平台较为有限，多元治理主体基本处于“各自为政”的状态。联席会议、组织联建、服务联建等系列联动制度尚未建立完善，治理合力未能有效发挥。政府以“管理者”自居的现象仍存在，以罚代治、以限代治现象时有发生；企业关注更多的是如何取得经济效益，在履行社会责任、保持企业信誉等方面缺乏相关制约机制；社会组织缺乏培育机制，缺少发挥作用的方式和平台；居民参与共治的热情不高、意识不足。

三是多元主体共享意识薄弱。社会是全体居民的家，公共资源、公共服务的可持续获得均有赖居民共享，社会越文明，共享意识越强，共享的公共产品就越多。共享意识的强弱决定治理水平的高低。现阶段，我国居民的共享意识尚显不足，即使在公共产品供给充足的情况下，也有为私利破坏公共资源、占公共资源为己有的不良现象，公共资源不足时更容易引发纠纷。而作为社会治理的主体之一，政府的共享意识不足，导致公共产品的管理不到位，相关制度也不完善。同时，共享意识薄弱还体现在居民维护权益的积极性、主动性不足，参与社会治理动力不强、行动不足等。

---

① 阎星，陈艺．走向共建共治共享的社会治理格局［J］．先锋，2019（4）：41－43．

② 黎智洪．从管理到治理：我国城市社区管理模式转型研究［D］．重庆：西南大学，2014．

要解决上述问题，关键在于改变包揽式管理模式，整合党组织、居委会、社会组织、企业、居民等多元力量，搭建共建主体架构；建立联建联动的配套机制，形成共治机制；搭建社会治理的各类共治平台，开展居民活动，促进居民参与社会治理，提高共享意识，共享治理成果①。

三、城市社会治理的理论逻辑演进

（一）奠基——立足城市社会问题宏观背景的经典研究

现代社会产生于工业化和城市化，城市社会问题有深刻的社会转型根源。欧洲社会学家就城市化引发的社会转型进行宏观解释，勾勒了现代社会关系变迁、个体心理变化及理想社会等基本图景。

1. 社会关系的异化与破裂造成的城市社会问题

早期社会学家将城市问题归因于生产力发展带来的社会关系结构性变化。马克思、恩格斯从阶级冲突的角度，认为工业化异化了社会关系，带来了资产阶级与无产阶级的对立。滕尼斯认为，社会转型造成传统的团结机制丧失，个体从集体的个人变为利己性的原子化个人，和谐的社会关系破裂引发社会失序。

2. 空间变化引发个体心理变化

齐美尔将空间维度引入城市研究中，系统分析了个体心理的空间回应。他认为，社会活动与相互作用是空间境遇化的，在有限城市空间集中了大量异质要素。该种空间集中对个体心智产生影响，个人必须提高理性计算能力，以应对城市生活带来的刺激性强化，逐步形成"非人格化"的心理。齐美尔将个体心理变化称为"使自己与城市情景相适应"。

3. 理想社会状态的简单描绘

针对社会失序，不少社会学家认为，通过重塑社会关系恢复社会秩序。其中，涂尔干认为，应当依靠高度的劳动分工，形成个体间新的内聚机制，达到社会的"有机团结"。此外，韦伯构建的"城市共同体"理想类型，其中特别强调了社会联结的重要性。

---

① 打造共建共治共享的社会治理格局［EB/OL］. 人民论坛网，2018-06-12.

总的来说，早期社会学家的研究多为理论的研究和抽象的研究，较少有细致深入的经验的研究，描述了转型城市社会折射到社会中的基本特点，为后来研究提供了基本的视角和价值关怀。

（二）发展——立足空间的社会研究及其治理

1. 空间视角下西方国家的主要社会治理问题

以帕克为代表的早期芝加哥学派学者认为，个体就城市稀缺资源展开的竞争是人类在城市世界生存的主要方式，并由此在空间上分化出不同的城市社会。该过程产生的西方国家社会治理的主要问题有：第一，社会空间经济等级分化明显。高端社会安全有序、经济繁荣，配套完备的设施与公共服务；低端贫困的社会充斥着暴力犯罪，经济活力与公共服务缺乏。第二，社会空间隔离。不同类型的社区缺乏互动，中低层群体聚集的社会甚至成为城市"飞地"。比如伯吉斯调查发现，同心圆中的黑人区、贫民窟等被打上了贫穷、有色人种、犯罪的烙印，与城市主流群体的生活割裂开来。第三，贫困、暴力、犯罪、公共服务缺乏等具体问题高度集中到社会次级群体聚集的低端社会。

2. 西方社会治理问题的产生逻辑

（1）空间资源分配失衡是社会间等级分化的根本原因。

空间本身作为稀缺资源在市场配置中呈现分配不均状态，该分配过程由精英主导，造成社会发展悬殊，甚至引发社会冲突。

第一，市场条件下的空间资源具有配置不平衡的固有属性。帕克认为，没有两个个体能够占据完全同质的空间，空间作为城市稀缺资源基于其相对排他性本身是不均衡的①。列斐伏尔认为，买卖固定资产产权的次级循环是城市资本循环的主要方式。哈维进一步指出，空间发展不平衡的原因就在于城市增长依托土地开发②。市场条件下土地开发是非均衡的，投资价值高的空间，将拥有更加优越的设施，服务于更为富裕的人群；相反，缺乏投资价值的社会将被遗弃，只剩下无法逃离的弱势群体。

第二，资源配置"精英主导"加剧与固化空间资源分配不均。费金

---

① 桑德斯. 社会理论与城市问题［M］. 郭秋来，译. 南京：江苏凤凰教育出版社，2018：103.

② 马休尼斯. 城市社会学：第6版［M］. 姚伟，王佳，译. 北京：中国人民大学出版社，2016：157-159.

指出，资本主义城市构建是为实现资本家的利益，而非为城市居民提供体面的、适宜的居住环境①。约翰·洛根与哈维·莫罗奇认为，持抽象空间观②的精英们将结成同盟，力图通过不断提升土地价值，把城市变成获利的“增长机器”，并从中获利。因此，资本精英主导的城市增长，将极力满足上层、中层居住需求，而漠视底层。政府当局对此进行默许甚至纵容，雷克斯与摩尔在其合著的《种族、社区与冲突》一书中指出，地方当局制定审查标准，限制特定群体居住选择，造成“黑人家庭只能在内城待拆迁地区得到低于标准的短期住房”“白人中产阶级可以不受限制地由市场分配得到郊区的自住房屋”等结果③。

第三，空间资源分配不均带来社会冲突。帕克将控制资源以获取途径的人称为管理者，认为社会间不平衡与隔离必然引发下层不满，加剧管理者和被管理者间的冲突。戈特迪纳、哈奇森更是指出，空间不平衡将凸显社会不平等，诱发社会群体冲突问题。不平衡的社会空间，例如豪宅区与贫民区，通过最显眼的物化符号，不断强调群体贫富差距，无疑会引起底层的不满和反社会行为。

(2) 分化空间异化社会关系，加剧了社会隔离与反社会行为。部分社会学者通过研究空间解释城市社会问题，共同的观点是空间特质形塑社会关系，引导个体采用同空间相适应的生活方式。

第一，城市空间下社会人际关系漠化，难以回应治理问题。沃斯认为，人口大规模、人口高密度及人口异质性，是现代大城市的典型特质。首先，大规模、异质化及人口频繁流动，造成个体交往互动的“片段化”，且具有非个人性与表面性的特点，使本应密切的社会联系下降。其次，非人格化的社会关系带来两大问题：一是社会内矛盾化解能力削弱，二是社会对反社会行为的关注和监督被削弱。城市空间塑造的非人格化社会关系，无法回应空间紧张与分化下多且集中的社会冲突与反社会行为④。

第二，社会关系与物理空间相互作用，个体行为方式空间化。甘斯

---

① 戈特迪纳，哈奇森. 新城市社会学［M］. 黄怡，译. 上海：上海译文出版社，2011：107.

② 列斐伏尔将空间划分为抽象空间与社会空间，前者是工商业者、投资者等精英群体在讨论投资规模、选址和利润层面时头脑中的空间。

③ REX J，MOORE R. Race，community and conflict：a study of sparkbrook［M］. London：Oxford University Press，1967.

④ 同①185.

认为，“城市是由各种生活方式拼成的马赛克”①。城市生活方式的亚文化理论则进一步提出具有相似社会特性的个体会主动聚拢，达到关键规模时该群体能够产生自我维持的水平；城市拥有大量的异质人口，将产生种类繁多与影响强大的亚文化，并影响共享此文化的人的行为。当亚文化本身具有消极属性时，个体越轨将更加活跃，并且难以有效纠正。例如，不同街区有各种混混和帮派，内城中不断有黑势力笼罩。

3. 西方城市社会问题的治理回应

（1）规划社会空间，构建和谐的社会关系，实现社会有序。

第一，“人际和谐”导向下的空间规划理论。其一是建设“新城”——基于整体的空间规划。19 世纪末城市规划者主张，通过规划建立新型城市，还原安宁有序的社会。霍华德希望在边界明确、城乡共存的基础上，建立具有综合功能、相对独立自足的小规模共同体——“新城”，旨在将乡村和城市置于同一空间，人们既能享受城市便捷多样的公共产品，又能维持邻里生活和谐有序，还能享受田园般的生活环境。其二是新城市主义——聚焦社会的空间规划。20 世纪中期后，研究转向关注城市街区规划，代表性学派是新城市主义。新城市主义力图通过打造空间综合体来恢复社会内部、社会之间的规律性互动，使社会成为邻里和睦、运作有序的共同体。首先，该学派极力反对社会空间隔离，主张住宅被整合到城市组织中，社会内部的住宅、公园、街面应当构成一个整体，不同社会通过有吸引力的空间或设施联结。其次，该学派强调空间多样化。雅各布斯认为，城市生命力在于对空间进行多重使用，主张通过设计方便的人行道、联通的街区与社会、混合住宅，实现社会空间的多样性。最后，该学派强调人际互动空间的保留与塑造。赫克舍认为广场、公园能为交往提供场所，怀特发现街道是有效促进人际互动的“天然空间”。无论是在城市内城还是郊区，都要保留与修建鼓励社会交往的公共空间，以便恢复社会稳定有序的关系。

第二，实践角度，“空间规划-社会和谐”道路无法根除西方社会治理问题。西方国家基于空间规划思想，主张重新对社会进行规划，力图打造和谐有序的社会环境；但是，当难以打破资源配置不均衡桎梏、难以根除社会隔离和发展不平衡时，社会治理问题就会不断发生。《明日的

① 马休尼斯. 城市社会学：第 6 版 [M]. 姚伟，王佳，译. 北京：中国人民大学出版社，2016：157-159.

田园城市》问世后，欧洲、北美诸国均以卫星城形式构建“新城”，但是，大部分卫星城因为私人开发、财政不足、吸引力不够等因素无法吸引中上层；与此同时，大迁徙使得大城市拥挤着更多的中下层、穷人及移民，并没有实现霍华德期望的和谐有序的“社会城市”目标。20 世纪 70 年代中期，以打破空间隔离、重塑邻里关系为目标的新城市主义开始指导社会空间重建。当时，美国使用“划区”方式赋予地方政府控制土地使用的权力，地方政府官员、工商企业及地产开发商为提升土地价值推动“城市开发”，在社会精英群体提升土地商用价值的愿望及行动下，社会隔离、发展不平衡顽疾无法解决。具体表现为：改造后的低收入住宅区比例变小，这意味着部分收入群体仍然“被驱逐”；住宅项目整合在贫民窟几乎无法实施，例如，1991 年旧金山的罗伯特·皮兹广场开发项目建成，三年后却变得面目全非、盗窃盛行，主要原因是该项目无法改变周边居民的贫困状况，最终只能通过防盗网与周边隔绝。

（2）政府干预资源分配，介入社会治理——以美国为例。

资源分配空间极度失衡是城市社会问题的根本症结，通过政府资源再分配来缩小社会的发展差距、缓和底层不满情绪将有利于城市社会问题的解决。20 世纪 40 年代至 70 年代，以美国为代表的西方发达国家进入福利国家阶段，通过颁布法令、公共财政输入、设置援助机构等方式全面干预社会治理。

首先，出资修建高层公共住房。在罗斯福新政期间，美国市政工程局在全国 30 多个城市修建公共住宅，这些住宅最终成为少数族群集中居住地，犯罪、脏乱、拥挤等诸多社会治理问题滋生，许多公共住房和设施最终被拆除。其次，政府征收衰败社会产权，出售给私人开发商，这实际上是对城市衰败地区的再次掠夺。开发商以获利为目的，在衰败地区修建原来的居民无法支付的中高档房屋，被赶走的穷人只能更加集中居住在周边地区。例如，纽约市拆除 18 个贫民窟（7 000 处低收入住宅），取而代之的 4 400 套新公寓中，有 4 000 套是豪华公寓。“消除贫民窟”的城市复兴计划，带来底层群体的“被驱逐”，制造出聚集度更高的贫民窟。

20 世纪 60 年代初，美国城市部分贫困地区问题突出，联邦政府实施“社会行动计划”“模范城市计划”项目，试图解决贫困问题。“社会行动计划”主要是通过在社会成立新机构，由联邦政府划拨专项资金，将教育、住房、就业等服务整合进社会，提升贫困地区的公共服务水平。“模范城市计划”主要是联邦政府基于地方政府制定的社会发展规划提供发展资金，就其作用而言，该种国家主义思路的社会援助计划取得“有限的积极影响”，给予贫困地区较为完善的公共资源，提供教育培训、职业培训等服务，提高了贫困居民的综合素质；但是，由于联邦政府财政紧缩及政策执行问题，该计划在20世纪70年代初期很快终止，贫困、种族隔离等问题仍未得到解决。

（三）创新——立足“治理”的社会研究及其实践

1.“政府再造”下的“社会再造”

（1）政府包揽下社会治理低效。

二战结束到20世纪60年代末，西方发达国家社会治理改革大多具有自上而下的政府包揽型特征。20世纪70年代，西方发达国家普遍陷入滞胀危机，凯恩斯主义思想成为众矢之的，政府包揽社会治理的做法出现问题：第一，有限财政无限包揽社会事务不可持续。社会发展资金主要来自中央划拨，滞胀危机迫使社会治理的财政预算削减，中央“哺育式”的援助难以为继。第二，在传统公共行政范式下，西方政府机构臃肿且效率低下，难以有效回应多样复杂的诉求。第三，公民权利意识的觉醒，人们对政府包揽越发不满，希望探索新型社会治理模式。

（2）新公共管理理论引领下的“社会再造”。

新公共管理运动是西方国家在全球经济问题、日益不满的市民和财政危机的变革压力下对政府、企业与公民角色的重新定位①。其理论包括两个方面：一是以奥斯本为代表的以企业家精神改革政府，二是以登哈特为代表的对前述改革的反思。

新公共管理理论以企业家精神重新审视政府，要求政府在职能角色、权力结构、目标导向、管理机制等方面变革，该理论对社会治理产生了重大影响。职能角色上强调政府“掌舵”而不是“划桨”，即政府应将政策制定与具体服务提供分开，挑选有能力、有效率的主体提供社会服务，政府则从法律制定、政策规划、资金提供、业绩评估等方面进行“掌舵”，从而实现缩小规模、减少开支及提高服务效率的目的。政府由服务供给者变为规划者、监管者，为私营企业、社会组织介入社会治理腾出

---

① 刘霞. 公共管理学科前沿与发展趋势［J］. 公共管理学报，2004（1）：41.

空间，使社会治理主体由单一向多元转变。权力结构上要求政府广泛采取授权或分权方式管理。相较官僚机构，社会成员更了解城市社会问题，社会组织更具责任关切，治理成本更低，执行规则更有效。政府只有将社会服务与管理权限通过广泛参与的方式，下放给社会、家庭、志愿组织等主体，社会治理的效果才能更好，群众满意度才会更高。目标导向上聚焦顾客与效率，政府职责是根据顾客需求，向顾客提供高效率的公共服务。在社会治理中，居民即是“顾客”，应被赋予表达权和选择权。居民能充分表达对公共服务的要求，社会服务效果要进行“顾客评价”，社会服务主体与事项要进行“顾客选择”，不断提升社会治理效率、质量和满意度。管理机制上引入私营部门的管理机制与管理方法。社会治理通过合同外包和绩效考评，构建起社会层面各治理主体间的竞争机制。新公共管理理论反对社会服务由政府垄断供给，认为政府、市场以及第三部门各有优劣势，应通过合同外包在社会进行多元化供给，并通过服务产出量化与绩效考核指标，评估涵盖政府的各主体服务水平，为居民选择高质量服务提供科学依据。此外，城市社会问题复杂多变，还需要构建伙伴关系，实现多主体共同治理。

新公共管理理论以企业化政府理念为指导，在提高效率的同时也会导致公共伦理的丧失。对新公共服务理论进行反思，主要包括以下几个方面：一是政府与私人部门的职责具有本质的区别，套用企业管理理念会带来公共性丧失；二是过分重视服务效率和质量，忽视公平民主等社会价值；三是公民“顾客化”导向，易带来对整体利益的忽视；四是外包、民营化等手段的大量使用，会使政府责任转移与丧失，购买过程易出现官商勾结等腐败现象。新公共服务缺乏实操机制，其贡献在于在价值层面的深刻反思，有利于落实政府责任，维护社会公共利益，促进服务以人为本。

新公共管理理论强调社会治理不可或缺，为社会治理改革提供了参考。相较而言，公共治理理论勾画出现代社会治理基本框架，将既有理论涉及的价值与工具，与公民参与理论、社会资本理论等融会贯通，不断推动社会治理朝善治方向迈进。

2. 从管理到治理，社会治理新格局形成

(1) 公共治理理论与社会治理。

自 1989 年世界银行首次使用“治理危机”一词，治理理论迅速发展并应用于全球治理、国家治理各个层面。斯托克认为作为理论的治理有

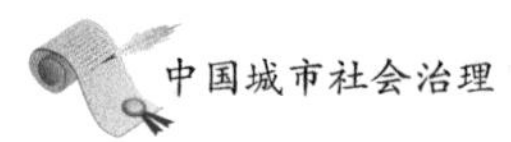

五大内涵：第一，政府并非唯一合法权威中心，存在多中心权威共同承担公共事务①。第二，治理各主体间责任边界存在模糊。第三，各中心存在权力依赖，需要结成系统的合作伙伴关系以实现目标，协商谈判、制定规范是主要手段。第四，治理最终要构建参与者的自主自治体系，其过程需要政府支持。第五，政府的作用在于创新工具和技术引导治理过程。"治理"既是价值又是实践，"治理"要求社会事务多主体参与，并对主体角色及相互关系提出要求。

社区是社会治理的基本单元，社会治理是公共治理的基础。社会治理相较国家治理和地方治理的独特之处在于，社会是个人及家庭生活和交往的空间，不是官僚等级链的构成部分，政府官方权威确应存在，但不应发挥单向度权力。社会治理不应只是基于行政体制，而是基于多主体的有机融合。简单来说，治理理论下的社会治理主体多元，以合作、自治、参与为主要方式，以有效提供服务为主要实践载体，以实现社会良治善治为目的，是在居民生活的多层次复合的社会中，依托政府、社会组织、自治组织和个人，共同应对城市社会问题、完成社会事务管理、实现公共服务供给。

（2）治理理论下的社会治理图景。

第一，公民参与是核心治理机制。"参与是善治的基础"②，公民作为社会服务的供给者和享用者始终是社会多元治理的关键主体。参与民主、协商民主等理论推动公民参与逐步成为社会治理的核心机制。

新公共管理理论探讨社会治理中的公民地位与参与形式。博克斯认为，公民应当是社会公共服务的选择者与决策者，社会应当在民主责任的原则下推动参与，在反对消极公民资格的基础上实现"公民治理"③。奥斯本指出，政府授权给社会实质上是通过参与式民主向社会公民授权，让公共服务的被动接受者变为公共服务的所有者和提供者④。参与形式上，治理理论主张政府-公民合作及小单元自治，比如斯蒂芙斯认为，

---

① 斯托克，华夏风．作为理论的治理：五个论点［J］．国际社会科学杂志（中文版），1999（1）：19-30.

② 曼德，阿斯夫．善治：以民众为中心的治理［M］．北京：知识产权出版社，2007：67-69.

③ 博克斯．公民治理：引领21世纪的美国社会［M］．孙柏瑛，等译．北京：中国人民大学出版社，2014：53-82.

④ 奥斯本，盖布勒．改革政府：企业精神如何改革着公营部门［M］．周敦仁，译．上海：上海译文出版社，2006：41.

“公民和行政官员一起参与、一起行动来提供社会公共产品”；拉希认为，“小型社会是经典民主的聚集地，有利于让每一个人都参与到公共讨论之中”。参与民主理论强调，公民从社会中自下而上地参与，是现代民主发展的必经之路，在该过程中会实现责任、自由等基本价值。协商民主理论则将平等沟通、对话讨论与达成共识作为参与的重要内容，认为需要构建社会各主体平等协商机制。公民资格理论认为，只有推动公民广泛参与，才能保持对公共利益的关注，必须通过参与培养公民的责任心。

第二，社会资本培育是重要治理手段。治理不同于基于垂直控制和命令链式统治，社会治理需要依赖主体信任和合作，它们是社会治理中的社会资本。社会资本的概念由布迪厄提出，它是嵌入社会结构中的个体、团体间的关系网络，有利于协调行动、提高效率、降低成本。对社会治理而言，首先，培育社会资本有利于促进信任，减少无效沟通及摩擦带来的交易成本；其次，逐渐形成的共识与规范有利于促进公民合作，减少“搭便车”行为。社会资本是在长期互动中形成的认同与合作共赢关系，公民对公共事务越关注，越要参与社会治理，参与越频繁、越深入，越有利于认识到社会的共同利益，在谋求合作中形成社会资本。

第三，政府-市场-社会构成多中心治理格局。“多中心”合作治理社会。多中心是治理理论的核心内容。首先，多中心意味着中心-边缘结构被打破，存在多种方式的相互独立决策中心，通过竞争合作等多种形式协调利益。其次，对社会而言，政府、企业、社会组织、公民等参与社会事务，多中心治理过程将形成扁平的社会权力结构。各主体既相互依赖又保持自主，不存在某一个支配性的权威力量。再次，扁平结构下各主体基于相互信任，通过对话、谈判、协商等非强制方式，对社会事务进行共同决策和执行，具体如合同外包、购买服务、委托授权。最后，社会多元治理的目标是满足成员的多样需求、高效提供公共服务、实现社会有序发展。

在社会的多中心治理模式中，政府从核心转变为参与者。关于政府的社会角色，学界一直存在争议。新公共管理理论认为，政府应“掌舵”，新公共服务理论将政府定位于“服务者”。欧美社会复兴运动排斥政府干预，强调社会组织、市场力量与政府是平等关系。事实上，政府在社会治理中的作用具有两面性：一方面，在社会统一规划、综合各方利益方面，政府经常显示出独特优势，在特定领域确实需要政府发挥主导作用。另一方面，政府过分介入社会，容易产生治理行政化的问题，不利于社会有效治理。

值得注意的是，多中心治理内含治理有效的假设，即存在多个能够合作治理并相互协调的权威。因此，要实现多中心治理的效果，首先要在社区培育多主体，建立一套协调机制，该过程需要政府的“元治理”。欧美国家社区力量发育成熟，政府职责是制定法律法规，在拨付财政补贴的基础上，推动社区高度自治。对社区治理起步晚的发展中国家，单纯否认社区治理中的政府角色和治理作用并不明智。实践证明，不同地区的社区，政府介入机制有所不同，基于各自条件逐渐形成多样治理模式。根据政府介入社区治理方式及程度的不同，社区治理可大致分为三种模式：政府主导、社区自治、混合治理。国外社区治理模式比较如表1-3所示：

表1-3　国外社区治理模式比较

	政府主导模式	社区自治模式	混合治理模式
典型国家	新加坡	美国	日本、澳大利亚
治理方式	自上而下	自下而上	自上而下与自下而上并行
治理特点	政府直管社区事务，设有专门派出机构，居民参与意识不高，强政府弱社区	政府依法间接管理社区事务，社区自主规划发展，居民公共参与积极，强社区弱政府	各级政府分工明确，政府干预与社区自治相融合
治理机制	政府主导	非政府主体广泛参与、自主自治	政府支持和社区居民广泛参与下的共同管理
政府与社区关系	紧密结合	相对分离	部分分离、相对宽松
政府职责	设立专门职能机构负责社区事务，规划社区公共服务，培训社区和社区组织领导，对社区组织行为进行引导和物质支持等	制定法律，为社区自治提供法律制度和支持；与社区组织进行社区领域的合作，提供必要的资金支持等	宏观事务及政策供给；市场化运转社区项目，与非政府组织建立合作伙伴关系；培育社区自治，为社区自治提供便利和条件等

资料来源：王珏青. 国内外社区治理模式比较研究［D］. 上海：上海交通大学，2009.

正如上表所示，社区治理根据实际情况形成差异化实践模式。我国社区治理的历史渊源、制度环境、现实情况与西方迥异，需要在借鉴西方社区治理理论的基础上立足国情逐步探索。

第二章
城市社会治理现代化的体系构建

党的十九大报告强调，全面深化改革的总目标是完善和发展中国特色社会主义制度，推进国家治理体系和治理能力现代化。城市治理现代化是国家治理现代化的重要组成部分，城市治理水平集中体现国家治理发展的逻辑。当前，城市发展进入了新的历史阶段。到 2021 年，在建设全面体现新发展理念的城市现代治理体系上形成一整套更加完善的制度，初步形成城市秩序、城市活力与城市能级协同共进的生动局面；到 2035 年，基本实现城市社会治理体系和治理能力现代化，形成与建设全面体现新发展理念的城市相适应的高水平整体治理效能；到本世纪中叶，全面实现城市治理体系和治理能力现代化，为建设可持续发展的世界城市提供强有力的制度保障。如何加快现代城市社会治理转型，建设与国家治理现代化相适应的治理体系和治理能力，承载“工业化、信息化、城镇化、市场化、国际化”快速发展与高端发展，是我国大中城市当前面临的重要课题。

一、城市社会治理现代化的指导思想与基本原则

构建现代化城市治理体系，提升城市社会治理能力，必须贯彻习近平总书记关于城市工作和城市治理的新思想新理念新要求，全面落实中央城市工作会议和各地党代会精神，加快转变城市发展治理方式。大中城市推进城市社会治理现代化必须坚持正确的指导思想、树立正确的基本原则。

（一）指导思想

高举中国特色社会主义伟大旗帜，以习近平新时代中国特色社会主

义思想为指导，贯彻创新、协调、绿色、开放、共享的发展理念，落实各地省、市党代会精神，遵循城市社会治理规律，全方位提升城市能级，全方位变革发展方式，全方位完善治理体系，全方位优化城市功能品质，以党建为引领，以全面深化改革为基本动力，加强依法治理，推进系统治理，提升智慧治理，强化精准治理，深化对标管理，增强城市持续发展能力，持续改善城市民生，建设与全面体现新发展理念国家中心城市相适应的治理体系，提高治理能力，为建设创新驱动先导城市、城乡统筹示范城市、美丽中国典范城市、现代化国际城市、和谐宜居生活城市等城市现代化目标提供根本保障。

（二）基本原则

深刻认识准确把握“走出一条中国特色城市发展道路”的总体要求，遵循城市工作和城市治理的政党逻辑、历史逻辑、理论逻辑和实践逻辑，在城市社会治理现代化进程中，遵循党建引领、多元治理，改革创新、依法治理，尊重规律、统筹治理，以人为本、科学治理的基本原则。

（1）党建引领、多元治理。必须彰显党的政治特征，把加强党的政治建设摆在城市治理的首位；必须发挥党的政治优势，把发挥党组织核心作用作为城市治理的主线；必须完成党的政治任务，把全面从严治党贯穿城市治理的始终。将党总揽全局、协调各方的政治优势同政府的资源整合优势、企业的市场竞争优势、社会组织的群众动员优势有机结合起来，打造全民参与的开放式城市治理体系。

（2）改革创新、依法治理。按照城市治理就是生产力、吸引力、竞争力的理念，高起点谋划、高标准部署、高标准推进城市治理，从总体上考虑和规划城市治理各领域的改革方案，从宏观层面加强对治理体制改革的领导和指导，坚定不移转理念、转职能、转方式、转机制、转形态。城市的治理体系是一个包括政治、经济、社会、文化、生态等各个领域的制度系统，将依法治理作为城市治理体系的基石，坚持依法治理、依规办事，善于运用法治思维和法治方式破解难题，让法治贯穿城市治理全程。

（3）尊重规律、统筹治理。城市人口规模庞大且构成复杂，社会阶层结构、利益结构和需求结构日趋分化，快速融入全球产业分工链条，处于人流、物流与资金流的枢纽位置，城市生产与生活体系、经济与社会体系间的互适性面临越来越大的张力，必须认识、尊重、顺应城市发展规律，端正城市发展指导思想。要统筹空间、规模、产业三大结构，统筹规划、建设、管理三大环节，统筹改革、科技、文化三大动力，统筹生产、生活、生态三大布局，统筹政府、社会、市民三大主体，不断提升城市工作科学化水平。

（4）以人为本、科学治理。必须坚持以人民为中心的城市治理理念，转变城市发展方式，着力解决“城市病”等突出问题，不断提升城市环境质量、人民生活质量、城市竞争力，使人民获得感、幸福感、安全感更加充实、更有保障、更可持续。推动传统经验管理向现代科学治理转变，着力提升城市治理法治化、科学化、精细化和组织化水平。

二、城市社会治理现代化的目标

习近平总书记在中央城市工作会议上指出，当前和今后一个时期，城市工作要贯彻新发展理念，完善城市治理体系，提高城市治理能力，建设和谐宜居、富有活力、各具特色的现代化城市①。这给城市社会治理工作指明了方向。

（1）构建城市社会治理的党建引领格局。主要内容有：构建多维立体大党建格局，重塑城市治理整体性；完善科学严谨大党建机制，重塑城市治理规范性；创新城市基层“党建＋”体系，重塑城市治理有效性。

（2）形成城市社会治理的多元主体结构。主要内容有：完善政府治理体系，提升城市的政府治理能力；完善市场监管体系，提升城市的资源配置能力；完善社会组织体系，提升城市的社会协同能力；完善社区服务体系，提升城市的社会自治能力。

（3）重塑城市社会治理的空间治理体制。主要内容有：建立规划、建设、治理一体化的城市空间管理体制，推动城市空间治理有序化；完善生产、生活、生态相统一的城市空间发展方式，推动城市空间治理人性化；探索设计、实施、参与相衔接的城市微空间治理机制，推动城市空间治理科学化。

（4）完善城市社会治理的公共服务体系。主要内容有：完善城市公

① 中央城市工作会议在北京举行　习近平李克强作重要讲话［EB/OL］. 中国共产党新闻网，2015-12-23.

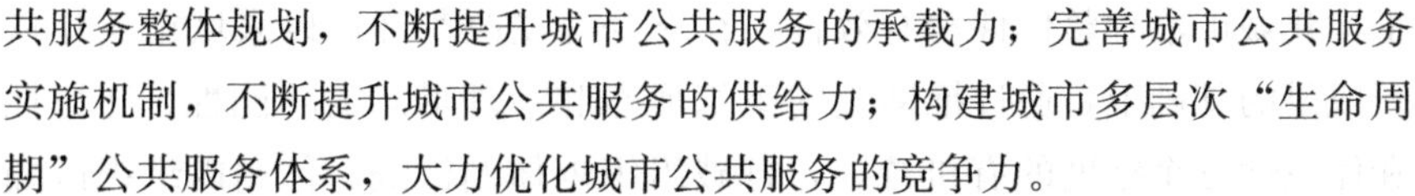

共服务整体规划，不断提升城市公共服务的承载力；完善城市公共服务实施机制，不断提升城市公共服务的供给力；构建城市多层次“生命周期”公共服务体系，大力优化城市公共服务的竞争力。

（5）创新城市社会治理的社会治理机制。主要内容有：完善法治体系，实现社会治理法治化；完善运行机制，实现社会治理社会化；建设智慧平台，实现社会治理智能化；制定治理规范，实现社会治理精细化。

三、城市社会治理现代化的职能定位

要构建城市治理的“依法治理”体系实现“硬治理”与“软治理”，要构建城市治理的“系统治理”体系实现“元治理”与“协治理”，构建城市治理的“智慧治理”体系实现“智治理”与“善治理”，构建城市治理的“精准治理”体系实现“细治理”与“巧治理”，从而建设与全面体现新发展理念国家中心城市相适应的治理体系，提高治理能力。

（一）构建城市社会治理的党建引领格局

随着城市社会结构的深刻变化，加强城市基层党建必须与推进城市治理体系和治理能力现代化相适应，以增强党在城市的影响力、渗透力和凝聚力。加强城市基层党建的顶层设计和整体谋划，以战略视角探索城市基层党建，需把握好四个维度：在高度上，牢固树立城市大党建理念，把党的建设贯穿城市治理的各个方面和全过程，以党建统合性功能为城市发展提供治理基础；在深度上，夯实基层基础，推动党的建设向城市治理新领域、新空间拓展，以大党建格局推动城市整体性建构中治理力量有机化；在广度上，注重系统推进，完善党建引领下的城市治理多元协同机制；在强度上，增强整体功能，彰显党组织领导城市治理现代化的能力。

（1）构建多维立体大党建格局。构建多维立体大党建格局，重塑城市社会治理整体性。发挥党组织统合性治理功能是推进城市社会治理现代化的政党逻辑。市场化、全球化与网络化的迅猛发展对城市发展与城市治理提出了新的挑战，也对党组织的统合性治理功能实现形式提出了新的要求，这就需要通过构建多维立体大党建格局来深化既有党的组织形态与治理形态。多维立体大党建格局，是指随着城市的快速发展，为了构建城市治理整体性和有效性，在充分开发改革开放以来城市党建创新成果的基础上，通过推动党的组织形态和治理形态的功能性、区域性和体系性三个维度的有机统一，打破组织内体制区隔、体制内组织区隔和体制整体区隔，构建以党组织为核心的多层次、多维度的生态化平台体系，从而形成使党组织统合性治理功能得到充分发挥，为党的有效领导奠定治理基础，具有多维度、立体化特征的党组织的新的组织形态和治理形态。

第一，强化城市党委的大党建领导功能。强化党组织的领导核心地位，进一步健全党建工作领导责任制，强化党委抓党建的主体责任，发挥地方党委作为“一线指挥部”总揽全局、协调各方的作用，确保城市治理的正确方向。建立城市党建协商机制，组织城市管理服务职能部门协商共治，把基层党建融入城市治理的各个方面、各个环节。建立城市党建协调会制度，帮助街道、社区解决工作难题，为城市基层党建提供强力保障和支撑。充分发挥城乡社区发展治理工作领导小组和联席会议制度作用，完善城乡社区发展治理委员会功能，加强党对城乡社区发展治理的领导。

第二，建立城市街道、社区、居民三级联动的区域化大党建格局。牢固树立城市大党建的理念，打破领域、条块、层级、单位和系统之间的阻隔，推动城市各领域党建共建共享、优势互补。要推动组织共建。一是以“双党委”为抓手，建立城市基层党建工作领导新体制。“双党委”就是在街道层面建立由街道党工委领导、社区党总支书记、辖区有关单位党建负责人等组成的区域化党工委，以及在社区层面建立由社区党总支、“两新”党组织组成的社区大党委的统称。推行街道大工委制和社区大党委制，强化街道工委和社区党组织的统筹功能。建立“社区党组织-小区（楼宇、商圈、市场）党支部-楼栋党小组-党员中心户”四级党组织和“社区居委会-小区（楼宇、商圈、市场）共建委员会-楼栋小组-居民”四级自治组织，形成纵向到底、横向到边、有效覆盖的“双线四级”区域组织体系。在街道党工委的领导下，建立“社区党委（社区党总支）＋网格党支部＋楼栋党小组＋党员中心户”的组织架构。社区党组织按照“因缘制宜、以人为本、分类管理”的原则，根据党员的理想志向、兴趣爱好、职业专长、地域分布情况分别建立了志缘、趣缘、业缘、地缘“四缘”功能型党支部。支部建在网格上，建立网格党支部，设立“两长四委员”，即网格长、党小组长、宣传委员、文娱委员、环保委员、民调委员。通过“双党委”的制度设计，构建“横向到边、纵向到底、条块结合、资源共享、优势互补、共驻共建”的区域化大党建新格局。二是以“双覆盖”为标准，扩大新兴领域党建工作覆盖面。把扩大新兴领域党建工作覆盖面作为一项重要政治任务。盯住新兴领域、村改社区、新兴人群和特殊群众等工作领域短板，精细指导、精准施策、分类推进，着力扩大党组织的“两个全覆盖”。在商务楼宇探索依托物业公司、产权单位建立党组织，在商圈市场探索依托工商、税务等监管部门建立党组织，在非公企业和社会组织，探索建立“两新”党建工作站，努力让城市区域的每个党支部都建起来。三是以“双满意”为目的，强化社区党组织对社区治理的领导核心作用。“双满意”就是既让党组织满意，又让群众满意。推行“同心所向、同轨运作、同脉相连、同享和谐”的“同心圆”社区党建模式，实现基层党组织设置与社会治理单元的高度契合，为开展基层党建和社会治理创新工作奠定坚实基础、搭建有效平台。

第三，推动城市基层外延性大党建向内涵性大党建发展。通过构建党委领导、政府主导的“多元共治”现代社区治理体系，有效解决了传统党建模式与社区建设新任务的矛盾，切实提升了社区基层党组织的凝聚力、战斗力和号召力，实现从“集权管理”向“放权社会”“还权居民”转变，从“单一行政管理”向“多方协商治理”转变，从政府完全管理控制社区的“独角戏”向多元主体共同参与的“多角戏”转变。一是重视党建工作的共商共议机制，团结各方力量为基层发展出谋划策。二是依托“两委”联席会议、居民代表大会、居民议事会、居民评议会、社区听证会议、民情恳谈会议等多种渠道，解决社区内重点党建工作和重大社区事项。三是借助大党委和理事会的成员单位，整合各级各类组织和行政资源，发挥辖区内各行政机关、社会团体、民主党派、行业协会的影响力和作用，开展各种形式的党建联建共建活动，全方位、立体化地开展区域化党建工作，围绕“中心”，打造“融入式”党建。

（2）完善科学严谨大党建机制。完善科学严谨大党建机制，重塑城市社会治理规范性。通过“筑体系”，构建城市大党建格局；通过“强堡垒”，夯实城市党建基础；通过“争先锋”，激发城市内生动力。

第一，制定城市党建“标准”，打造“标准化”党建。将党建标准化本身作为党建治理的一种话语表达，促进党建规律性认识与城市治理客观实际相结合，使理论形态的党建标准本土化、落地化。将共识、创新、发展、可持续、透明、民主、文明、法治、程序等价值理念，细化为物质形态的党建标准化。在内在规定性相同的情况下，按照细化、量化、具体化和简便、易行、好操作的原则，分别制定村、社区、机关、事业单位、国有企业、非公企业、社会组织七个领域基层组织规范化建设标准，在不同领域制定不同的党建标准，促进党组织建设及其功能发挥。从组织设置、班子建设、党员管理、组织生活、工作载体、阵地建设、运行机制、工作保障、档案管理九个方面，制定各领域党组织建设的具体标准，以规范化建设促工作提升。要求各个支部按照规范化建设标准加强支部建设。开展“标准型、示范型、红旗型”党支部建设活动，推动各领域党支部对标定位、整改提高，努力让城市区域的每个党支部都硬起来。要一个领域一个领域提升。实施整社（区）夯实、整街（道）建强、整区推进、整市提升“四整”计划，全面系统推进各个领域基层党建工作，一个领域一个领域抓提升，一个区（市）县一个区（市）县抓落实，努力让城市的每个党支部都强起来。

第二，铸造城市党建“品牌”，打造“魅力式”党建。以“党建文化”为引领增强城市治理“软实力”，打造城市党建文化品牌。以“两学一做”常态化制度化破解“两张皮”，打造党组织学习教育品牌；以“对表对标”主题创建活动锁定“着力点”，打造党建对标创争品牌。全面推行“五心党建”行动，要围绕核心抓党建，推动政治力显著提升；要围绕中心抓党建，推动形象力显著提升；要围绕重心抓党建，推动竞争力显著提升；要围绕人心抓党建，推动凝聚力显著提升；要围绕初心抓党建，推动引领力显著提升。积极开展“五星党建”行动，打造星级楼栋、星级党员、星级服务、星级自治、星级文明。大力推行“五双党建”行动，即“提升站位、提高形象”的“双提”、“条线树标杆、岗位树标兵”的“双树”、“机关联系基层，党员联系群众”的“双联”、“业务工作与党建工作同考核”的“双考”、“以党建促发展，以发展促党建”的“双促”。扎实开展“五步党建”行动，通过“读原著、提境界”解决思想建党问题，通过“出课题、清灵魂”解决党员领导干部对标看齐问题，通过“查过程、找问题”解决党员干部从严遵守党纪党规及行内各项制度问题，通过“树典型、温初心”解决基层党组织和党员两个作用发挥问题，通过“验结果、双丰收”解决党建与业务工作“两张皮”问题。细化党建责任制，落实党组织书记第一责任，开展工作创新。把解决实际问题作为创新工作的出发点和落脚点，鼓励基层党组织大胆开展工作尝

试。尊重员工的首创精神，发挥典型带动作用，创建城市党建品牌。

第三，推动城市党建“创新”，打造“活力式”党建。推动党组织建设多样化，破解“形式不活”的问题；推动党建活动丰富化，破解“作用不显”的问题；推动培训学习科学化，破解“动力不强”的问题；推动基础保障常态化，破解“发展不力”的问题。牢固树立大抓基层的鲜明导向，推动重心下移、力量下沉，让基层有更多的精力和力量服务群众、凝聚群众。要创新基层体制机制，坚持做强街道、做优社区、做实网格、做专队伍、做有场地。一是做强街道，推进职能部门的公共服务项目和服务资源向街道集中。赋予街道党工委更多的考核权和建议权，增强街道的统筹协调能力。二是做优社区，让社区由“忙事务”向“抓服务”转变。推动社区不再作为拆迁拆违、环境整治、招商引资等行政服务事项的责任主体。三是做实网格，为网格配备必要的管理服务资源。综合考虑公共管理有效性、服务可及性和居民参与便利性，合理设置网格。四是做专队伍，建强基层骨干队伍。把社区基层队伍建设纳入市、区干部队伍以及人才队伍建设总体规划，打造一支以社区党组织书记为核心、以党员干部为主体、以群众骨干为基础的基层社会治理服务骨干力量。全面推行社区主职干部全职化管理，全面推行社区党组织书记和居委会主任“一肩挑”，加强楼栋党小组长、门栋长、文体委员、卫生委员、矛盾调解员、信息员和党员中心户等“两长四员一户”骨干队伍建设。成立各类志愿服务队伍和群众活动团队，发挥群众骨干的引领作用。加大基层财力支持。严格按照不低于上年度当地职工平均工资水平落实社区副职干部工作报酬，社区年工作经费实行与地方财政同步增长机制。五是做有场地，强化党员群众服务中心功能。对社区党员群众服务中心进行改造升级，推动小区、商务楼宇、商圈市场建立党员活动室，全面加强城市基层党建工作保障。

第四，推动城市党建“上网”，打造“智慧型”党建。主动适应数字化、实时化、智能化党建样态，主动应对大数据、云计算时代的管理革命与现实要求，推动“互联网＋党建”建设，实现党务管理扁平化的“智慧党建”，实现“互联网＋党建”从网页时代、微时代、移动终端时代转向云时代。制定城市“互联网＋党建”发展规划，力争通过线上系统的搭建，最终实现“O2O”的党建党廉工作模式，由线上工作带动线下工作开展，并不断加强线上线下信息互动，提升基层党组织活力。具体内容有“互联网＋组织建设”“互联网＋学习教育”“互联网＋宣传舆

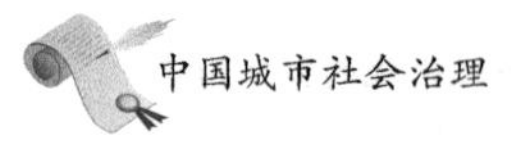

论”“互联网＋主体责任”“互联网＋嵌入式风控”等。

(3) 创新城市基层“党建＋”体系。创新城市基层“党建＋”体系，重塑城市治理有效性。城市基层党建引领城市治理创新，需要突出以服务人民为目的的工作核心，着力于基层党组织的设置创新和体制创新，积极探索城市治理在基层的有效实践模式。创新城市基层“党建＋”体系，既服务于城市治理的发展需要，又为提高党的领导有效性奠定治理基础。

第一，开展“领头雁工程”，推动城乡社区“党建＋民主选举”。打造“领头雁工程”，形成以“书记抓、抓书记”为核心的基层党建新格局。通过组织推荐、履历赋分、制订方案、现场面谈等环节，规范“领头雁”的选用程序，注重把依法依规选好两委会班子，特别是把选优配强能够“带动和谐、带头致富、带领共富”的社区书记和社区主任，作为推进治理现代化的重中之重。选派“第一书记”、异地任职村干部入驻软弱落后社区，切实解决社区管理中的不规范、不严格、不透明等问题，使基层干部心有所畏、言有所戒、行有所止，切实推动基层治理的规范化、有序化。

第二，开展“大协同工程”，推动城乡社区“党建＋专业治理”。街道区域党委、社区区域党委当龙头、强基础，实现城市区域内各领域组织联建、党员联管、活动联搞、资源联用、服务联做，变“独角戏”为“大合唱”。推行“党建＋商会治理”模式，将商业精英进行制度化吸纳；创新“党建＋乡贤参事”模式，大力推进基层经济建设、政治建设、文化建设、社会建设以及生态文明建设协调发展；推行“党建＋公益创投”模式，将党代表工作、“两新”组织党建工作、社会组织开展公益志愿服务有机融合，以此解决社会组织开展公益服务各自为政、资源不够、力量不足、效果不佳等问题；探索“党建＋家庭议事”模式，按照群众路线要求，推动党建活动进家庭。

第三，开展“微权力工程”，推动城市基层“党建＋权力规范”。完善市、区（市）县、街道（乡镇）、社区四级联动的明责、履责、问责体系，推动全面从严治党向基层延伸，约束“微权力”，治理“微腐败”。全面梳理城市基层治理的“微权力”清单，涵盖城市基层治理的全部公共权力事项和便民服务权力事项，让小微权力，晒到“阳光”底下，装进制度的“笼子”里。制定城市基层组织规范化运行基本规则，明确了“组织底线规则”，为城市基层干部用权划底线、拉红线。城乡社区按照

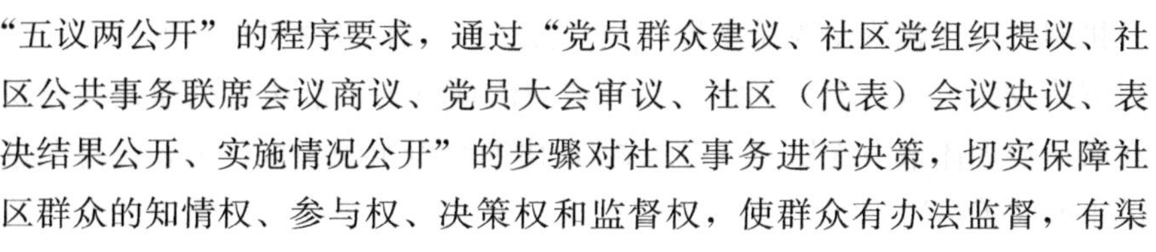

“五议两公开”的程序要求，通过“党员群众建议、社区党组织提议、社区公共事务联席会议商议、党员大会审议、社区（代表）会议决议、表决结果公开、实施情况公开”的步骤对社区事务进行决策，切实保障社区群众的知情权、参与权、决策权和监督权，使群众有办法监督，有渠道监督，有标准监督。

第四，开展“向心力工程”，推动城市基层“党建＋服务下沉”。构建“区域化大党建＋N项服务”模式，提升城市治理能力。通过党建工作，以更周到的服务、更科学的方式、更幸福的愿景提升群众获得感、安全感和幸福感。首先，要做实“精准服务”，推动“粗放服务”向“科学服务”转变。以区域化党建为契机，推动公共政策与重大民生项目建设的民主征询制度建设，以避免自上而下的公共决策与公众需求脱节；形成党领导下的社会利益多方协调机制，逐步探索开放与多元社会背景下的社会矛盾化解长效机制。其次，要做足“基本服务”，推动“能人治理”向“依法治理”转变，汇集群众共性需求，把与千家万户生产生活息息相关的证照办理、民政社保、户籍计生、教育入学等事务列入基本服务清单，通过全程代办、“并联式”审批把服务送到群众家门口。再次，要做优“拓展服务”，推动“政府负责”向“政府主导”转变，以党组织服务为主导，引领社区服务项目化和社会化，整合行政服务、市场服务、社会服务资源，在基层打造涵盖农资购销、医疗卫生、家政养老、费用代缴等事项的“服务超市”，为群众就近提供便捷服务。最后，要做好“引领服务”，推动“被动服务”向“主动服务”转变，把创业致富、遵纪守法、参加活动、志愿服务等量化为具体指标，划定“行为底线”和“行为红线”，促使党员干部重心下移、服务下沉，化解矛盾，密切党群、干群关系。努力将矛盾化解在基层治理的前端，不断提升公众对社区的满意度和认同感。

（二）形成城市社会治理的多元主体结构

拥有“强政府、强社会、强市场”三元平衡的治理主体结构，是城市治理的首要条件。中国特色城市治理的定位内在规定了在城市治理中必须凸显政府的大主体地位，坚持政府的主导地位。政府组织通过政府机制对市场组织和社会组织以及治理客体都发挥着引导作用，是城市治理体系中的主导，是主心骨；市场组织通过市场机制对治理客体发挥决定性作用，同时又反作用于政府组织，参与社会治理；社会组织通过社会机制对治理客体发挥能动性作用，接受政府组织的领导和支持，同时也支持政府组织的工作，修正不合理的治理行为。市场组织和社会组织在城市治理体系中犹如“鸟之两翼”，协助政府组织积极作为，最终促进城市的“善治”。

（1）完善政府治理体系，提升现代城市的政府治理能力。政府是城市发展的规划者、城市治理规则的制定者和城市基本公共服务的主要提供者。充分发挥政府组织的主动性和能动性，是推动城市治理能力现代化的重要本底支撑。必须以“建设人民满意的服务型政府”为目标，加快政府职能转变，合理配置行政资源，形成“权力明晰化、职责无缝化、管理一体化、运行协调化”的政府职责体系。坚持政企分开、政资分开、政事分开、政府与市场中介组织分开的原则和“经济调节、市场监管、社会治理、公共服务、环境保护”职能定位的要求，完善政府经济调节和市场监管职能，推行“放管服”改革，加强政府社会治理、公共服务、环境保护职能，为城市治理提供“元治理”。

第一，市级政府推行模块化整合，形成统筹设置、分工合理、运转协调的市级政府组织体系。将市级政府的职能重心定位为“决策、规划、指导、协调、监督”；把决策权、规划权、调控权等上移和相对集中于市级部门；市级政府职能重点是规划和调节全市经济社会发展，统筹城乡的市场体系，优化投资环境，保护环境等。统筹规划党委、政府的工作机构设置。对职能相近的党政机关探索合并设立或合署办公，对工作职能关联度高的党政机构实行合署办公或一个机构两块牌子。凡是政府机构已承担的管理职能，党委一般不应再设置相应的机构；已存在的党委工作部门归口管理的机构可参照政府工作部门设置原则，可归入相应的工作部门中作为内设机构或实行挂牌。继续推进政府大部门管理体制改革工作。大幅度整合政府机构，在清理和规范政府职能的基础上，打破现有部门界限，按照经济调节、市场监管、社会管理和公共服务职责体系区划政府机构。大力整合职责相近、职责边缘重叠的政府机构，对职能转变后事权萎缩、职能边缘化的部门不再保留。政府工作部门尽量不再保留归口管理机构。加大对政府工作部门归口管理机构的整合力度，切实解决政府机构设置中归而不管的现象，确因工作需要必须上下对口的机构，可在相关工作部门实行挂牌。要按照规范化服务型政府建设要求，进一步精简政府工作部门的内设机构，试行大处（室）制，切实解决政府工作部门内设机构过多、管理过细的现象。清理和规范议事协调

机构及其办事机构。进一步精简议事协调机构。对现有的议事协调机构进行清理，除规范保留的，其余一律撤销，任务交给职能部门承担。确需新增设立的议事协调机构须严格报批，明确职责权限、存续期限和撤销条件。

第二，区（市）县政府推行扁平化改革，形成职责明确、机构精简、权责一致的区级政府组织体系。将区（市）县政府的职能重心定位为“执行上级决策、加强市场监管、强化社会治理、保障公共服务”，将职能重点调整到政策执行、市场监管、社会治理和公共服务上来。全面推进县（市）改区工作。结合各地城市社会治理要求，进一步扩大城市中心腹地，便于城乡统一规划、协调发展、互相促进补充，保证城乡融合发展的深层次推进，建议按照“一个标准、一个规划、一个政策、一个机制”模式全面推进县（市）改区工作。根据区职能重心适度调整部门机构。针对区级政府的部门设置过分强调上下对口而产生的机构臃肿、职能交叉、效率低下、成本偏高、回应迟缓等问题，在重新梳理部门职能的基础上，根据区职能重心适度调整部门机构，以宏观决策、规划为主要职能的部门可适当压缩整合，以社会治理和公共服务、市场监管为主要职能的部门要在管理重心下移的前提下适度加强。按照“管、办、执”分离的原则对区级政府部门内设机构进行规范，制定部门职责规范，明确各部门设立依据、职能、权力、责任，以及部门内设机构的分工，并向社会进行公示，接受社会的监督，以提高“执行力”。

第三，街道办事处（乡镇）推行多元化改革，形成精简效能、强化服务、动态调整的街道办事处（乡镇）政府组织体系。将街道办事处（乡镇）的职能重心定位为“执行落实政策、社会综合治理、提供公共产品、保障公共服务，营造良好生活环境”，逐步实现由基层行政组织向直接为居民服务的“公共服务中心”转变。全面推行“乡镇改街道办”改革。乡镇全面实行街道办事处体制管理，明确科研、文教、卫生、商业、金融、交通等城市功能定位，进一步加快城市化进程。探索党政合一的管理体制。在现有街道办（乡镇）机构改革基础上，进一步压缩在街道办（乡镇）机构职能转变后功能弱化的机构，探索党政合一的管理体制。坚决取消招商引资等经济指标。抓紧建立完善街道办（乡镇）机构事务准入制度，赋予街道办（乡镇）机构“摇头权”、参与权、建议权、管理权，将其职能彻底转变到社会治理和公共服务上来，确定其职能重点为加强社区治理、社会稳定、社会养老以及改善综合环境等公共服务职能。

对街道办（乡镇）机构进行分类改革。结合街道办（乡镇）机构的经济发展水平、社会状况、人口结构以及区域功能，进行不同的政府职能配置。推进街道（乡镇）公共产品和公共服务的社会化供给。引进竞争机制和合同管理制，将“花钱养人办事”的模式转变为“花钱雇人办事”的模式，开放社会资源参与公共服务供给、降低行政成本、提高公共产品质量。

（2）完善市场监管体系，提升城市的资源配置能力。市场是城市发展的基础，市场机制是影响城市经济的主要因素。在人类社会发展的历史上，城市既是经济发展的产物，也是经济发展的主要载体。没有经济作为基础，没有适合当地资源特点的产业，任何城市都不可能持续健康发展。城市的产业结构和经济特色是市场选择的结果。不尊重市场机制和市场规律，城市不仅不能健康发展，也不可能得到有效治理。只有尊重和敬畏市场规律，积极探索市场监管体制改革，充分完善市场监管体系，才能最大限度地发挥市场机制的积极作用。

第一，实现从职能监管到战略监管的转变。要以全面深化改革为主题，从十八届三中全会提出的“处理好政府和市场的关系，使市场在资源配置中起决定性作用和更好发挥政府作用”出发，放开市场“看不见的手”，用好政府“看得见的手”，改革市场监管体系，实行统一的市场监管。要按照便捷高效、规范统一、宽进严管的原则，积极稳妥地推进商事制度改革。要按照“放管服”改革要求，坚持“非禁即可、非禁即入”的原则，推进行政审批制度改革。要优化服务外资企业发展的工作措施，以更加有效的机制、方法、手段和措施更好地服务外资准入，推进外资准入制度改革。要建立重大项目责任落实机制、全程跟踪机制、疑难问题特事特办机制、重大民营企业联系机制等四项工作机制，推动重大项目服务制度改革。

第二，实现从市场监管到市场共治的转变。要改变仅仅依靠政府部门自身力量对市场主体的产品和行为等进行监督管理的单一监管方式，要将政府部门的“他治”、市场主体的“自治”、社会组织的“互治”结合起来，形成政府监管、企业自治、行业自律、社会监督的“市场共治”格局，实现政府的“自我解放”和社会的“自我修复”的互进，形成政府的“行政功能”和基层的“自治功能”的互补，推进政府的“管理力量”和社会的“调解力量”的互动。

第三，实现从碎片管理到整体治理的转变。市场涉及生产、流通、

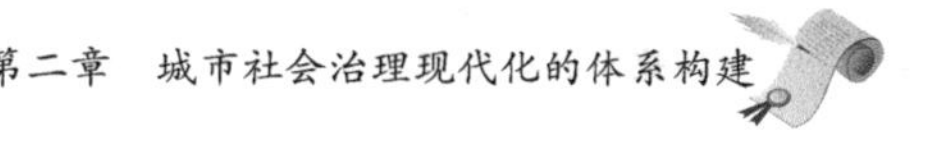

交易、检验等一系列过程，即使在“大部制”条件下也不可能实现对一个产业链的全过程监管。因此，监管工作“九龙治水”是客观、长期存在的，问题在于实现“治水”的“九龙”应权责明确、无缝衔接。坚持治理层级的整合；坚持监管功能的协作，提供“一站式服务”；坚持监管信息的统一，发展“网络化治理”。

第四，实现从专项整治到依法行政的转变。政府部门要减少对各种专项整治行动的依赖，避免用“打击、冲击、突击”的运动化模式来监管市场。坚持法无授权不得越位监管，法无禁止市场主体即可正当经营，在法治的轨道上实现科学有序有效监管。围绕优化城市经济发展环境，全面加强市场监管，努力加大行政执法力度，为各类市场主体发展营造更加公平有序的市场环境。突出重点，加大力度，强化重点领域、重点行业、重点地区、重点市场的监管执法工作；创新机制，完善体系，着力在信用约束、部门协调、长效机制建设上下功夫；依法行政，规范执法，进一步完善执法监督体系，切实规范执法行为。

第五，实现从传统手段到科学监管的转变。全面推行“互联网＋市场监管”理念，借鉴互联网、物联网、云计算和大数据等技术与手段构建新型市场监管方法，推动“智慧监管”，促进监管人员现代化 、监管技术现代化 、监管装备现代化。

（3）完善社会组织体系，提升城市的社会协同能力。社会组织是组织化的社会力量，是“能动社会”建设的重要主体。社会组织体系发展状况影响着城市治理的现代架构形成。城市社会治理，不仅需要规模层面的“小政府、大社会”格局，更需要职能层面的“强政府、强社会”组合，构建“党委领导、政府主导、社会引导”的多元共治架构，有效实现刚性管控、柔性服务与理性调和的融合衔接。为解决城市治理转型中城市居民多元化、人口流动快速化、社会层级复杂化、利益诉求多样化带来的各种社会问题，要逐步建立起一套与城市治理水平相适应的社会组织体系，推动“服务功能社会化”与“社会服务组织化”，提高城市治理质量。

第一，构建社会组织发展的良性生态系统。形成长远规划的社会组织发展政策框架，塑造系统整合的社会组织发展良性制度环境，构建环环相扣的制度链条。丰富社会组织发展的法律政策体系与政策工具，改变培育扶持政策工具单一化、碎片化问题，完善社会组织的外部支持体系。鼓励不同类型和不同功能取向的合法社会组织共同发展，并在此基础上形成社会组织间相互服务、相互支持的新型合作发展格局。鼓励社会组织提供公共产品、参与治理的同时加强引导与监督制度建设，及时纠正社会发育过程中出现的偏差现象。

第二，全面推进社会组织孵化培育工作。构建枢纽型社会组织工作体系。形成市、区（县）、街道（乡镇）多级枢纽，分类管理、分级负责。设立枢纽型社会组织综合改革试验区，探索创新枢纽型社会组织工作体系的改革思路，探索发挥枢纽型社会组织的引导枢纽、公信枢纽、资源枢纽的发展路径。构建起“市—区（市）县—乡镇（街道）—社区”四级社会组织孵化和实践平台。市级政府按照“政社分开、权责明确、依法自治”的要求，推动现代社会组织体制框架形成，要制定推动社会组织建立、成长、作用发挥、监督的长效机制，完善社会组织管理信息平台和社会组织法人单位信息资源库建设。区（市）县、街道（乡镇）、社区要分别建立社会组织培育发展中心、公益坊和公益驿站，形成三级孵化网络，集聚资源整合、能力提升、组织孵化、项目开发、示范引领五大功能，培育有潜力的社区社会组织。

第三，建立健全培育社会组织发展机制。从资金、项目、技术、人才、场地等多方面对社会组织持续不断地进行培育扶持，加快推进社会组织孵化基地建设，完善配套功能，使之有序、健康发展。健全财政资金扶持的机制。扩大社会组织发展基金规模，重点培育、优先发展公益慈善、行业资质认定类社会组织、行业协会、学术性社团和城乡社区社会组织。继续完善政府向社会组织购买公共服务制度。强化契约式管理，探索形成“政府承担、定向委托、合同管理、评估兑现”的社会组织提供公共服务方式，推进政府职能向社会组织有序转移。持续开展“社会组织领袖培养”计划，对社会组织会长（理事长）、秘书长等高层管理人员定期培训，切实增强他们的能力素质。为社会组织提供必要的场地。按照适度超前、合理规划、因地制宜的原则，采取购买、置换、租赁、新建等方式，支持社会组织的场地建设。

第四，充分发挥社会组织治理功能。发挥社会组织在民主协商体系、社区治理体系、环境治理体系和公共服务体系中的重要作用，实现组织引领、协调指导、自律管理、规范行为和自我服务的五大功能。最大限度地利用社会组织的“聚合力”，把各方面的力量聚合起来，形成协同参与、多元共治、活力迸发的生动局面。最大限度地利用社会组织的“协商力”，发挥社会组织的议题搜集与研判能力、表达与参与功能、政策设

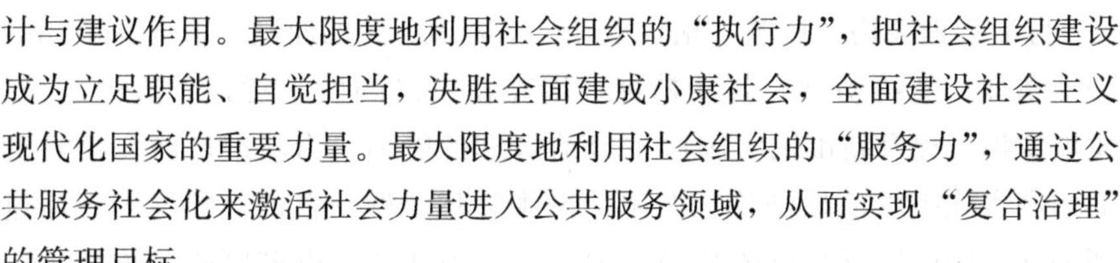

计与建议作用。最大限度地利用社会组织的“执行力”，把社会组织建设成为立足职能、自觉担当，决胜全面建成小康社会，全面建设社会主义现代化国家的重要力量。最大限度地利用社会组织的“服务力”，通过公共服务社会化来激活社会力量进入公共服务领域，从而实现“复合治理”的管理目标。

第五，有效构建社会组织评估机制。借鉴国外先进经验，建立包括利益关系人评估、社会评估、独立的第三方评估机制，逐步培养评估社会组织的专门人才，造就素质高、能力强的专业评估队伍。针对社会组织进行使命评估、项目评估、绩效评估，设立社会问责的门槛指标和测量指标，推动非营利组织“社会公告机制”建设。

(4) 完善社区服务体系，提升城市的社会自治能力。按照“重心下移、服务群众、责权统一”的原则，积极推进社区管理体制创新。按照“还权、赋能、归位”的思路，以“民主化管理、多元化筹资、市场化经营、精细化服务、市民化培育”为主要内容，以“自我管理、自我服务、自我教育、自我监督”为主要目标，建立新型社区自治管理模式，破解新型社区管理难题。整合“三社”资源、激活“三社”主体、强化“三社”要素，厘清“三社”中的职责，推进“三社联动”，提升城市的社会自治能力。

第一，构建城市社区“四个一”自治模式。构建“一个委员会、一个社区服务中心、一个社区服务分站、一个多元治理机制”的社区“四个一”模式。增强社区居委会自治功能，推行社区居民代表常任化、社区居委会议事民主化、社区服务多元化，通过建立市场化和更贴近居民的服务机制，让社区结构和功能更完善、更合理；强化社区服务中心建设，探索构建社区发展公司模式，进行社区环境维护、犯罪青年帮教、失业者的援助与救助、精神病患者的心理辅导等；整合民政部门和社会保障部门中社会福利的非行政化职能，将其赋予专业化的社会工作机构如工会、团委、妇联、社会工作协会等，由其合作组建基于社区的社区服务工作分站，协作提供青少年、老年、劳动、就业辅导、康复辅助等社区社会服务；构建多元主体的协作机制，厘清社区居委会的领导作用、社区服务中心的服务整合供给角色和社区服务分站的辅助职责。

第二，构建新型社区“1＋3＋1＋N”自治管理架构。建立以集中居住区党组织为领导核心，以议事会、管委会、监委会为自治主体，以物业服务中心为载体，以其他社会组织为有效补充的新型社区“1＋3＋1＋

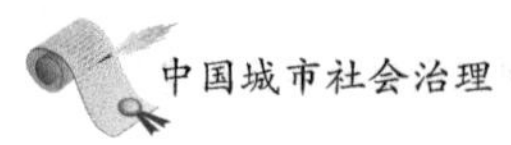

N”自治管理架构。按照“党政指导、培育市民”的原则，培育新市民的理性精神、契约精神、公共精神，培养新市民的民主意识、法治意识、发展意识，提升新市民实施民主自治管理的能力，为新型社区自治管理的顺利实施提供前提条件。按照“民主管理、群众自治”的原则，通过新型社区居民广泛参与选举和管理，使新型社区的决策更能维护社区居民的根本利益，突出社区居民的主体地位。按照“综合服务、精细管理”的原则，坚持服务与管理并重，依托新型社区公共服务平台，着力整合社区服务资源，推动公共服务事项下移、工作下沉。以楼栋为单位，划分片区，分户建档，绘制“一区一图”，建立“一户一档”和综合管理信息平台，全面实现网格化、动态化管理。

第三，健全城乡社区居民自治五个机制。一是理顺社区共治体系中的权责分配机制。梳理权力清单，明晰政府与自治组织的权责边界，准确划分区级职能部门、街道办事处、社区居委会职责。二是完善社区居民自治经费机制。建立社区公共服务经费持续增长机制，根据经济社会发展水平逐步提高经费标准，为社区公共服务提供持续稳定的财力保障。三是建立政府和社区居民双向考评机制。以社区居民满意度和社会评估为主要导向，对基层政府和社区工作进行监督和改进。四是强化居民有序参与社区自治机制。以居民生活需求为利益导向，以公共服务理念为核心，以项目化的居民自治活动，切合社区特点和居民生活需求，培养居民的自治意识，增强居民对社区的认同感和归属感。五是健全社区工作者能力培养机制。应当定期对社区专职工作者进行岗位培训和职业道德培训，帮助其系统地学习社区建设的基础理论和专业知识，了解社区工作的基本原理，掌握社区工作的方法和技能，当好城市社会治理一线的“绣娘”。

第四，构建“网格化”城乡社区治理体系。下移居民区末端，实现城市综合管理与社区自治良性互动。形成区、街道、居民区三级工作网络，推动“网格＋党建”“网格＋综治”“网格＋创城”“网格＋司法”“网格＋安监”“网格＋税收”等，形成“一个组织体系、一个运行机制、一张统一网格、一个信息平台、一支综合力量”的城乡社区治理格局。找准网格化管理职能定位，聚焦各类管理顽症，进一步释放城市社区管理效能。以依法依规、集成创新为核心，简化、优化和标准化处理流程，做到“发现更早、流转更快、处理更实、监管更严”，实现网格化综合治理平台向社会治理、民生服务领域拓展，推动“网格化管理”向“集成

化服务”转变。推进网格化管理区域全覆盖，聚焦重点难点问题，守住安全有序运行的底线。统筹考虑使城市管理、社会治安、规划、社区等各类网格相互叠加，形成全市无缝衔接的责任网格。鼓励城市各街镇以信息化为支撑，科学设置网格，因地制宜将人流密集、管理形式复杂的重点难点地区设置为管理网格，推动网格化管理进商圈、园区、交通枢纽、开发建设区域等。通过适度扩大网格范围，整合管理边界、管理资源，整合网格员队伍和“上下联动”管理机制，整合人员、岗位、终端、系统、监控考核等机制，保证网格的完整性和力量配备、场所覆盖的协调性，做到兼职网格员（处置队伍）“一岗多责”，深化全方位管控。整合优化网格化管理队伍，建立科学的运行机制，解决城市治理问题。网格化综合管理以城管执法为骨干、公安民警为保障，加上市场监管所、房管办事处以及市容管理力量，五支队伍纳入联勤联动范围，全面整合网格监督员、城管协管员、社区保安队员、劳动保障监察协管员和市容保洁员等城市管理的五支辅助队伍，由街镇统一管理和考核。为保障网格化管理中心科学运行，建立“四定原则”，即定责任单位、定处置流程、定处置时限、定反馈时限的原则；为保障网格化管理中心有序运行，建立七大运行机制，即多渠道、全领域发现机制，分级分层派单机制，分类处置机制，网格化进社区的多元参与机制，源头治理机制，督办考核奖惩机制，分析评价机制。

（三）完善城市社会治理的公共服务体系

坚持以人民为中心的城市治理，确立城市治理的核心价值。改变城市治理绩效观，更注重市民的获得感、幸福感和满意度，要根据人民高兴不高兴、满意不满意、答应不答应来评价城市治理成果。优质的公共服务是城市竞争力的核心要素。城市要将优化公共服务定位于保障新旧动能转换、方便群众办事创业、提升人民群众获得感的“推进器”，重点部署，精心组织，系统推进，建设公共服务领域的“模范城市”。

（1）完善城市公共服务整体规划。紧紧围绕市民的基本生存和发展需求，坚持尽力而为、量力而行，体现城市的文明程度和政府“兜底线”职责。注重制度建设。建立一套统一的基本公共服务管理制度，规范服务项目，强化财政管理，保障服务供给。注重改革创新。政府职能逐步从以直接提供服务为主向制定行业标准、组织服务供给、提供资金支持、加强事中事后监管转变。注重技术支撑。加快推进移动互联网、物联网、

大数据等新技术新模式在公共服务体系中的运用，提升体系的整体运行效率。

第一，确定城市公共服务的承载力。根据边界刚性、自然刚性以及城市宜居性，确定城市公共服务的承载力。构建评价指标体系，确定指标权重，计算公共服务承载力，分析城市公共服务承载力，根据城市人口变化和资源环境承载变化，确定城市公共服务的承载力。以“自然-社会-生态”系统为基础，根据城市的实际情况，通过各种努力提高城市的综合承载力，促进城市的可持续发展。在社会经济方面，促进产业结构优化升级，发展第三产业，改善城市交通状况，优化财政支出结构；在生态环境方面，建设生态型政府、生态型企业和生态型社区及村镇，重点关注大气污染，提高全年空气质量优良天率，改善城市绿化环境，进行生态文明建设；在自然资源方面，提高水资源和能源的利用率，坚守耕地红线并坚持最严保护制度。根据城市公共服务的承载力情况科学制定政策。以城市的不同区域、不同行政区为基本评价单元，根据城市交通公共服务、水公共服务、能源公共服务等承载力的基础情况，进行城市空间功能布局。

第二，完善城市公共服务的管理制度。将制度建设作为公共服务体系建设的核心，建立一套相对统一的基本公共服务管理制度。完善公共服务基础制度。建立公共服务项目清单制度，明确公共服务具体项目及相应的服务对象、服务内容和保障标准；完善公共服务财政管理制度，推进财政资金统筹使用；建立公共服务考核评价制度，制定公共服务评价指标体系。建立公共服务创新制度。建立健全基本公共服务需求管理制度，合理引导社会预期，提高公共服务保障的精准化水平，提高服务供给的针对性和有效性；建立公共服务合格供应商制度，建立合格供应商公共信用信息平台；探索建立跨部门、跨领域服务资源的共建共享机制，加强不同服务项目间各类资源共建共享，打破条线分割，促进跨领域、跨部门配置资源、融合发展。

第三，进行城市公共服务的动态规划。公共服务规划必须致力于凸显社会包容性，从空间均等走向社会公平，使不同阶层、收入、国籍的人群都能享受公平的服务，使城市更具有公平性的价值。推动公平性与超前性并重的公共服务内容规划。完善基本公共服务以及与市民生活密切相关的公共服务的规划。对教育、就业、社会保障、住房、卫生、文化、体育、养老等公共服务的基本内容、动态标准进行明确界定，确保持续、稳定、公平地向全体公民提供，履行政府“保基本、兜底线、促公平、惠民生”的基本责任，保障公民的基本权利。对交通、通信、公用设施、环境保护等与市民明确相关的公共服务进行超前性规划，全面提升公共服务的质量、效益和群众满意度。推动包容性与吸引性并重的公共服务设施规划。按照建设全球城市目标要求制定“城市公共服务设施专项规划”并纳入全市总体规划，将追求更加公平、包容的供给作为公共服务设施规划的首要目标，促进设施让所有民众共享，特别是儿童、老年人（失智老人）、妇女等弱势群体；对高等级设施进行空间导引，聚焦文化、教育、体育、医疗等重点，打造文化设施集聚区（博物馆群、美术馆群、大学城等）、体育设施集聚区、区域医疗中心等。

第四，促进城市公共服务的科学设计。城市要以精准服务为基础、个性服务为核心、卓越服务为目的，推进城市公共服务的科学设计。建立“互联网+”城市公共服务的创新平台，通过大数据确保公共服务供给的时间精准化、空间精准化、人群精准化、水平精准化，变“政府端菜”为“群众点菜”，主动提供优质服务，提升群众满意度，增强群众获得感。明确城市公共服务的设计领域，重点在公共卫生服务、公共医疗服务、公共交通服务、公共环境服务、公民理财服务、公民证件管理服务、出入境管理服务、公民生涯管理服务、公民安全事务服务、公共教养事业服务、公共信息服务等领域。创新城市公共服务的设计机制，推动定制个性化公共服务设计，依靠大数据驱动服务设计，以生产率思维进行服务设计。设立城市公共服务的体验平台。通过公共服务的城市体验平台构建、活动设计、传播宣传，吸引社会各界广泛参与体验，使人们感受城市公共服务的变化与发展，从而达成行动共识。

（2）完善城市公共服务实施机制。建立健全科学有效的基本公共服务实施机制，改善人财物等基础条件，不断提升公共服务能力，推动规划目标顺利实现，确保城市公共服务制度高效运转。

第一，完善公共服务统筹协调机制。加强各级政府之间的互动合作，促进各级公共服务资源的有效整合。推进公共服务同城化管理。加快义务教育、社会保障、公共卫生、劳动就业等制度城乡一体设计、一体实施。重点以市域为单位，有步骤、分阶段推动规划、政策、投入、项目等同城化管理，统筹设施建设和人员安排，推动城乡服务内容和标准统一衔接。把社会事业发展重点放在农村和接纳农业转移人口较多的城镇，补齐农村和特大城镇基本公共服务短板。鼓励和引导城镇公共服务资源向农村延伸，促进城市优质资源向农村辐射。提高区域服务均等化水平。强化市级人民政府统筹职能，加大对市域范围内基本公共服务薄弱地区扶持力度，逐步缩小县域间服务差距。强化跨区域统筹合作，促进服务项目和标准水平衔接。夯实基层公共服务基础。整合相关资源，持续改善基层各类公共服务设施条件。依托市民中心或者政务服务大厅完善相关经办服务设施，推动基层综合公共服务平台统筹发展和共建共享。

第二，完善公共服务财力保障机制。不断推进民生财政建设。拓宽资金来源，增强政府财政保障能力，稳定基本公共服务投入，明确《“十三五”国家基本公共服务清单》项目支出责任和保障措施，确保服务项目及标准落实到位。理顺财政投入体制。财政预算按照“一级政府、一级财政，事权与财权相统一”的要求，理顺养老、医保、就业等民生服务，市、区（市）县、街道（镇、乡）三级分担的财力投入体制。优化财政投入模式，优化财政支付的政策工具，节约财政支出，提高财政资金使用效率。设立基本公共服务财政专项基金，坚持突出重点，加大资金统筹力度，创新资金支持方式，聚焦突出、亟待解决的民生热点难点问题成为基本公共服务供给领域“补短板”的政策诉求。制定引导社会事业发展的财政扶持政策。有效发挥财政资金的撬动作用，引导大量社会资金进入社会事业发展领域。探索政府购买服务的财政投入模式。推动公共服务的供给模式从传统的政府直接承担、大包大揽的阶段走向市场化服务供给阶段。

第三，完善公共服务多元协同供给机制。推进政府购买公共服务。能由政府购买服务提供的，政府不再直接承办，交由具备条件、信誉良好的社会组织、机构、事业单位和企业等承担。制定实施政府购买公共服务指导性目录，确定政府购买公共服务的种类、性质和内容，规范项目遴选、信息发布、组织购买、项目监管、绩效评价等流程，加强政府购买公共服务的财政预算管理。加强政府和社会资本合作。能由政府和社会资本合作提供的，广泛吸引社会资本参与。政府通过投资补助、基金注资等方式，优先支持 PPP 项目。在实践证明有效的领域，推行公开招标、邀请招标、竞争性磋商、竞争性谈判等方式，公平选择具有相应管理经验、专业能力、融资实力以及信用状况良好的社会资本作为合作伙伴。鼓励发展志愿和慈善服务。广泛动员志愿服务组织与志愿者参与提供基本公共服务，定期发布志愿服务项目需求和岗位信息，建立健全志愿服务记录制度，完善激励保障措施。发挥慈善组织、专业社会工作

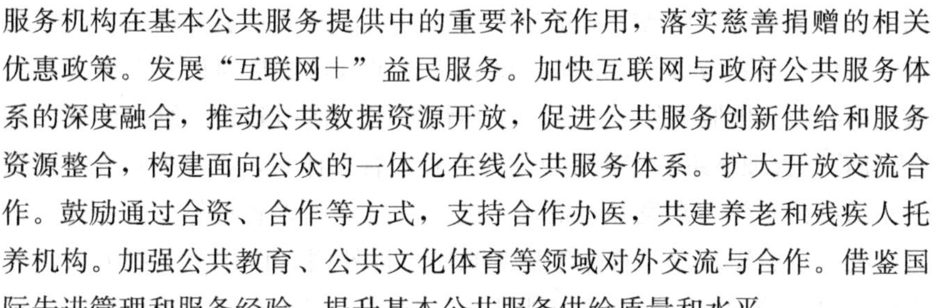

服务机构在基本公共服务提供中的重要补充作用，落实慈善捐赠的相关优惠政策。发展“互联网+”益民服务。加快互联网与政府公共服务体系的深度融合，推动公共数据资源开放，促进公共服务创新供给和服务资源整合，构建面向公众的一体化在线公共服务体系。扩大开放交流合作。鼓励通过合资、合作等方式，支持合作办医，共建养老和残疾人托养机构。加强公共教育、公共文化体育等领域对外交流与合作。借鉴国际先进管理和服务经验，提升基本公共服务供给质量和水平。

第四，完善公共服务过程监督评估机制。完善信息统计收集和需求反馈机制。坚持目标导向和问题导向，加强对公共服务规划实施动态跟踪监测，推动总结评估和督促检查。建立健全基本公共服务综合评估指标体系，推进基本公共服务基础信息库建设，开展年度统计监测。建立政府主导与社会参与的良性互动机制。推动政务公开和政府信息公开，拓展公众参与渠道，做好舆情监测预警和应对，定期开展基本公共服务需求分析和社会满意度调查，及时妥善回应社会关切。加强绩效评价和监督问责机制。强化过程监管，把落实情况纳入绩效考核。要依法接受同级人大及其常委会的监督，自觉接受人民政协的民主监督，接受社会和人民群众的监督。

(3) 构建城市“全生命周期”公共服务体系。以优化人口管理服务为焦点，围绕“全生命周期”各个阶段和不同领域，构建以需求为导向的多层次人口管理服务体系，大力优化城市公共服务的竞争力，解决城市社会治理的社会基础问题。充分了解居民的实际服务需求，打通人口管理服务中的“供给-需求”链。既要整合各方资源、统一口径，实实在在地给在城市工作的各类高层次人才提供人才保障服务，增强其工作信心，又要强化政府在广覆盖、均等化方面的主导作用，兼顾城市人口在户籍和阶层结构上的差异，分层次、有侧重地给中低收入群体、创业者、普通流动人口提供不同的服务。消除“经济上吸纳”和“社会上排斥”的双重态度，倡导“落地为民”的理念，做好进城农民工的失业救助与生活无着人员的社会救助。

第一，提升全球城市视角下的公共服务水平，建设国际公共服务体系。推进全球城市视角下的公共服务设施规划，建设国际化公共服务体系，吸引全球高端人才。全球城市越来越意识到精英人才的重要性，并为其提供高质量的生活服务，从而使跨国公司集聚、金融业发展、生产性服务业、科技创新等成为可能。一是以更加开放、包容的姿态接纳外国人。要从建设“创新驱动先导城市”的战略高度吸引外国人，要从建设“现代化国际城市”的战略高度对待外国人，要从建设“世界文化名城”的战略高度服务外国人。二是加快完善“横向到边、纵向到底”的“大外管”管理体系。完善城市“大外管”管理体系，将涉外管理工作领导小组办公室作为常设办事机构；健全基层外国人管理体制，强化街道办事处（乡、镇政府）的管理服务职能，将外国人口作为实有人口纳入街道办事处管理范围；以“涉外社区”建设为切入点，完善以社区为依托的外国人管理服务机制。三是更加注重发挥社会力量参与涉外管理服务的作用。加强涉外管理服务，其重点应是推广设立由外管民警、物管人员、出租屋管理人员、外管人员、中介公司（机构）、社工（及外国人志愿者）组成的外国人管理服务点，从而实现“零距离”的涉外服务。四是加快完善全市统一互通的外国人信息管理平台。构建共享互通的外国人信息资源库，通过统一的外国人管理信息平台，各外管部门将打通“信息孤岛”，更加有效、便捷地实施对外国人的管理和服务，更好地发挥外管工作合力；进一步完善临住外国人的信息管理系统建设，全面掌控所有入住酒店的外国人的基本信息；加强社区外国人信息管理系统末端建设。五是加强社区外国人管理服务人才队伍建设。增加基层外国人管理服务人员编制，扩大外管民警和基层外管工作人员队伍；切实改善社区外管工作人员待遇，实现同工同酬；加强对社区外国人管理服务队伍的业务建设；加强对社区外国人管理服务队伍的考核检查。

第二，提升空间城市视角下的公共服务水平，建设高端人才公共服务体系。建立高层次人才礼聘制度，推动建设具有国际竞争力的人才强市，不断吸引聚集各类人才创新创业，打造国际一流的人才汇聚之地、事业发展之地、价值实现之地。坚持“刚性引进”与“柔性引进”相结合。对于直接引进的人才，及时办理行政关系、户口迁移等各种手续，帮助解决住房、家属工作安排等问题。让具有普通全日制大学本科及以上学历的青年人才，凭毕业证即可申请办理落户手续。在本市同一用人单位工作两年及以上的技能人才，可凭单位推荐、部门认定办理落户手续。对于“户口不迁、关系不转、双向选择、来去自由”的人才，可以采取兼职聘用、学术交流、技术合作、项目指导等形式，使人才为我所用。实行项目引进和人才引进双轨并行。一是选择部分科技攻关和科技成果转化项目，公开向国内外招标，由受益单位提供项目开发经费、科研环境。二是加强与国家重点高校和科研院所的联系，通过制定税收减

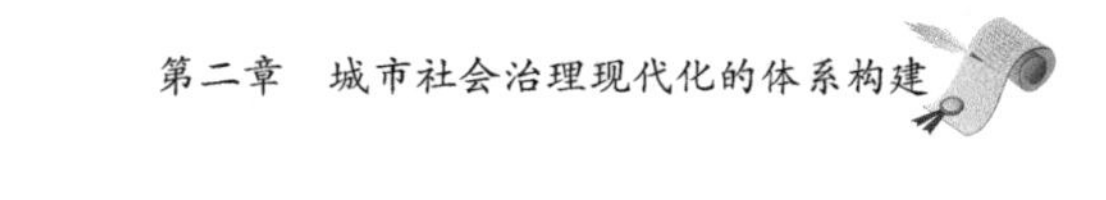

免等优惠政策，提供宽松的投资环境，鼓励和吸引高层次科技人才带技术、项目、科研成果入驻城市研发新产品，进行科技攻关和短期服务。推动紧缺人才和精英人才特事特办。应利用产业比较优势，以园区为载体，采取团队引进、核心人才带动等方式，加大对技术人才和管理人才的引进力度。加强对人才需求的预测和规划，定期发布人才需求目录，提高人才引进的针对性和有效性。在引进高层次人才和急需人才方面，应重点抓好博士后工作站、留学生创业园、国外专家工作站三个创业平台建设，对急需引进的人才，涉及档案、工资、住房、家属随迁及工作安排等事宜的，可本着从宽从优的原则一人一策、一事一议、一企一方，特事特办。优化环境，确保人才留得住。一是建立高层次人才联系服务中心。在高层次人才比较集中的单位设立联系服务站，按照“简便、快速、高效”的要求，“一站式”地为高层次人才和各类优秀人才提供关系转接、项目对接、难题处理等方面的服务。建立人才事项督办制度，对人才直接反映或通过热线服务电话等渠道了解到的人才事项，限期办理。二是资金扶持上不封顶。对高层次人才承担的项目和课题，对符合产业发展方向、能够引领科技创新并带来重大经济效益和社会效益的项目，给予启动资金扶持，上不封顶。三是不断完善激励机制。设立“建设城市杰出人才奖”，作为人才表彰的最高奖项。同时，按照党政人才、企业经营管理人才、专业技术人才、高技能人才、农村实用人才、社会工作人才等不同类别，分别设立人才奖项。另外，适当增加优秀高层次、高技能人才在各级党代表、人大代表、政协委员中的名额，优先推荐优秀人才参加劳动模范等荣誉的评选。

第三，提升统筹城乡视角下的公共服务水平，建设城乡社区服务体系。以居民群众需求为导向，以供给侧结构性改革为动力，推动城乡社区服务均等化、便捷化、专业化、标准化、信息化，构建机构健全、设施完备、主体多元、供给充分、群众满意的城乡社区服务体系，让城乡居民共享全面建成小康社会的发展成果。着力推进城乡社区公共服务均等化。依托城乡社区综合服务设施和服务机构，提供面向全体城乡居民、贯穿生存发展各阶段和生产生活各领域的基本公共服务项目，切实保障老年人、未成年人、残疾人、优抚对象、困难群体等的服务需求。加强和改进对农民工及其随迁家属的基本公共服务，促进农民工及其随迁家属融入城市社区。着力推进城乡社区公共服务便捷化。完善城乡社区便民利民服务网络，推进“城乡社区 15 分钟服务圈”规划建设。着力推进城乡社区公共服务专业化。依托城乡社区综合服务设施建立社区社会工作室，根据社区居民需求，分类推进精神慰藉、资源链接、能力提升、关系调适、社会融入等专业社会工作服务。充分发挥专业社会工作在统筹社区照顾、扩大社区参与、促进社区融合、推动社区发展、参与社区矫正和社区戒毒社区康复等方面的重要作用，建立社会工作者与志愿者协同服务机制。着力推进城乡社区公共服务标准化。以公共服务的国家标准为基础，制定城乡社区公共服务标准。具体标准的制定中，以保障民生、提高公共服务质量为导向，将群众最关注的社区服务、养老、教育、住房、就业、医疗、食品药品安全等问题作为重点和突破口，有序推进具体标准的制定、实施、成效评价等工作。着力推进城乡社区公共服务信息化。构建数字化城乡社区公共服务平台，整合社区公共服务信息资源，推动"互联网＋"精准公共服务，建立覆盖城乡、开放便捷的数字化社区公共服务平台及体系。推动"互联网＋"与城乡社区服务的深度融合，逐步构建设施智能、服务便捷、管理精细、环境宜居的智慧社区。

（四）创新城市社会治理的社会治理机制

要加强社会治理制度建设，完善党委领导、政府负责、社会协同、公众参与、法治保障的社会治理体制，提高社会治理社会化、法治化、智能化、专业化水平，要加强社区治理体系建设，推动社会治理重心向基层下移，发挥社会组织作用，实现政府治理和社会调节、居民自治良性互动。要实现形成科学有效的社会治理体制，确保社会既充满活力又和谐有序的目标要求，就必须实现社会治理思维视角从"国内"到"全球"的转变，实现社会治理主导理念从"利益"到"价值"的转变，实现社会治理功能定位从"维稳"到"维权"的转变，实现社会治理主体构成从"一元"到"多元"的转变，实现社会治理方式方法从"刚性"到"柔性"的转变。根据"核心是人、重心在基层、关键是体制机制"的重要精神，紧紧抓住影响社会和谐稳定的源头性、根本性、基础性问题，深入推进社会治理创新工作，最大限度激发社会创造活力，最大限度增加和谐因素，最大限度减少不和谐因素，为打造高品质和谐宜居生活城市提供更加良好的社会环境。

（1）推进社会治理法治化。依法治理是现代城市文明的标志，是城市社会治理体系和治理能力现代化的基石。提升城市依法治理能力就是

要把法治思维和法治方式贯穿城市治理的全过程和各方面，加快完善法治体系，大力推进依法治市，营造政府依法行政、企业依法经营、市民依法行为的良好氛围。

第一，坚持“法治引领”，加快完善城市治理的法规体系。完善法治体系，建立全面覆盖、有机衔接、便于操作的城市治理法律体系。遵循“依法行政、服务优先”的原则，制定城市社会治理工作条例。对城市规划建设、市政设施、市容环卫、道路交通、生态环境、物业管理、应急处置等城市治理活动做出规范，优化城市资源治理、规划治理、建设治理、运行治理四个环节的法治规则，推进依法治理，提高城市竞争力。遵循“科学立法、公众参与”的原则，制定城市社会治理执法条例。加强城市执法方面的立法工作，完善配套法规和规章。加快制定城市管理执法方面的地方性法规、规章，明晰城市管理执法范围、程序等内容，规范城市管理执法的权力和责任。改革城市管理体制，理顺各部门职责分工，提高城市管理水平。坚持“公平正义、问题导向”的原则，制定城市社会治理规划。对全市社会治理总体目标、基本思路、重点任务和保障措施的发展蓝图和行动纲领做出战略安排，创新社会治理，深化社会体制改革，全面加强社会建设，提高系统治理、依法治理、综合治理、源头治理能力，加快推进社会治理体系和治理能力现代化。坚持“循序渐进、重点突破”的原则，制定城市社会政策制定规划。加快推进重点领域的制度建设。依法加强和规范公共服务，完善教育、就业、社会保障、食品安全等方面的政策法规。加强社会组织政策法规建设，逐步建立完善现代社会组织制度，规范和引导各类社会组织健康发展。完善社区治理政策法规，制定社区治理评价指标体系，提升社区治理效能。加快出台地方性法规和政府规章，着力解决人口无序增长、出租房屋管理、地下空间使用、违法建设等突出问题。健全网格化服务管理政策法规，依法推进城市服务管理网格化体系建设。

第二，坚持“严格执法”，系统构建城市治理的运行体系。要在城市治理过程中形成完备的法律规范体系、高效的法治实施体系、严密的法治监督体系、有力的法治保障体系。强化法治约束，构建严格的政府管理和有效的社会自律；健全法治生态，营造政府依法行政、企业依法经营、市民依法行为的法治格局。依法全面履行政府职能，进一步做好简政放权工作，念好权力“紧箍咒”，加快建立权力清单、负面清单、责任清单，做到“法无授权不可为、法定职责必须为”，以进一步减程序、减费用、减时限为重点，深入推进行政审批制度改革，做到“法无禁止皆可为”；必须在全社会树立尊法守法依法意识，做到法律面前人人平等，决不能让法不责众、破窗效应形成劣币淘汰良币的局面。

第三，坚持“德法兼济”，持续推进城市治理的价值体系。推进城市社会治理，首先要不断巩固社会主义核心价值观的城市之魂作用，同时弘扬“创新创造、优雅时尚、乐观包容、友善公益”的城市文化，健全法治、德治、自治相结合的治理体系。要不断创新社会价值体系。在文本符号层面，把社会价值体系用思想理论体系和知识体系的语言讲清楚；在话语倡导层面，要形成一个能够提纲挈领、便于教育传播和引领践行的话语倡导过程；在实践指向层面，要落细、落小、落实，把培育和践行社会主义核心价值观落实到社会治理现代化实践之中。持续践行社会主义核心价值观。做实导向，要凸显社会主义核心价值观的“指南针”和“压舱石”作用，构建定位明确、特色鲜明、功能互补、覆盖广泛的舆论引导工作机制。做优调节，要建立起主流意识形态的教育体系，创新一整套适应不同层次、不同传播渠道，贴近生活、贴近群众、贴近实际的表现形式。做强整合，要及时把握不同阶层不同群体的思想状况、价值取向及其变化，快速反应、合理引导、取真去假、扶正抑偏、扬善抑恶。做宽凝聚，要提高宣传工作的自觉性，增强用主流社会价值体系凝聚和激励广大群众共同前进的思想基础；创新宣传工作方法，不断提高宣传、动员、教育、引导、服务的本领；创新宣传工作的组织、物质和沟通等载体，构建开展党群、干群、社群工作的新平台；创新运行、竞争、激励、保障、反馈等机制。大力推动“市民再造”工程。有与城市要求相适应的市民群体，是社会治理的关键和核心。提升城市居民的文明素养与道德理想，引导城市居民的精神价值与共同追求。依据“柔性管理、共同治理、合作治理”的原则，制定城市文明城市建设工作条例。加大社会公共意识的宣传教育，培育与国际大都市相适应的志愿精神和公共精神，培养具有包容、和谐、开放、理性的新型市民，提升城市人文关怀；培养市民对公共事务的参与意识，提升市民自主治理能力及其与公共组织的协作能力。广泛开展社会公德、职业道德、家庭美德、个人品德教育实践活动，形成修身律己、崇德向善、礼让宽容、诚实守信的道德风尚。建立社会荣誉制度，深入开展“城市榜样”“道德模范”“城市社会好人榜”“城市最美社工”等宣传教育活动，大力宣扬社会领域的先进个人和群体。进一步推进文明城区、文明社区、文明村镇、文

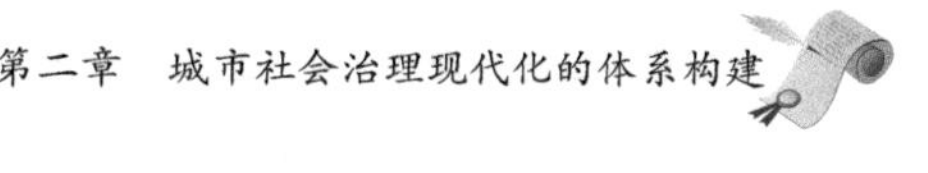

明单位、文明校园、文明家庭创建活动，深化学习型城市、学习型组织创建活动，不断提升公民文明素质和城市文明程度。全力推进"诚信城市"建设。围绕政务诚信、商务诚信、社会诚信和司法公信建设，以健全信用法律法规和标准体系、形成覆盖全社会的征信系统为基础，以推进诚信文化建设、建立守信激励和失信惩戒机制为重点，推进信用服务市场规范发展，努力提高全社会的诚信意识和信用水平，全面建设信用城市，为建设国家中心城市、最终建设世界城市营造良好的发展环境。

（2）推进社会治理社会化。要调动各方面的积极性、主动性、创造性，集聚促进城市发展的正能量，就需要健全利益表达、协调、保护机制，引导城市居民依法行使权利、表达诉求、解决纠纷。要尊重市民对城市发展决策的知情权、参与权、监督权，鼓励企业和市民通过各种方式参与城市建设和管理，真正实现城市共治共管、共建共享。

第一，完善城市治理的社会协商机制。要高度重视和尊重市民的意愿、人格和权利，采取平等对话、民主协商的方式处理各种矛盾，实现所有利益相关者的利益均衡，特别是在面临社会危机的特殊时期，通过民主协商的方式，政府、企业、居民共同承担社会成本，以达到化解风险和维护社会稳定的目的。其一，加强城市政治协商制度建设，努力推动政治决策科学化和民主化进程；其二，从行业、企业层面上建立健全由政府、工会、雇主组织三方共同参与的协商与谈判机制，公平地保护企业和劳动者的合法权益；其三，确立和完善公共政策听证会制度，鼓励受立法影响的利益相关者参与立法过程，强调对话、讨论、辩论、审议与共识；其四，鼓励基层社区创造"民主恳谈会""社区议事会""居民议事制度"等行之有效的协商组织和协商机制，让社区居民通过参与讨论、对话、协商、妥协以及相互尊重和理解，形成一种有利于整体利益的决策；其五，建立健全区域跨界协商机制，协同解决影响区域经济一体化发展的矛盾和问题。

第二，完善城市治理的利益表达机制。以建设民主政府为导向，不断完善民意表达的渠道和制度，最大可能地听取广大市民的需求和意见，特别是注重工薪阶层、郊区农民、下岗职工、中小民营企业、外来人口等弱势群体的意见，在公共政策中充分反映社会需求和民意诉求，以实现公共利益最大化。具体包括：创造平等化的利益表达权利格局，为强势群体、弱势群体提供平等的话语权；构筑合理化的利益表达渠道，继续强化群众来信来访、大众传媒读者来信（报刊、广播、电台、电视、政府网站设立民意专栏或频道等）、各部门公布投诉电话等工作，适当开辟各种形式的社会协商对话渠道，如设立区、街道行政服务中心投诉站等，使市民遇到问题能找到相应的部门；依法规范和引导市民采取理性的利益表达和行为宣泄方式，加快公众利益表达的法治化进程，在遵守宪法和有关法律的前提下，完善利益表达的法制体系建设，依法规范市民利益表达的内容、范围、方式、组织形式、准则和程序等，引导市民利益表达的理性化、经常化和秩序化；健全规范有序的公众参与机制，建立健全市民利益诉求和政治决策参与的制度性平台，具体包括市民民意调查制度、政府信息公开制度、市民代表听证会制度、官民协商谈判制度、市民投票表决制度、法制化“代言人”制度等，让各种利益群体代表或广大市民在自身利益攸关的公共政策制定中有话语权，保证每项政策的出台与市民心理承受能力相适应，最大限度地增加市民对公共政策的认同和支持。

第三，完善城市治理的社会平衡机制。通过收入分配制度、财富配置制度、社会保障制度等综合改革，不断缩小贫富差距和社会差距，最终形成惠及所有区域、所有群体的合理社会结构和社会均衡利益结构。实施有利于政府与社会平衡的财政投入机制，在缩减政府行政开支的同时，扩大民生领域的投入，建立健全教育、医疗、社会保障等公共服务的市级财政统筹制度和转移支付制度，促进不同区（市、县）之间、中心城区与郊区之间基本公共服务的均衡，让所有人共享城市经济发展成果。率先推动最低收入制度改革，通过多种途径提高劳动报酬在初次分配中的比重，提高普通工薪阶层和低收入群体的收入，建立城市经济与居民收入协同增长的机制。深入推进薪酬制度改革，缓解高层与低层收入差距过大的问题，逐渐破除垄断行业与非垄断行业之间的收入差距。加强社会保障体系建设，构筑起人人共享的普惠性保障网络。在全国探索建立健全规范的捐赠制度，大力发展城市慈善事业，加大对低收入阶层特别是社会最低阶层和生活不幸者的援助力度，不断缓解社会矛盾，增强社会凝聚力。

第四，完善城市治理的文化融合机制。通过文化互动与文化融合，形成开放、包容、多元的大都市文化精神。从经济国际化、文化多元化、社会信息化的现实出发，通过有形的制度重建和无形的氛围建设，促进不同种族、不同民族、不同地域、不同背景的文化群体加强社会互动、交流与融合，不断提升城市的包容力、凝聚力、影响力。其一，确立不

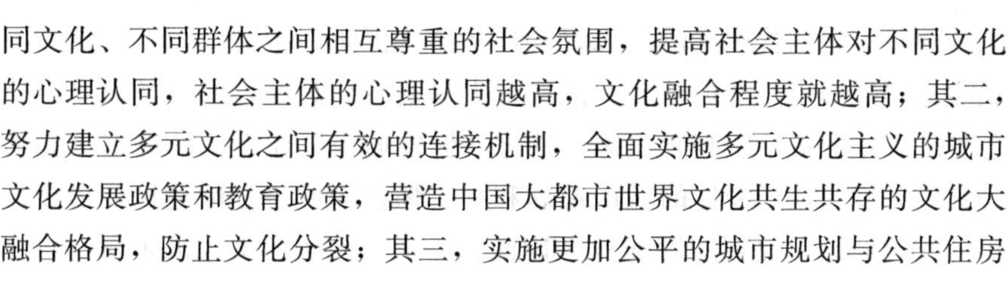

同文化、不同群体之间相互尊重的社会氛围，提高社会主体对不同文化的心理认同，社会主体的心理认同越高，文化融合程度就越高；其二，努力建立多元文化之间有效的连接机制，全面实施多元文化主义的城市文化发展政策和教育政策，营造中国大都市世界文化共生共存的文化大融合格局，防止文化分裂；其三，实施更加公平的城市规划与公共住房政策，促进不同文化背景、不同贫富群体的混合居住程度，最大限度地降低城市空间隔离和社会隔离。

第五，完善城市治理的应急管理机制。要以世界眼光和战略思维准确把握城市应急管理出现的新情况、新问题，建立起一整套符合当地城市实际、具有当地城市特色的应急管理体系。一是形成“多元协同”格局。完善“党委领导、政府负责、部门协调、全社会共同参与”的应急管理工作格局，着力构建统一领导、分工配合的应急管理指挥体系，建立起“统一领导、综合协调、分类管理、分级负责、属地为主”的应急管理指挥体制，形成“应急准备—监测预警—应急处置—恢复重建”链条完整的应急管理体系，实现全市应急管理统一指挥和资源统一调配；坚持固本强基，着力夯实应急管理的群众基础，提高广大市民和各类组织应急意识和应急处置能力，推进应急管理工作进机关、进工厂、进学校、进社区。创新社会动员模式，完善社会参与机制，充分发挥广大市民和各类组织在处置突发事件中的重要作用，探索依托基层民兵、预备役人员、保安员、警务人员和医务人员等，组成街（镇）综合应急救援中队，不断增强基层应急处置和应急管理能力。以社区网格化建设为支撑，在全市街（镇）建立综治信访维稳中心和综合执法队，创建社区应急救援志愿服务站，率先在国内建立起民间应急救援组织，实现从村（居）、街（镇）、区到市的应急管理无缝对接，完善“群众自防自治、社区群防群治、部门联防联治、相关单位协防协治”的应急管理社会参与机制。二是出台“系统全面”制度。以加快建设与国家中心城市相适应的城市应急体系为目标，以先进城市为标杆，以城市应急管理需求为依据，紧紧跟随新型城市化发展步伐，高起点、高标准编制应急管理发展规划，不断提升城市应急管理工作的科学性、规范性和计划性。形成以总体预案为核心，以专项预案、部门预案、地方预案、重点企事业单位预案、重大活动预案为基础，覆盖多层级、多领域的应急预案体系。完善涵盖公共卫生、社会安全、事故灾难、自然灾害的预防与处置等多个领域法规和规章。建立起完善的应急管理法规规章体系，构筑综合全面、系统规范的应急管理法治保障。三是坚持“预防为主”原则。从保障人民生命财产安全、维护社会和谐稳定大局的政治高度，增强做好城市应急管理工作的责任感和紧迫感，推进“韧性城市”建设，推进基于韧性的灾害管理、基于韧性的城市规划和基于韧性的城市社区建设，形成城市的灾害韧性、规划韧性和社区韧性。要坚持预防为主、预防与应急相结合的原则，推动防控关口前移，增强监测预警能力，完善预案体系，健全隐患排查机制，重点加强重大自然灾害、生态污染、流行性疾病、恐怖袭击和安全生产事故等的监测预警，努力做到早发现、早预警、早处置，力争将风险隐患消灭在萌芽状态。四是增强“应急处置”能力。深入分析城市应急管理的薄弱环节，准确把握城市应急管理的内在规律，围绕提高应急救援、应急处置和应急保障能力，不断完善各级应急管理体系，细化内部工作流程，强化统一组织指挥，加强与周边城市开展应急管理合作，不断提升应急快速反应和处置能力，打造快速反应、科学高效的应急管理运行机制。

(3）推进社会治理智能化。推进城市的“智慧治理”，将技术导向的智慧城市和多元力量参与的复合治理融合。以“人本化、个性化、信息化”为导向，以现代信息技术为支撑，通过信息技术的运用，打造一种更为开放、多元和快速回应的社会治理体系。

第一，搭建“天上有云、中间有网、地上有格”的智慧城市治理平台。要坚持“科技加管理”的理念，推进“智慧城市运行管理平台”建设。实现“天上有云”，建立城市社会治理基础数据库。加快构建高速、移动、安全、泛在的新一代信息基础设施，统筹规划政务数据资源和社会数据资源，完善基础信息资源和重要领域信息资源建设，形成万物互联、人机交互、天地一体的网络空间。以建设 B2G、R2G、S2G 三大平台为抓手，推动安全网、民生网、服务网“三网融合”发展，健全城市公民信息系统、城市企业信息系统、城市社会组织信息系统，整合城市规划、建设、交通、管理、房管、人口、公安等公共信息平台，储存城市治理的调查数据、普查数据、行政数据、空间数据等海量信息，综合运用物联网、云计算、大数据等现代信息技术，加快数字化城市管理向智慧化升级，实现感知、分析、服务、指挥、监察“五位一体”，拓展数字化城市管理平台功能。实现“中间有网”，整合全市立体式视频监控物联平台。建设并整合“公安天网”“城市管理”“大联动微治理”“危化企业监管”“校园安全”“视频会议”“交通”“物管”等全市立体式视频监控物联平台，实现人防加技防，建设4G物联网及高效畅通的互联网系统，实现全天候、多角度、全覆盖的智慧化管理。实现“地上有格”，实现网上“联动”、网下“互动”。推动“互联网＋网格化”，把网格服务管理从“线下”拓展到“线上”。

第二，构建“个性化、精准化、智能化”线上线下融合的城市服务体系。以解决关键问题为突破口，立足实际，推进“互联网＋教育”“互联网＋医疗”“互联网＋文化”等，让百姓少跑腿、数据多跑路，不断提升公共服务均等化、普惠化、便捷化水平。设立清晰的目标，制订详细的计划，调动各参与主体的积极性，行政力量、技术手段、制度变革等多管齐下，加快实现融合成果有益于民。首先，建立一体化网络化的服务体系。要有统一的服务界面。以互联网政务服务平台为总界面，同时根据需要自主连接微信公众号、支付宝、淘宝等用户规模庞大的社会化平台，实现入口统一、渠道多元。要有强大的后台支撑。以各级综合性实体政务大厅为核心，辐射延伸至村居的服务网点，为线上服务提供人员、技术、业务等支撑，形成体系化、专业化、系统化的支撑力量。要有联动的管理机制。线上线下管理机构统一消除利益分歧。通过一个团队管理快速推动线上线下利益一致、目标一致、行动一致，在此基础上再着手建设统一的管理平台和服务标准，提供无缝对接的无差别服务。其次，搭建全程留痕的服务监督体系。视频监控记录办事全过程。线上线下一体化使得无论是线上还是线下提交的办事申请，都能建立起申请事项与办事人员、办事过程的映射关系，等同于将视频监控范围延伸到线上，避免线上办事出现监管盲区。电子监察记录接关键办事节点。通过电子监察系统同步记录线上线下办事时间、人员、流程、状态、结果等关键节点信息，实现监管信息的结构化，更好地实时了解线上线下监管全貌。多种渠道高效处理服务投诉。将咨询投诉受理区、政务服务热线以及线上的投诉信箱、政务微博、政务微信等渠道有机结合起来，实现多渠道受理投诉，统一汇总处理，提高服务投诉反馈的及时性和专业性。再次，重构科学有序的服务管理体系。技术创新驱动服务内容优化重组。推动跨层级、跨地域、跨系统、跨部门、跨业务的协同管理和服务，打破部门边界，提供“主题式”“套餐式”服务。“主题式”服务围绕诸如企业开办等特定需求，整合相关的服务事项，提供一揽子服务；“套餐式”服务通过信息化手段实现多个部门申请表格、收费表单的一次性填写，已填信息自动关联。技术创新驱动服务管理模式变革。信息化

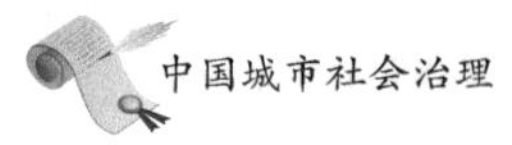

技术在服务管理模式创新中的作用已经显现。最后，加强人性化智能化的服务体验。实现跨部门、跨层级、跨区域的数据共享，更多的材料提交将通过共享实现，实现事项“零材料”办理。线下协同会商实现复杂事项线上联审联办。线上线下融合为复杂事项上网创造了条件，对于有异议的审查意见或复杂问题可以随时发起线下协同会商，从而推动复杂事项线上办理。大数据分析支撑线上线下服务同步升级。线上线下服务融合将产生海量结构化、实时的数据资源，通过大数据分析服务之间、服务与用户之间、用户之间的关联，在此基础上优化流程，合理配置资源，辅以智能化手段，提供个性化、精准化、智能化的服务。

第三，创新“互联网、大数据、透明化”的城市运行体系。以大数据为核心技术支持社会治理是一种思维方式、一项重要的基础设施、一个基础性的社会制度。要充分重视大数据在城市治理中的重要价值，推动数据治理技术、模式的创新，实现数据治城。大数据为治理理念创新、政策创新、实践创新提供了更为充分的技术支撑。首先，以大数据思维促进社会治理理念创新。利用互联网的开放性、交互性、虚拟性和海量信息，促进政府与民众、领导与群众之间的互动，形成全员参与、自由表达的场所。大数据思维是对数量巨大的数据做统计性的搜索、比较、聚类、分类等分析归纳，用支持度、可信度、兴趣度等参数发掘数据间的相关性或规律性，找出数据集里隐藏的相互关系网（关联网）。通过掌握、引导、传递和管理事关社会的海量大数据，准确反映与把握社会现状，推动社会治理的现代化与系统化。其次，建立健全大数据驱动的协同化智慧城市治理决策机制。推行决策的“数据驱动决策”模式，建立健全社会治理的技术支持机制，完善智慧感知、描述性机制、评估预测机制、治理规范机制、互动沟通机制，收集、分析、报告和使用数据用于社会治理。最后，以制度创新规范和提升社会治理实践。要增加政府的透明度，提升政府的公信力，制定信息化建设管理标准和办法，以确保城市社会管理信息系统的有效使用和数据处理的规范化、标准化。

(4) 推进社会治理精细化。用统一、明确的数据对政府社会管理精细化的过程、结果进行评估、衡量，是提高政府社会管理精细化执行力的必要环节。要通过专业化的岗位职责体系、科学的目标管理体系、公正的绩效考核体系、公平的考评结果应用体系，推动社会治理精细化。首先，要改进目标管理方式，完善绩效评估体系，逐步实施精细化管理，将考核目标进行细化和适度指标化，突出考核目标的战略性，同时加强

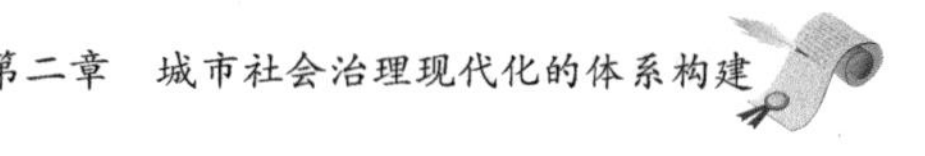

过程管理，实现绩效考评动态化，从而提升政府效能。其次，推进社会治理精细化要在“深严细实”上下功夫。要在加强系统治理上求实效，在加强依法治理上求实效，在加强源头治理上求实效，在加强综合治理上求实效。最后，要充分建立“考、评、议”相结合的绩效评估机制，在绩效评估过程中，不仅要重视“考”这一环节，还要重视“评”“议”环节。通过“考、评、议”相结合的绩效评估机制，发现问题、诊断问题和改进问题，更好地发挥绩效评估的“纠偏”功能，促进社会治理各要素不断均衡化、社会治理各部分各环节不断精细化。

第一，制定社会治理精细化工作标准，为精细化提供操作规范。出台城市社会治理精细化工作标准，推行全行业覆盖、全时空监控、全流程控制、全手段运用的高效能管理。实现全行业的精细化管理，工作标准要涵盖城市治理领域的方方面面。涵盖市政设施、市容环境卫生、城市供排水、灯饰照明、城市户外广告、城管执法、智慧城管、市政舆情和安全生产等方面的内容，为城市治理提供操作指南。实现全时空的精细化管理，每项管理内容的管理目标、标准、流程过程、分工、职责、奖惩、信息公开等都有明确要求。实现全流程的精细化管理，在维护与管理过程中做到作业、控制、核算、分析、考核等全流程的精细化，抓好环节控制和细节监控，确保环环紧扣，各环节形成有机闭环，协调发展，做到正向可推进、逆向可溯源。全手段的精细化管理，要充分发挥“互联网+”、物联网、云平台等载体在城市管理中的作用，提高信息化管理水平；同时，要加强设备力量，加大现代化、智能化设备在社会治理中的运用，实行大数据时代的精细化城市模拟，提高管理水平和效率。

第二，制定高品质和谐宜居生活社区标准体系，为精细化提供工作标准。根据《中共中央、国务院关于加强和完善城乡社区治理的意见》，《全国和谐社区建设示范单位指标体系》制定城市社会治理标准体系，将理念量化成标准，系统回应现代化的城市社会治理是什么、怎么做、做到何种程度的问题，让实践有章可循，有助于基层找准抓手、增强实效；同时，填补城市在相关领域的空白，从制度建设上解决当前社区发展治理存在的“九龙治水”、水平参差、步调不一的问题。

第三，推行“街长制”“路长制”“河长制”等责任制，为精细化提供保障机制。推行“街长制”，让城市管理精细化。城市各区（市、县）根据主次干道及片区实际情况，划分出若干道路网格，设定管理每条道路的街长，让其负责道路沿线的市容市貌、环境卫生、绿化等日常管理工作，并配合职能部门加强道路交通秩序中的薄弱环节，确保达到改善街道沿线环境卫生面貌、提升城市整体形象的效果。推行“路长制”，让城市管理精细化。以道路为单元，建立基础数据“一本账”，统筹市政设施、环境卫生等城市管理运行监督服务要素，统一谋划、科学规划，把建与管、疏与堵、线与点、面与里等有机结合起来，以点带面、以路带区，形成齐抓共管、层层落实的精细化工作格局。推行“河长制”，让城市管理精细化。把各级河长由行政首长提升为党政主要领导，并按“一河一策”的要求，突出岸线管控、水功能区管理、截污治污、生态修复，保护水域岸线和水资源环境，改善水生态。

第三章

城市社会治理现代化中的党建引领

基层党组织不仅是国家社会治理思想的传递者，更是社区居民利益的表达者。随着党委领导、政府负责、社会协同、公众参与、法治保障的社会治理体制的建立健全，“一核多元、合作共治”的治理机制突出了基层党组织的核心地位和强化政治引领的着力点。党建引领首先是政治引领。中国共产党作为执政党，不仅要精准把握国家未来的发展方向，还要有强大的社会整合能力；其次是组织引领，多途径整合社区范围内的党政机关、企事业单位、高等院校和科研机构的资源，在议程设置时提供协商平台，在问题解决时提供资源支撑；再次是能力引领，党员强，党组织号召能力就强，引领作用就能有效发挥，反之基层党组织就涣散，因此，强化党员的政治觉悟与党性意识有助于提升党组织的凝聚力与活力，发挥“先锋队”与“先进性”的组织魅力；最后是机制引领，包括优秀社工的晋升机制、兼职委员的激励机制、党建与社区发展治理的融合机制等，彰显党组织的战斗堡垒作用。

一、城市社会治理中党建引领面临的问题及原因

基层党建是社区发展治理各项工作的龙头，党建强则治理顺，党建弱则治理不顺。基层党建的目的就是要使战斗在最基层的社区党组织充满活力，通过统筹协调驻区党员和各类资源向社区聚集，提升“我在”的社会认知，改变“我无”的刻板印象，凝聚民心，确保社区治理遵循正确的政治方向，巩固党的执政基础。然而，在社会转型期，部分基层党员的政治责任意识淡漠，一些党组织缺乏凝聚载体，在社区发展治理

中的话语存在感和行动存在感都比较弱，这使得基层党组织在政治、组织、能力、机制等方面的引领作用发挥有限。

（一）基层党建引领的话语权不同程度地受到削弱

基层党组织是基层工作正确运行的引领旗帜。只有在事关居民切身利益的重大决策和重大项目中拥有绝对话语权，才能充分发挥党的核心引领作用和统筹协调功能。在实践中，部分基层党组织和党员对“统筹为何”的认识比较模糊甚至存在认知偏差。人民论坛于 2017 年 8 月至 9 月开展了公众对党建引领治理创新的认识调查，其结果也证明了这一点。从基层党建引领的载体来看，城市居民处于原子化隔绝状态，隐身党员基本不参与社区治理活动；而农村社区，党员比例本来就比较小，再加上空心化成为一种常态和集体经济发展滞后，使得党建工作缺乏有力的抓手，基层党组织没有守好“主阵地”、种好“责任田”的底气。从基层党员的素质来看，尽管许多地区都采用新政策来吸引优秀党员加入社区服务队伍中，部分社区书记也享受了公务员待遇，但薪酬待遇仍然低于街道临聘人员，这导致部分社区书记从事第二职业，社区管理反倒成为副业，从而使实践中出现“社区书记投入时间少、能力弱，基层党建就弱”的现象，以至于社区书记更加不关心社区治理中应如何发挥党建引领的话语权问题。从基层党员干部承担的工作任务来看，尽管地方政府普遍推行了减负措施，社区协助事项由数百项减少到几十项，但十余人的基层组织要服务数万人的社区，社区工作人员忙于各类政府事项和统计工作，反而认为党建引领事项与具体工作无关。

俗话说，打铁还需自身硬。基层党建引领的话语权不同程度地受到削弱，在很大程度上缘于部分党员的学习性不够，对经济利益的追求高于对政治责任的履行，党性认识没有与经济发展能力同步，因而仅 24.76%的被调查者认为党员先锋模范作用提升了社区凝聚力①。更为重要的是，目前大多数社区公共物品的供给以政府购买为主，供给主体一般为第三方和个人。社区的基础设施、环境治理、邻里纠纷、养老、文娱活动等基本由社会组织在完成公共购买后，通过与居民的密切接触实施。这就使得居民普遍认为，社区公共事务是社会组织提供于“我”，导

---

① 人民论坛问卷调查中心. 公众对党建引领治理创新的认识调查［J］. 人民论坛，2017 (9).

致切实享受到这类公共服务的个人和群体心中只有社会组织，而忽略党和政府的直接供给者身份。政府购买公共服务不仅是发达国家公共服务供给的优先选择，也是发展社会主义市场经济的必然选择。然而，许多基层党组织往往认为自己是执政党的基本单元，是管理者，习惯于传统的工作方法，缺乏积极主动融入社区与多元主体合作交流的意识，缺乏创新性的主导行动，从而更加弱化了基层党组织的影响力与基层事务治理的话语权。基层党组织作为社会治理的主体之一，既是国家与社会的桥梁，又是执政党社会领导权与执政权的体现，因此只有提升其主导社区公共议题的能力，才能发出党的声音，削减政府购买社区公共服务所带来的负外部性。

（二）基层党建引领的统筹权受制于资源部门化责任属地化

在人民论坛于 2017 年 8 月至 9 月开展的大型调查中，对公众对所在或身边党组织的期待进行专项调查，结果显示，排在第一位的是“落实党建工作责任制”，比重达到 56.82%；排在第二位的是“强化组织统筹协调功能”，比重达到 55.53%。由此可见，强化党的统筹能力是党和群众的共同愿望。党的十九大报告提出要“加强社会治理制度建设，完善党委领导、政府负责、社会协同、公众参与、法治保障的社会治理体制，提高社会治理社会化、法治化、智能化、专业化水平”。这回答了社区发展治理中“谁来统筹”“如何统筹”“统筹什么”“如何保障统筹”等一系列关键问题，尤其是基层党组织政治意识、组织体系和组织活动的统筹，以及社会各类资源的统筹。社区是各类资源要素和社会活动最集中的地方，然而集中集聚不等于集成集约，基层党组织的社区资源统筹能力也明显与快速发展的社会经济不相适应。

一是支撑性资源统筹乏力。社区发展与治理均需要启动项目和实施项目的物质资源，但是与社区发展治理相关的部门均有各自系统内的财政资金和项目资金单向到达社区，基层党组织难以发挥“蓄水池”功能去对不同时间段到达的专款专用资金进行有效整合。尽管许多城市已经按照社区的人数划拨社区建设与发展资金，但行政资源和服务资源的配置仍然沿用传统模式，与社区的人口规模和服务半径不匹配。二是主体性资源统筹不足。社区发展治理中涉及的项目策划、启动与服务所需要的主体力量非常多，除了传统的政府、居委会和居民以外，还包括社会组织与驻区单位。多元主体参与社区治理不仅弥补了基层组织疲于应付行政类公共事务而忽略了的日常性公共服务和公益性公共服务供给，还促进了居民在职业共同体之外生活共同体的治理。在这一过程中，政府主导、多元参与的治理格局基本形成，但党建的引领作用基本没有体现。一方面，多元主体参与社区治理通常由居委会和社会组织发动，网格化党建和枢纽型党建并未促使隐身党员发挥先锋模范作用；另一方面，各企事业单位的形式化党建并未与社区协商治理平台融合，党建活动区隔于社区治理活动，社区内的主体性资源处于事实上的分散状态。三是新兴资源统筹能力有限。随着社会经济转型的加快，新领域、新业态、新群体不断涌现，分散在其中的党员长期与党组织失联。从多地座谈情况来看，基层党建至今还没有完全覆盖新领域新业态，失联党员仍然没有整合到所在社区的治理活动中，因而新兴资源统筹能力有限。

（三）基层党建引领的服务能力还不能完全满足公众需求

对社区居民来说，他们除了对基本的行政类服务有强烈的需求外，对日常生活服务和公益性服务有着同样的需求。虽然前者由基层政府提供，后两者由社会组织和市场提供，但是基层党组织仍然可以通过自身建设和组织联动来引领、满足公众的需求。全心全意为人民服务是我们党的根本宗旨和一贯追求，基层党组织是党开展社区治理最好的载体和抓手，在服务中体现党的领导和管理、在党的引领下增强社区治理的凝聚力。对作为"生活共同体"的社区来说，治理需要支撑性资源和主体性资源的支持，然而现实中的社区治理恰恰缺乏的就是上述两大资源。调查显示，有些区县每年投入社区的各类资金上千万元，涵盖了居民生活的方方面面，但没有集中资金解决社区居民最关心的交通、环境、养老、就业等问题①，社区党建更是缺乏服务引领的能力。

从基层党建设施的服务形象来看，部分社区的党群服务中心具有明显的"衙门化"与"行政化"特点，亲民性不足，无形中割裂了党与社区群众的关系，拉远了相互之间的距离；从基层党建队伍的服务能力来看，社区工作站包括书记在内的工作人员基本维持在 8 人左右，而服务居民至少 2 000 户，他们不仅要完成街道下达的各项任务和填报各种统计报表，还要提供社区公共服务，开展党建工作，实施网格管理，培育社会组织，提升群众性组织的自治能力，等等，显然无法聚焦主责主业，

---

① 衡霞. 发挥城乡社区在社会管理中的基础作用［J］. 四川大学学报，2012（4）.

因而其党建服务方式形式化、服务水平偏低；从资源整合的服务能力来看，“大联动、微治理”机制整合了多个部门的数据和各个街道的基础数据，形成了内网与外网结合、移动与固定结合的综合信息平台，实现了音视频与地理信息系统的整合，但仅仅实现了信息资源的整合，居民有强烈需求的社区公共服务仍然面临作为支撑性资源的资金困境和作为主体性资源的人才困境，并且未能与党建项目有效整合，导致基层党建引领的服务能力体现不足。造成上述困境的主要原因在于：一方面，社区治理的支撑性资源部门化、治理责任属地化现象较为明显，而党建项目缺乏显性化与实体化，导致两者无法在社区发展治理中形成有效整合。在农村社区，支撑性资源更加分散，本来可以作为基层党建抓手的集体经济又严重衰弱，导致开展社区发展治理的启动项目、实施项目、发展项目的物质资源匮乏。另一方面，虽然许多地方政府对基层管理体制进行了较大幅度的改革，将市区级的编制下沉到街道和社区以增加党建力量，但各单位党员“隐身”和形式化的区域党建，导致居民很难在社区发展治理中感受到党建的温度，使得党组织边缘化。

（四）基层党建引领的协同能力与新型治理格局有差距

党的十九大报告提出要“打造共建共治共享的社会治理格局”，其中“共建”是基础，强调制度、技术、队伍、资源的整体性联动；“共治”是关键，强调党的政治优势、政府的资源整合优势、企业的市场竞争优势和社会组织的群众动员机制的有机结合；“共享”是目标，强调多元主体的“投入-产出”与“权利-义务”关系。这表明“一核多元、合作共治”是到2035年“现代社会治理格局基本形成，社会充满活力又和谐有序”的基本纲领，党委和政府是基层治理体系中的主导、主心骨，社会、市场和个人发挥治理客体的能动性作用。尽管党委领导、政府负责、社会协同、公众参与、法治保障的社会治理体制已经实行多年，但并不等同于党委引领多元主体协同治理的能力得到同步提升。一是群众性自治组织的共建共治能力不足。很多社区自治组织都有“议事会、理事会、监事会”等“三会”制度，但是居民自治能力并未因此改善。比如，老旧院落的改造主要依靠行政手段与力量推动，农村社区也要依靠行政资源和行政手段开展基层治理，居民与驻区单位参与意愿不强。二是社会组织参与能力有待提升。尽管各级地方政府每年都提供大量的资金支持培育社会组织，但多是公益类社会组织，这些社会组织自身输血功能较差；社会工作人才虽然90%以上具有职称和职业资格，但远远不能满足各地常住人口的社区服务需求，而且社工人才的知识与专业素养和现代社区治理理念还有很大差距。三是基层党组织在社会组织中的覆盖率也参差不齐，虽然上海、广州、杭州、深圳、成都等地党组织覆盖率较高，但仍然没有完全覆盖。四是社区物业与业主矛盾不同程度地存在，业主非理性维权行为时有发生。尽管如此，物业服务机构仍然不愿意接受社区的指导和业主的监督。上述现象表明，基层党建在引领社区协同治理时是缺位的。这种引领协同治理能力的欠缺将使社区治理在很长一段时间仍然维持“碎片化治理”而不是“整体性治理”、“单一行政管理”而不是“多方协商治理”、“单向度发展”而不是“共享式发展”，这显然不符合党的十九大提出的“打造共建共治共享的社会治理格局”对基层党建引领协同治理能力的要求。基层党建只有渗透到社区治理的具体工作中、植根于社区居民中，才能为群众自治和多元共建共治共享指引方向、提供条件，才能更好地发挥党的领导核心与政治核心作用。

二、城市社会治理中党建引领的建设路径

（一）夯实党统筹各方战斗堡垒

基层党组织是确保党的路线方针和决策部署得到贯彻落实的基础，要充分发挥基层党组织推动发展、服务群众、凝聚人心、促进和谐的作用。然而调研发现，一些基层党员干部对于“统筹为何”的认识比较模糊甚至存在认知偏差，基层党组织动态性全覆盖不够强，基层党组织书记和党员干部的可替代性小，基层党组织书记和党员干部难选难配，基层党组织机构设置、服务方式有待进一步优化，党员团结不起来、党组织活动缺乏创新。为此，必须着力解决“谁来抓”“谁来统”的问题，创新基层党组织统筹社区治理与发展的路径，突出基层党组织在基层的战斗堡垒作用和党员的先锋模范作用。

1. 牢固基层党组织核心地位，深化党员干部统筹意识

习近平总书记指出，要把加强基层党的建设、巩固党的执政基础作为贯穿社会治理和基层建设的一条红线，牢固树立基层党组织在城市基层治理工作中的核心、领导地位。基层党组织和党员干部作为党的路线、

方针、政策和为民服务的基础性主体，在实际工作中必须深化统筹意识，并将其贯穿基层治理工作的所有方面、环节和过程。以思想为路，走得更远。

第一，强化政治功能，健全党组织领导的城市社区治理机制。把基层党组织的政治优势和组织优势转化为服务优势和治理优势，形成社区党组织领导，社区驻区单位、新企业组织、新社会组织等社会力量和党员群众多元参与、共同治理的工作机制。深化街道社区区域化党建格局，建立社区“大党委”机制，吸纳社区内的机关、学校、国企、非公企业、社会组织等各类党组织负责人为党委委员，参与社区建设，形成一个各领域党建共建共享的“联合舰队”。在加强基层党组织组织覆盖和工作覆盖中巩固基层党组织核心地位，探索建立“组织联建、党员共管、服务联动、资源共享”机制，健全城市社区党建联席会议制度和民主协商制度，定期召开党建联席会议，形成事情共商、资源共用、难题共解、文明共创、活动共办、和谐共享的工作格局；织密由市、区、街道、社区、楼栋、网格员组成的网络，建立“两长四员”管理队伍，形成社区有网、网中有人、人人有责的工作格局。

第二，转变工作职能，形成党组织抓治理抓服务的工作主线。促进街道社区基层党组织工作职能转变，把主责主业聚焦到抓党建、抓治理、抓服务、重统筹、重引领上来，取消招商引资等职能及相应考核指标。坚持权责一致，落实街道社区减负增效政策，加强街道社区党组织自身建设等，把发挥街道社区党组织领导核心作用作为推动城市基层党建的主引擎。通过行政部门在社区发展过程中去行政化，将行政性工作交由专业的社会组织来承接，社区党委不再承接行政性工作。根据城市实际发展需要，单设一个公共服务站，承接由街道下沉的行政性事务，设置一个专门的公共服务站长，完成政府各条线的工作，接受属地社区两委的监督和评价，50%由街道评价，50%由两委代表居民评价，用于衡量各条线的工作是否给居民提供服务以及居民的满意度。

第三，健全民主协商，注重权益表达与利益整合。基层党组织要适应社区利益分化、多元主体参与的扁平化社区治理结构的需要，把以强调“硬权力”为主的组织动员方式逐步转向以思想引领和政策引导为主的“软权力”发挥实效的方式，同时注重利益协调和利益整理。一是要加快基层利益协调机制建设。基层党组织要发挥社会群团组织的代表性作用，构建社区多元利益主体协调机制和协调体系，健全和落实社区代表会议和社区委员会制度，优化代表结构，合理控制街道党政机关、职能部门代表比例，适当提高驻区单位和其他组织代表比例，广泛吸纳社会各界代表参加社区代表大会。二是要调整和拓展基层党组织的利益表达范围、方式和层次。基层党组织要在维护全体公民利益的基础上，运用自身优势合理介入社区公共事务的管理和公共服务的供给。提升社区居民对基层党组织的认同度，推动基层党组织利益调节方式优化，打通自上而下、自下而上两种方式的通道，融合正式制度与非正式制度，扩大基层党组织的代表性。注重社区公共民意的收集与提炼，在协商过程中将其升华为党的政策主张。

2. 配强基层党组织书记，选好基层党组织骨干

"群雁高飞头雁领。"城市基层党组织强不强，党组织书记是关键。"为政之要，惟在得人。"持续推进基层党建工作发展，必须充分发挥"一把手"的作用，选好基层党组织骨干。

第一，畅通任选渠道，立足"选得准"。一是突出"二带三强"标准，拓宽选人视野。按照带头搞社区党建、带头抓社区治理、领导能力强、服务意识强、服务能力强的标准，打破地域、身份、职业界限，通过"公推直选"、社会招聘等途径，吸引、选拔高校毕业生、优秀党员等担任社区党委书记。二是坚持"群众公认"原则，民主择优选任。在社区全面推行"公推直选"，依照党组织推荐、党员自荐等方式，以群众看得见的程序确定社区党组织书记候选人，以群众认可为基本原则，由社区全体党员加上部分群众代表民主投票选举。三是按照"备用结合"原则，广开培育渠道。实行"四推两考一公示"制，按照组织推、党员推、群众推、自我推的"四推"方式，公开推荐社区党组织书记后备人选，初审合格后，经任职资格考试、社区党组织考核，最终确定社区党组织书记后备人选，并在所在社区公示，接受群众监督。四是坚持选拔与选派结合，优化党委书记组成结构。从机关、事业单位选派政治素质好、为民服务意识好、专业素质高的年轻干部到社区任职或担任社区"第一书记"，协助社区书记处理党建工作。

第二，落实激励举措，激发"想干事"。坚持物质激励、事业激励、精神激励并举，进一步激发社区党委书记对工作的热情、对岗位的热爱。一是解决身份问题。比如，社区党组织书记在社区工作一定年限，而又表现优秀者，经过考核可以按照规定程序纳入事业单位编制，在职期间享受事业单位政治、经济待遇，退休后享受事业编制退休待遇。二是提

高工资待遇。确保社区党委书记基本报酬不低于上一年度全市职工平均工资水平的1～1.5倍，通过市（区）政府专项财政拨款，保证社区党委书记的工资待遇问题落到实处。三是拓展发展空间。畅通社区党组织书记成长渠道，优先推荐优秀“二带三强”社区书记作为各级党代表、人大代表和政协委员人选，特别优秀的社区党委书记两届任满后进入街道或者乡镇政府部门工作，给予在编岗位待遇。四是落实离任保障。在岗退休书记享受事业编制退休待遇，确保符合条件的社区党组织书记能参加企业职工养老保险，落实离任书记离任补助制度以及其他福利制度。

第三，加强教育培训，促进“能干事”。针对社区党委书记队伍建设现状，按照党的十九大的新要求、新任务、新形势，加大社区党委书记培训力度，全面提高社区党委书记、党员干部领导能力和带头搞党建、带头抓服务的本领。一是集中轮训。把社区党委书记培训工作纳入干部教育培训年度计划，区委组织部以区委党校为主阵地，每年组织社区党委书记开展一次轮训，集中培训累计不少于一定天数，培训内容涉及政治理论、社区治理实务、法律法规知识、党务工作知识等。设立社区党委书记培训档案，将学习培训情况纳入年度考核范畴。二是开展专题培训。举办专题培训班，邀请社区治理领域专家学者开展专题培训；整合市（区）委党校、当地高校、城市社区治理委员会等机构和平台的资源，通过“微课堂”等形式开展社区党委书记线上教育学习活动，有力提升基层党员干部的能力素质。三是定期交流。区委定期组织辖区内社区党委书记相互交流学习，互相借鉴工作经验；每年有计划选派社区党委书记、干部赴外地考察学习，学习借鉴外地先进经验，开阔视野，增长才干。

第四，强化管理监督，确保“不出事”。坚持依法建制、以制治人，着力建立健全社区党委书记管理监督机制。一是建立目标责任机制。结合社区党组织换届后社区党务工作实际情况，开展新一轮社区党委书记任期“双学”承诺活动，即学习党的十九大精神特别是习近平新时代中国特色社会主义思想，学习习近平总书记关于基层社会治理的论断，以目标责任书形式明确社区党委书记履行年度和任期工作目标内容；坚持社区党委书记年度“双述双评”活动，社区党委书记每年在党员大会、社区居民代表大会上述职，接受上级党组织和党员群众评议，进一步强化社区党委书记履责意识。二是健全考核评价机制。实行“两平台＋三评价”考核机制，即充分利用线上、线下两个平台，定期或不定期开展社区居民满意度调查，接受居民考评，定期或不定期接受上级党组织下访考察和评价，定期或不定期面向公众开展自我述职和自我评价，并以书面形式进行公示。考核结果与社区党委书记的报酬、奖惩、提拔直接挂钩，奖优罚劣。三是实行任免备案管理制度。区委组织部建立社区党委书记档案，实行社区党委书记任前请示、事后备案制度。对选任过程实行流程控制，从事前报告、民主推荐、组织考察、公示、民主选举、任命和任前谈话等七个环节，对社区党委书记选用及任免过程进行全面规范，保证社区党委书记队伍整体稳定。

3. 密织党的基层组织，动态落实组织全覆盖

随着经济社会的发展，一方面城市社区驻区单位增多，驻区单位人数和党员也逐渐增多；另一方面，非公有制经济组织和社会组织快速发展，人员大量流动，形成大批城市新兴群体，聚集于商务楼宇、产业园区、商圈市场和“线上网上”等。为此，推动党建引领基层社会治理，就需要夯实党在基层的战斗壁垒，纵横扩大党组织全覆盖范围。

第一，有“筹”有“备”，推进党组织全覆盖。坚持重规划，成立党建办公室与选派专职党建指导员负责基层党组织在社区的纵横全覆盖。在上级党委的领导下，利用互联网、大数据等现代技术手段建立现代化、智能化、信息化社区党建办公室，在了解各驻区单位党建条件和社区实际情况的条件下，根据党建相关规定，指导和推进条件成熟的社区“两新”组织、驻区单位、楼栋、单元、院落等开展党的组织覆盖，统筹规划整个社区的党建工作。从市、区、街道等机关中选派具有一定党务工作经验、具有较强的组织协调能力、作风正派、身体素质好的党员干部作为社区专职党建工作指导员，负责指导“两新”组织、驻区单位、楼栋、单元、院落等建立党组织，保证基层党组织全覆盖。

第二，有“破”有“立”，落实党组织全覆盖。破，就是要打破传统基层党组织组建的模式；立，就是要根据经济社会、产业发展、城市扩展、“两新”组织增加等新情况、新形势，动态跟进建立党组织，消除党组织覆盖盲点，实现党组织覆盖纵向到底和横向到边。城市要在坚持有利于发挥党组织作用和党员参加活动的原则上，探索单独组建、行业统建、楼宇共建、网络跨建等党组织设置方式，实现哪里有群众哪里就有党组织的工作，哪里有党员哪里就有党组织。要在坚持围绕城市社区离退休党员、流动党员、在职党员等党员个性特点的基础上，按照党员地域相近或相邻，业缘、人缘、趣缘相同或相近的原则建立党组织。围绕

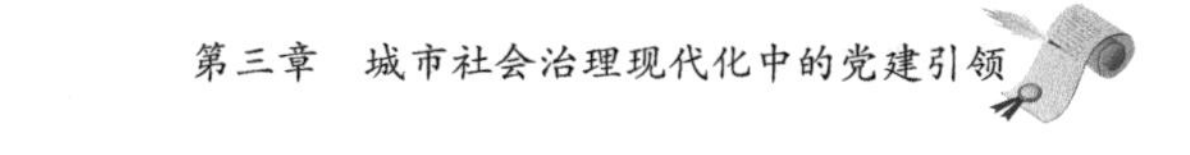

食品、服装、通信等行业依托，以单独建、联合建、选派建、挂靠建等方式建立党组织。在探索社区资源分布和社区党员特点的基础上，以片区型、单位型、楼院型、单元型、功能型、网格型等形式建立党组织。

第三，有“联”有“动”，加快党组织全覆盖。动态落实基层党组织覆盖，需要紧紧抓住党员这个关键细胞，将党员队伍联动起来，多举措地发展壮大党员队伍，为提高党组织覆盖率创造条件。利用组织资源和社会力量，通过多种形式内部查找党员，将社区驻区单位、“两新”组织、小区、院落、小组已有的、因各种原因不愿亮出身份的党员找出，使其具备组建党组织的条件，达到组建党组织的目的。通过“双培”工作，把社区单位、“两新”组织等的一线优秀工作人员、中高层管理人员、专业技术人员培养发展成党员，再放到关键岗位上历练任职，培养成业务骨干、管理员等，使其因为专业的技术、优秀的品质吸引更多的优秀人士向党组织靠拢，从而壮大党员队伍，实现党组织从“查血”到“造血”的转变，为建立党组织准备人员条件。通过各种渠道和激励措施，将社区单位和“两新”组织外的党员招进单位和企业、组织等内部，使单位、企业、组织等达到成立党组织的条件。

4. 坚持“三个面向”，优化基层党组织机构

基层党组织机构设置的目的是服务群众，它的工作职责不能仅仅局限于简单的自身建设，其更重要的职责是通过自身建设服务群众。

第一，面向基层，防止基层党组织空壳化。为实现“坚持面向基层，防止组织空壳化”的目标，夯实党的基础，充分发挥党在基层的作用和影响力，可以从以下两方面入手：一是确保基层党组织机构有人干事。通过拓宽来源渠道、提高物质激励、打造上升空间等举措为基层党组织机构吸引和配备人才，激发各领域、各地域党员争先到基层党组织机构做事的热情。二是落实经费保障。通过合理规划党建经费、划拨专项财政经费等形式，给予基层党组织适当的经费保障，确保基层党组织机构有地办事、有设备办事、有钱办事。

第二，面向群众，科学设置基层党组织机构。作为马克思主义政党，全心全意为人民服务是中国共产党的宗旨。根据群众生活、工作需要，可以在不增加编制、改变职级的前提下，对基层党组织多个内设科室进行优化重组。在设置党政办公室与党建办公室负责基层党建工作的基础上，统一再设置社区管理办公室、社区服务办公室、社区平安办公室、社区自治办公室等。社区管理办公室，主要负责城市管理、对社区公共事务的管理；社区服务办公室，主要负责民生保障，为居民提供民生方面的公共服务，如教育、医疗等；社区平安办公室，主要负责司法、信访等事务的处理，使社区居民的生命权、利益表达权、维护自身的基本权利等得到落实；社区自治办公室，主要面对居民区的建设以及业委会的建设，引导居民和其他自治组织实现自我教育、自我管理、自我监督、自我服务等。

第三，面向服务，创新党组织机构服务方式。基层党组织机构要坚持面向服务，积极创新党组织机构服务的方式、工作流程、机制等。一是要创新工作流程，实施“四步走”工作模式。基层党组织机构必须秉持群众服务需求导向，积极推进服务流程创新，实行“四步走”工作模式，即一受理、二办理、三入档、四回访。通过“线上”＋“线下”等途径第一时间受理群众服务需求，面对面办理群众事务，办理后及时记入档案，并对办理效果进行回访。力争实现群众需求知道早、群众事务办理好、群众口碑评价好。二是要推动工作机制创新，实行联动发展机制。以满足多样化的社区治理需求为导向，加强社区内各党组织机构之间的横向联系，畅通社区党组织机构和社区单位党组织机构的沟通渠道，助推社区发展。以社区各党组织机构为引擎，以服务居民为重点，团结企业、社会组织等区外力量，推动区域内和区域外联动，提升企业服务社区、服务居民的能力水平，实现社区内和社区外联动。

5. 创新“三会一课”，丰富基层党组织活动

党员是党的先锋模范队，是党的肌体细胞，是党组织的力量所在，因此，需要将广大党员的力量团结起来，通过党员将多方面力量聚焦起来，共同创新社区发展治理的新路径。提高党员参与社区治理的积极性，发挥党员的先进作用，需要根据党员的不同特点，区别性地满足党员的实际需求，创新“三会一课”，丰富基层党组织活动。

第一，“统一”＋“区别”，提升党组织活动实效。一是针对流动党员，要通过党组织活动，使其有归属感。通过推行党员佩戴党徽、党员经营户挂牌等活动，激发党员意识，使流动党员主动亮明身份，把党组织当成自己的家，推动流动党员到社区报到。二是针对在职党员，通过党组织活动，使其从“单位人”发展到“社会人”。组织在职党员到居住地或工作地社区报到，认领困难居民“微心愿”，认领小区志愿服务岗位，结对帮扶困难群众。广泛开展党员示范岗、党员责任区等活动，根据社区民众需要，在职党员各施所长、帮助圆梦。普遍成立在职党员服

务队，让其常年活跃在街道社区，打造志愿服务品牌。三是针对离退休党员，通过党组织活动，使其“离岗不离党”。在社区离退休老党员家中建立“家庭党校”，把党校搬到楼栋内，把党课上到老党员家中，方便离退休党员就近参加组织生活。开展以党内捐款为主的资金筹集活动，将筹集到的“红色资金”主要用于困难党员关爱帮扶上，帮助新中国成立前入党的老党员、因病致贫的特困党员、因公致残的党员、因公牺牲党员的家属，增强离退休党员的荣誉感。

第二，“线上”＋“线下”，创新党组织活动方式。一是线下每月集中开展“主题党日活动”。利用每月的党日开展主题党日活动，主题党日做好“规定动作”与“自选动作”。“规定动作”包括现场缴纳党费、读党章、学习党规党情、书记和党员轮流讲党课等活动；对于“自选动作”，可以采取体验式、接地气的组织生活，比如到社区开展志愿服务、开展帮贫帮困、开展民主评议等。二是线下开办党员夜校，组织参观红色胜地等活动。通过开办党员夜校等广泛开展理论宣讲和社会主义核心价值观、中国梦的教育。定期带领党员到城市红色基地，带领党员群众领略红色精神。三是利用多媒体、互联网技术，开展“智慧＋”党组织活动。依托网络论坛、微博、微信等虚拟网络阵地了解党员需要，建立网上党员数据库，收集党员需要，收集满足党员需要的办法。继续推进“城市先锋”全媒体智慧党建平台，全时段开展线上教育培训。继续大力推行“网上党支部”“网上党员之家”，通过“网上党支部”“网上党员之家”，定期向党员宣传政策、交流信息、跟踪服务。继续创新建立党员身边的“微党校”，实现党员教育常态化、全覆盖。结合“两学一做”学习教育，开发手机移动端学习平台，实行积分管理、实时排名，提高党内学习教育的吸引力。

第三，“社区”＋“单位”，丰富区域性党组织活动。树立开放共享的思维，破除组织隶属壁垒、地域空间壁垒，设计灵活多样的区域化平台载体，推动社区党组织与驻区单位党组织、“两新”组织党组织组织生活联动、支部活动联搞。一是建立开放阵地。分领域建立不同类型的开放式组织生活基地，建立党群服务中心以及枢纽型、区域性党建阵地，使党员可以随时随地开展学习等活动，使各领域党员共享党组织家园。二是设置开放课程。推出个性化创意组织生活菜单，做到“主题确定上由党员做主、内容安排上让党员讨论、参与方式上让党员选择”，最大限度地满足不同领域、不同层次党员的需求。三是推行开放活动。借助现

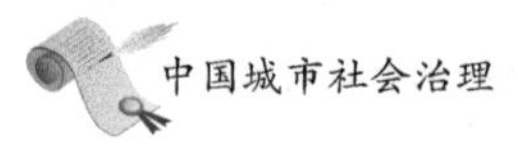

代地理信息技术，绘制三维党建地图，把开放式组织生活基地以及其他党员活动阵地标识于地图上，发布创意组织生活案例，线上线下承接活动订单。制发党员IC卡，创建网络e支部，通过“键对键”和“面对面”相结合的方式，党员凭卡跨区域、跨支部、跨行业参加党的活动，自主参加网上学习。

（二）筑牢党统筹各方协同格局

基层党组织是党治国理政的“神经末梢”和“战斗堡垒”，必须加强基层党组织在社区治理中协同各方的制度建设和能力提升，确保基层党组织有能力、有资源、有途径自觉贯彻党中央各项决策部署，保证党的路线方针政策在基层落地生根。

1. 聚焦“三治”，打造共建共治共享治理格局

城市是各种要素、功能汇集的平台，是生产空间、生活空间、生态空间内在联系的共同体。随着经济社会转型的深入发展，城市治理面临许多新的问题和挑战，比如服务对象由过去的“单位人”转向现在的“社会人”，致使传统的大包大揽管理方式越来越难以奏效，必须加强社区治理的政治建设、自治建设、法治建设，积极构建共建共治共享的社区治理格局。

第一，加强政治建设，为共建共治共享治理格局指明方向。党的十九大报告强调“把党的政治建设摆在首位”。“党的政治建设是党的根本性建设，决定党的建设方向和效果。”毫无疑问，党在社区的政治引领是根本和关键。一是要突出政治属性，整顿软弱涣散的基层党组织。针对少数基层党组织政治意识、大局意识不强，战斗堡垒作用发挥不明显等问题，集中开展软弱涣散的基层党组织的整顿工作。组织建设要加强“硬度”，加强党支部规范化建设和分类指导，解决好弱化、虚化、边缘化问题，扩大先进支部增量，把一个个先进“盆景”连成整体“风景”。二是要严格政治标准，保持党员队伍的先进性和纯洁性。聚焦解决思想不纯、作风不纯等问题，选优训强基层党组织带头人，坚决打好改进作风持久战，通过加强纪律建设，严惩“微腐败”，教育党员知敬畏、存戒惧、守底线。严把党员“入口”，稳妥处置不合格党员，纯洁党的肌体。三是要彰显政治特征，规范基层党组织的工作制度。可以围绕班子建设、服务队伍、服务能力、服务机制、服务业绩等方面，制定基层服务型党组织的工作指南，明确基层党组织的目标任务、工作举措。四是要强化

政治保障，落实基层党建工作责任制。习近平总书记强调，不明确责任，不落实责任，不追究责任，从严治党是做不到的。坚持把落实基层党建工作责任制作为强化基层组织政治功能的重要保障。

第二，加强自治建设，为共建共治共享治理格局打牢群众基础。明确加强基层党组织的领导是推动基层群众自治的内在要求，要切实将党的领导贯穿到群众自治的全过程，支持和保证高质量群众自治，维护人民群众自治权益。一是党建引领要贯穿基层自治共治的全过程，党要在基层自治的参与过程中扮演好自治议题的策划者、前期介入的主导者、组织嵌入的培育者、规则制定的领头者、议事平台的召集者、利益矛盾的调解者等角色。二是积极打造自治平台，为基层群众自治提供必要的组织保障和平台资源。设计并推行民主评议平台、社区睦邻点、党员志愿服务站等一系列富有特色、契合群众需求的自治载体，切实搭建起与基层"最后一公里"的沟通桥梁。鼓励网格党支部牵头引领，鼓励区域单位、自治组织、物业公司、居民骨干等共同商议社区公共事务，形成"区域性议事会"，让群众在自我管埋和服务中有获得感。三是始终坚持党组织把方向。发挥党组织的政治优势和组织优势，改进领导方式，做到"五个注重"，即注重价值倡导、注重组织动员、注重支持服务、注重统筹协调、注重凝聚骨干。不断培育、团结和凝聚群众骨干和社会组织的带头人，使之成为党组织领导基层群众开展自治的重要力量。同时，发挥党员的先锋模范作用，把更多的党员培养成群众工作和群众自治的骨干。

第三，加强法治建设，为共建共治共享治理格局提供法治保障。基层党组织作为党执政的组织基础，要主动适应全面依法治国的新常态，把法治理念贯彻落实到基层党组织建设中，以法治化促进规范化、制度化，提升基层党建工作科学化水平。一是强化基层党员干部的法治理念，切实在深入人心、家喻户晓上下功夫，做到人人皆知，时时绷紧法治这根弦，为打造共建共治共享治理格局提供法治思想保障。要让法治内容进党课，加强对基层党组织负责人的党纪、法治教育，增强依法执政、依法开展工作的意识，从内心深处自觉遵纪守法，克服工作随意性大、办事不讲规矩、做事不循章法的状况。二是全面规范基层党组织工作流程、议事规则、事务公开、党内生活、权力运行机制，为打造共建共治共享治理格局提供法治制度保障。对社区、机关、企业、院校等各领域基层党组织各项制度进行全面梳理，针对不同领域基层党建特点，制定出台系列制度，使基层党组织开展工作有章可循、有法可依。三是推行“一区一顾问”制度，为打造共建共治共享治理格局提供切实的保障。聘请法律顾问，设立法律联系点，为群众提供法律咨询、法律援助等服务，引导群众通过合法途径表达利益诉求、解决矛盾纠纷，从源头上促进基层和谐稳定。四是培育“法治文化”，提升干部群众法治思维，为打造共建共治共享治理格局提供法治文化保障。打造基层法治文化“六个一”工程，即一个法治文化宣传阵地、一处法律援助办公室、一支草根法治宣讲队伍、一本社区实用法律知识手册、一份务实管用的区规民约、一套法治文化节目。

2. 落实“三个”下移，激发基层党组织活力

在中国共产党的组织体系里，基层党组织始终处在最基础、最一线的位置，一旦出现资源短缺、力量不足，就会面临“说话没人听、干事没人跟”的困境。面对街道社区党组织责权利不对等、“小马拉大车”、工作推进难度大等现实问题，迫切需要将重心下移，推动人财物和责权利对称下沉，让基层党组织有责有权有资源，说话办事有动力、有底气。实践证明，只有聚精会神地抓牢基层，把目光投向基层，把力量沉到基层，把资源倾斜到基层，才能切实增强基层党组织的战斗力、凝聚力和执行力，才能全面推动各项工作在基层落地生根、开花结果。

第一，重心下移，让基层党组织“做事有动力”。创新社会治理的重心在基层，激发基层党组织内生动力是推进党建工作的重要抓手。一是思想上落实重心下移。扎实开展“两学一做”学习教育，让每个党支部都要把从严教育管理党员的主体责任扛起来，把党组织日常活动开展起来，把党员管起来，把党员参与学习教育的积极性调动起来。二是服务上落实重心下移。城市社区党组织要坚持网格化管理、组团式服务，整合政务服务和党内服务的网络和资源，强化联系和服务群众的网络，提高解决基层群众困难和利益矛盾的能力，强化基层群众积极参与社区服务和管理的积极性。三是队伍上落实重心下移。把基层一线作为培养锻炼干部的基础阵地，树立重视基层的用人导向，推进实施“基层后备干部多岗锻炼”工程和“优秀基层干部进机关”工程，加大党政机关和基层干部之间干部交流任职的力度，以优秀干部的能力来确保党建工作重心“下得去、接得住、管得好”，形成“支部建在一线、党员干在一线、作用发挥在一线”的基层党建新格局。

第二，权力下放，让基层党组织“说话有底气”。思想是行动的先

导，要做好“向下着力”这篇文章。上级部门一是要舍得放权，不能口中说着资源下沉，实则只把职能下沉而相应的权力不下沉，这样基层不仅得不到“实惠”，还会增添许多负担。二是要探索权力下放机制，给予基层干部与责任相称的、调动政治和经济资源的权力，实现权力和责任对等，让基层干部有底气、有能力、有责任、有事干、敢担当。三是要强化街道统筹能力，赋予街道党工委对职能部门派驻机构的考核权、财政权、用人权和辖区重大决策、重大项目建议权，推动区级行政执法力量向街道下沉，将公安、城管、工商等执法队伍党组织关系划转到街道，让街道有能力指挥调度、统筹协调。四是要建立基层干部信任机制，比如在经费使用上适度放开，将权力下放给社区基层党组织，逐步实现事随人转、费随人转、责随人转。五是要建立权力监督约束机制，使下放的权力在阳光下运行、在制度中规范。

第三，资源下沉，让基层党组织“服务有本钱”。创造基层干部良好的工作环境，资源应优先向基层倾斜、资金应优先向基层投入，加强基层组织阵地建设，确保社区活动场所全面覆盖，使规范化水平逐年提升。一是要让资源下得动，先要转变观念。思想是行动的先导，要有“基层党组织需要资源支撑工作”的观念，不能“又要马儿跑，又不给马儿吃草”。随着社会治理的重心下移，作为“城市细胞”的街道社区越来越多地承担了社会的服务和管理职能。二是要让资源下得对，还要摸清需求。资源下沉沉些什么，有没有给到点子上，都应从基层党建的实际需求出发寻找答案。在资源下沉的过程中，要抓住财力这个关键，推动经费预算向下划，为基层党建有限的经济来源提供补充；要抓住人才这个重点，推动优秀的干部往下走，切实弥补基层干部年龄老化、能力弱化、作用虚化的问题；要抓住项目这个载体，把有潜力的党建品牌放到基层去孵化培育，使基层党组织与项目共成长、同进步。三是要让资源下得好，更要健全体系。管理上的锥形结构，决定了基层党组织在接受任务时可能出现应接不暇的情形，在接纳资源时也难免存在“超载”或“吃不饱”的隐患。这就要求在给基层“输电”的同时，注重把一个个“储电”“配电”的基层“电站”建强建全，使下沉的资源、能量有处可去。街道社区要在推进党建服务中心规范化、标准化建设的基础上，加强本地区党建服务站点在居村、园区、楼宇的实体化运行，从而使下沉的党建工作资源更集约、更开放，资源下沉的“红利”能够被更广大的党员群众共享。

3. 明确“三张”清单，引导基层党组织聚力主职主责

习近平总书记在党的群众路线教育实践活动总结大会上语重心长地强调指出，各级各部门党委（党组）必须树立正确的政绩观，坚持从巩固党的执政地位的大局看问题，把抓好党建作为最大的政绩。治国安邦，重在基层；管党治党，重在基础。基层党组织要坚决贯彻全面从严管党治党要求，始终聚焦党建主业，坚持问题导向，层层传导落实责任，积极引领全面从严治党新常态。将基层党组织的权力、责任和待解决的问题以清单的形式明确下来，可以有效解决基层党组织主职主责概念模糊，抓党建思路不清晰、不知道如何抓的问题。

第一，明确权力清单，为党建工作“摸清家底”。通过建构说“是”的权力清单制度，并将其与责任清单制度有机连接，目的是要建构“法无授权不可为、法定职责必须为”的新型权力运行机制。明确基层党组织权力清单，要梳理现有职权，对直接面对老百姓的权力分门别类地全面梳理；要清理、调整、规范权力，进一步把“哪些能管，哪些该管，哪些需管”用权力清单的形式加以完善；要依法审核确认，对梳理清理后的权力逐条进行合法性、合理性和必要性的审查。

第二，明确责任清单，为党建工作“理顺关系”。党建工作责任制的核心是强化责任落实，尤其是抓好关键人员主体责任担当，以清单的形式把责任确认下来是理顺基层党组织与其他层级党组织之间责任关系的重中之重。基层党组织应建立每月党建例会、季度党建交流会、年度党建述职评议会制度，开展党建工作巡查督查，确保纪律制度刚性运行，促进党建工作责任制由“虚”到“实”的转变，实现聚精会神抓党建与一心一意谋发展互融并重、相互促进。一是落实好基层党组织书记党建“第一责任人”的责任。书记要把管党治党、抓好党建作为首位工作，坚持把党建工作和中心工作一起谋划、一起部署、一起落实、一起考核，带好队伍、管好自己、做好表率，带头把精力聚焦到主业主责上来。二是履行好班子成员“一岗双责”。利用责任清单，分解责任，传导压力；完善党建工作联系点制度，班子成员每季度到联系点指导工作，帮助解决实际问题；班子成员抓好分管领域的党建工作，把党建工作要求融入分管业务工作中。三是落实好基层党支部书记主管责任。强化目标引导，以签订责任状的形式，将党建工作纳入年度工作目标管理，促使基层党支部落实好主体责任；结合日常检查指导、先进党支部创建点评、季度定期考核、年终述职考核评议等，严格实行党建工作检查考核，考核结

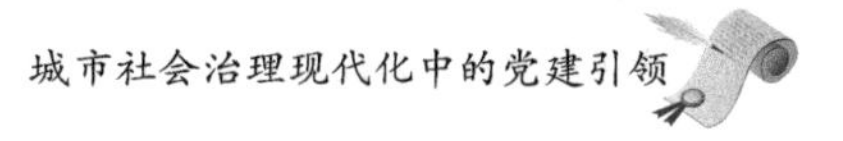

果与领导干部选用、评比先进挂钩，持续传导党建工作责任压力，力求形成书记负总责、班子成员各司其职、基层书记具体落实的齐抓共管的责任体系。

第三，明确问题清单，为党建工作“找准短板”。基层党组织应该始终从查找问题角度谈工作方法，从回应问题角度深入分析产生问题的原因，从解决问题角度提出今后工作的思路和措施。问题清单坚持问题导向，深入查找工作中存在的突出问题，以钉钉子精神，逐项研究、逐个破解，找准问题才能击中要害，落实基层党建责任。要敢于向问题叫板，瞄准靶心、精准发力，不怕揭短亮丑。各级组织部门强化督查指导，把跟踪督查贯穿抓落实全过程，深入基层、深入一线，掌握工作进度，发现落实过程中存在的问题，及时加以改进，确保任务一项一项落到实处，让“问题清单”真正做到既是任务分解表，也是必须兑现的“承诺书”。

4. 强化党的组织纽带，深化基层党建区域融合

城市开放包容的特性，决定了城市基层党建必须做好融合，形成全区域各领域党组织共同发展的态势。破解城市基层党建工作从领域到全域、从局部到整体、从碎片到系统转变的难题，要通过党组织这个桥梁和纽带把辖区内各类组织紧密连接在一起，以共驻共享共治共建为要求，着力完善以街道党工委为核心、以社区党组织为基础，辖区单位党组织和党员共同参与的区域化党建新机制，构建城市基层党建共同体，实现基层党建的组织融合、理念融合、机制融合、资源融合，真正达到区域融合共进、整体提升的目标，并以此推动城市基层党建不断向开放、联动、融合迈进。

第一，坚持相融相通。要建立完善党组织四级联动体系，把城市基层党建作为一项系统工程，坚持以上带下、以下促上，形成有机衔接、有序推进、有效运转的四级联动体系。区县委要进一步完善党建工作领导小组和党建联席会议制度，加强总体设计、宏观指导、督促检查，发挥好总揽全局、协调各方的作用。街道党工委要建立街道党建工作领导小组和联席会议制度，协调推动基层党建工作落实。社区党组织领导班子应吸收社区民警、业主委员会、物业公司以及驻区企事业单位中的相关党员负责人担任兼职委员，形成区域化城市基层党建大格局，实现城市基层管理和服务全覆盖，推动城市综合治理能力大提升。

第二，坚持共建共享。要建立完善与驻区单位共建共享体系，推动街道社区党组织与驻区单位、新兴领域党组织打破条块分割、封闭运行的局面，充分发挥街道社区党组织的领导核心作用，建立起区域统筹、资源共享、优势互补、共驻共建的城市基层党建工作新机制。街道社区尽力满足驻区单位党组织对社区服务的需求，主动帮助驻区单位排忧解难、化解矛盾，积极为驻区单位党组织开展党建工作提供区域性党建资源。驻区单位党组织本着驻在社区、共建社区的理念，积极参与区域内社会性、群众性、公益性工作，主动将本单位文化、教育、体育等活动设施向社区居民开放，动员党员和群众主动参与政策宣讲、学习教育、文化活动、济困助残、文明城市建设等社区公益性服务，特别是要鼓励党员、团员积极投身服务社会、服务群众的志愿活动。

第三，坚持互联互动。要大力推进商务楼宇、各类园区、商圈市场和互联网等新兴领域党建，以街道社区党组织为主轴，以辖区内的各领域基层党组织为点和面，建立区域大党建机制，成立区域党组织，把驻区单位作为成员，把驻区单位党组织书记作为班子成员，组建商务楼宇、园区、市场以及社团党支部或党小组，指派专门的党建指导员，共同构建“党建共抓、社会共治、服务共担”的格局。围绕中心工作和人民群众普遍关心的现实问题，广泛开展党员教育联管、社会治安联防、公共设施联建、困难群众联帮、社区环境联治、社区文明联创等工作，着力化解社会矛盾，消除不稳定因素，实现社会治理的大联网、大联动。

5. 打造基层党建“供需资源池”，汇聚各方力量促发展

街道社区是各类资源要素和社会活动最集中的地方，然而集中集聚不等于集成集约，迫切需要解决基层党建保障不足与城市快速发展不相适应、有限服务资源与群众多样化需求不相适应、简单粗放工作方式与社会治理复杂多变不相适应之间的矛盾和问题；迫切需要把各类资源和要素有效整合起来、集约利用起来，使城市基层党建的“统合力”和“蓄水池”功能大幅提升，以街道社区为重心，形成多方参与、良性互动、共建共享的城市基层大党建格局。

第一，打破资源限制壁垒，推动“单兵作战”向“兵团合作”转变。首先，要打破高墙壁垒。针对大机关、大院校、大企业条块分割、各自为政的现象，要充分发挥基层党组织统筹协调功能，整合驻区单位资源，全面推行街道、社区兼职委员制度，吸纳驻区单位党组织负责人作为兼职委员，通过组织统筹建、平台统筹搭、资源统筹用、服务统筹抓，推动城市基层党建由碎片化向整体化转变。其次，要打破门户壁垒。综合性城市社会结构多元，往往以组织属性划界，各自为营、互不

协作，难以形成社会管理服务合力，要以街道社区党组织为纽带，以党群服务中心统筹辖区内各领域党组织建设，统一调配党建工作资源。最后，要打破身份壁垒。不仅要挖掘在职党员的能力资源，也要注重挖掘外来人口、流动党员、外部投资企业资源，鼓励各方有钱出钱、有人出人、有力出力，提高基层党组织的统筹能力，汇聚各方力量共同促进社区发展。

第二，打开资源流通渠道，推动“各自收揽”向“纵横流动”转变。从共同目标、共同利益、共同需求入手，建立组织联结纽带和沟通机制，有效整理利用区域内各行业各单位资源，实现集约利用、互利共赢。不仅要促进各行业各单位的资源与社区居民流通，也要允许各行业各单位的党组织之间实现资源的纵横流动，更要把社会资源用起来，实现互动互补，汇聚各方力量共同促进发展。在党组织统一领导下，要充分发挥市场“无形之手”的作用，在社区引进企业基金、社会组织等，吸引培育志愿者服务团队，开展专业化订单式服务。只有不断创新工作模式，打破社区党组织与驻区单位、新兴领域党组织条块分割、封闭运行的局面，区域化共建合力才能增强，区域党建发展才能更进一步。

第三，打造资源共享平台，推动“定点分配”向“各取所需”转变。针对不同类型社区、不同类型群体面临的亟须解决的问题，坚持问题导向，在着力打破各种壁垒、实现区域统筹上下功夫，最终形成党统筹下的资源共建共享平台。大到驻区单位，小到普通群众，都可以通过这个平台贡献自己的资源、获取自己需要的资源，转变“只向对方拿资源，不给对方享资源”的观念，发挥好搭建平台、管理平台、发展平台的统筹协同作用。同时，建立辖区共建会、党建协作区等工作协调机制，制定双向开放清单、资源清单、需求清单，开展党建工作项目化合作，达成辖区内“人人愿出力，人人享成果”的资源共建共享局面，共同促进社区发展。

6. 加强基层治理党务公开，畅通各方参与促协同

推进党务公开，是贯彻落实党的十九大精神的重要举措，是发扬党内民主、发展社会主义民主政治的必然要求，对于推进全面从严治党，加强党内监督，充分调动全党积极性、主动性、创造性具有重要意义。当前基层党组织党务公开还存在认识不到位、疲于应付，措施不得力、敷衍了事和工作方法老化、形式单一等问题。中共中央政治局会议审议通过的《中国共产党党务公开条例（试行）》为做好党务公开工作提供了

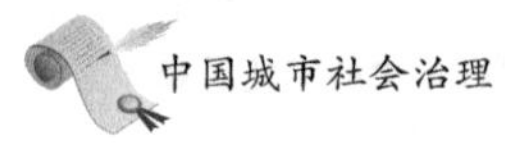

基本遵循。

第一，内容形式创新，提升可信度，以公开促沟通。党务公开的核心在于内容，只有抓住公开内容这个重点，在形式上创新，才能切实提升党务公开的可信度，才能让党务公开真正成为党和社会各方建立新型沟通模式的渠道。在实践中，要坚持灵活多样、简便实用的手段，注重把党务公开的共性要求和个性特点结合起来，区分不同的情况，坚持从实际出发，以“全方位、多层面、立体化”的原则，增强党务公开的针对性。一是区分内容，实行差异性公开。适宜在党内公开的，主要通过党内有关会议、下发文件、定期通报、党员活动栏、党员活动室等形式公开；适宜对全社会公开的，可以采用广播、电视、报刊、网络等大众媒体和专门的党务公开栏、电子显示屏等进行公开，并根据工作动态不断更新公开内容。二是区分主体，实行分层式公开。市级的党务工作主要通过市级新闻媒体、市政府门户网站、党建网站、公共场所的大型显示屏等形式进行公开；各基层党组织主要通过党务公开栏、印发宣传小册子、有线广播、召开有关会议通报等形式进行公开。三是区分需求，实行互动式公开。各级党组织实行党务公开时，对一些事关民生的重大决策、群众普遍关心的热点难点问题，要坚持走群众路线，广泛听取党员、群众的意见和建议，接受群众监督，建立党务公开与党员群众沟通的互动机制，采取定期召开新闻发布会、党员群众听证会、党务工作质询会等形式，扩大群众参与党内事务的积极性，不断增强公开的效果。

第二，完善制度建设，保证有效性，以公开促民生。在党务公开的推进过程中，制度建设是根本。完善、系统的制度是党务公开有效运行、持久推进的关键所在，推进党务公开实践必须有一套内容明确、程序规范、操作具体的制度来保证，避免党务公开流于形式。从实践来看，加强制度建设应着力从规范党务公开程序、范围、内容、反馈、流程等环节入手，进一步形成党务公开检查、反馈等配套制度，使党务公开功能得以有效发挥。重点建设党务信息申请公开制度，进一步畅通申请公开的方式和程序，保障党员和群众的知情权、参与权，并切实了解不同群体的真正需求。重视党务公开意见收集处理反馈制度的建立，采用多种方式收集社会各方对党务公开工作的意见建议，并做好处理和反馈工作，提高党务公开工作水平。

第三，依法依规公开，确保规范性，以公开促发展。在推进党务公开过程中应注意要围绕党员群众对党内民主的需求和党内民主进程的需

要开展工作，既要保证党员权利的落实又要根据党内法规的规定和实际情况逐步公开，做到把握规律、讲求实效、逐步推进。公开过程要严格按照有关法律法规以及党章、党的方针政策和党内法规为准则，以法律为准绳，以政策为标尺，以纪律为依据，依法依纪进行。凡属党务公开法规要求公开的内容、群众关心关注的热点难点问题、极易出现腐败违规行为的事项等，只要不涉及秘密，都应该采取灵活多样的形式，在规定的时限内，力求规范有序地、最大限度地予以公开，准确把握公开与不公开的尺度，合理划清界限，坚决不允许越线，切实将党务公开工作贯穿党内重要事务酝酿、决策和实施的全过程。

第四，加强监督保障，形成公开长效性，以公开促创新。要使党务公开达到预期的效果并长期坚持下去，有效的监督机制是根本保证。督促基层党务公开在实践过程中将现有的制度落实好，建立“三位一体”的党务公开监督网络。一是加强党内监督。建立一支动态的党务公开监督员队伍，确保党务公开的各项规章制度能得到贯彻落实，其实质是“党从人民利益出发，按照从严治党的要求进行自我约束和自我完善”。二是加强群众监督。作为外部监督的一种方式，群众监督具有十分重大的意义，特别是在网络、媒体十分发达的今天，群众监督显得尤为重要。基层党委要通过建立群众询问质询制度、召开座谈会、征求意见会等形式，听取人民群众的意见与建议，接受群众批评，找出工作中的薄弱环节，并将其作为切入点推动党务公开的深入开展。三是加强舆论监督。要落实好党务公开工作，必须拓宽监督渠道，舆论监督由于其独特的公众性和在信息化社会中所展现的重要性，成为监督党务公开的一个强有力的途径。近年来，媒体为舆论监督提供了充足的空间，在党务公开工作中，要允许媒体对“属党务公开内容的信息是否都已公开”“公开是否及时有效”“公开的信息是否真实可靠”“公开渠道是否畅通”“公开方式是否为群众所喜闻乐见”等问题进行监督。

（三）凸显党统筹各方卓有成效

在新的历史条件下，城市要使综合实力争先进位，与人民生活质量改进提升相得益彰，就要做好生态环境保护，提升社会治理现代化水平，补齐民生领域的短板，满足人民日益增长的美好生活需要。通过加强和改进社区服务质量，可以有效提高社区居民的满意度和幸福感。通过精准优质的社区服务，可以彰显党的领导。

1. 靶向瞄准，精准凝聚党心民心

党和人民是利益共同体。党和人民结成有机统一的整体，是党的生命和力量所在，必须坚持“立党为公，执政为民”，坚持群众路线，问政于民、问需于民、问计于民，把教育引导群众和服务依靠群众结合起来，把党的主张和反映人民心声结合起来。只有实现党的政治功能与服务功能的融合，才能形成强大的合力，激荡社会前进的力量。

第一，凝聚党员，提升党的感染力。党员干部是党的细胞单元，党的工作要靠党员干部去落实，党的形象要靠党员干部去塑造。一方面，要在政治上、工作上、生活上给予党员干部切实的关心和爱护，例如开通党员咨询服务专线、实施“时间银行”项目等，使党员干部深深感受到温暖，以更加饱满的热情与斗志投身于党所领导的社区建设事业之中。另一方面，要重视党员的思想教育，关注党员的思想动态，加强党员先进性与纯洁性教育，提高党员的思想水平和理论素质，帮助其树立崇高的人生观和世界观，使其自觉与党中央保持一致，致力于社区发展。

第二，凝聚群众，增强党的号召力。党在社区治理中的领导要精准对接民心所向，要从关注各类群体的不同需求出发，使公共服务充分涵盖老、中、青、幼以及国际友人。从“走两头”到“走普遍”，制定具有针对性的措施，精准对接居民的需求。对于老人要立足衣食住行，对于青壮年要立足职业发展和时代潮流，对于青少年要立足寓教于乐。比如，对社区青年，党组织可开展夜间或者周末职业技能培训课堂、居家小能手课堂，鼓励其开办婴幼儿照看中心等，真正缓解青年在职业生涯发展和生活方面的压力。针对老人信息封闭、与社会脱节的状况，可组织开展各类科普活动、健康知识宣传、社会人际沟通活动等，让社区居民感受到社区家园般细心服务、贴心服务、精心服务。群众利益无小事，只有基层党组织多在民生工程上发挥作用，多在活动现场插党旗，党员干部多戴党徽，党的政治功能和服务功能才能得以充分体现。

第三，融合党心民心，心心相印齐发力。良好的社区治理有赖于社区居民的共同参与，需要有社区居民参与社区治理与发展的各类机制和平台。基层党组织要善于搭建社区治理民主协商平台，党员干部要做牵头人，把相关的利益群体都凝聚在一起，在党的领导下，共商共讨共建共享，共同致力于社区的治理与发展。党员干部既要坚持正确的政治方向，又要树立以人民为中心的工作导向，尽职尽责地为人民服务。社区治理有成效，基层党组织的统筹就有成效，党心民心才会更加紧密地凝

聚在一起，真正做到全心全意为人民服务。

2. 品质服务，精细对接群众需求

精细对接群众服务需求，推动公共服务“供给侧改革”，使有限的资源发挥最大的价值，使社区公共服务品质不断提升，是党统筹社区治理卓有成效的深刻体现。

第一，提升社区工作者服务意识是前提。公共服务仰赖公共精神，公共精神本质上是一种奉献精神，是社区工作者应有的责任感和使命感，也是判断社区工作者工作成效的重要标准。培养社区工作者具有强烈的公共精神，是提升公共服务品质最强有力的保障。遴选社区工作者，要以服务为民为出发点和落脚点。要加强社区工作者的思想教育工作，立足社区工作重大的社会价值，积极传播社区工作的先进理念，塑造投身公共服务事业的工作氛围。同时，要充分保障社区工作者的切身利益，解决他们的后顾之忧。

第二，制定规范统一的服务标准是基础。高品质的公共服务体现在服务的反应性、专业性、关怀性及可靠性上，通过制定规范的、统一的公共服务标准，力求达到“四项要求”，提升公共服务的品质。具体地说，“反应性”就是居民寻求公共服务时的便捷程度及社区对居民需求的反应速度，公共服务流程规范和一站式服务是提高反应性的有效途径。“专业性”就是社区工作有专业的人员、精细的分工、标准的流程和权威的结果，体现在专业的社区工作者队伍、统一的服务标准。“关怀性”就是在公共服务中通过精准服务，采取人性化和个性化服务，营造“服务无处不在，幸福就在身边”的社区氛围，形成有温度的组织文化。“可靠性”就是公共机构所提供的公共服务具有权威性，社区工作者的失误可能导致居民利益的受损，社区要对利益受损的居民提供补偿，这种补偿要形成机制，形成强制性要求。

第三，抓准民生重要领域服务需求是关键。基层党组织在社区治理中的根本目的是惠及于民，任何有利于社区居民的项目都应积极倡导和支持。在资源有限的情况下，要解决好居民最关注的问题，提高居民直接的获得感，提高资源的利用效率。党组织要多渠道调查了解本区居民最关心的问题，要充分考虑社区现有资源如何高效对接居民需求，力求用最少的资源，做最优的事。要引进高新技术进行智能化管理，节约人力物力。例如，停车难是城市社区的通病，可引进智能停车技术，缩短寻找车位的时间，提高资源配置和利用的效率。

3. 智慧服务，快速对接群众诉求

随着信息技术的快速发展，手机、电脑深入家家户户，与社区居民的生活密切联系起来，信息技术手段成为社区治理的强有力支持。在此背景下，社区治理亟须紧跟时代步伐，利用互联网思维和信息技术提升党统筹社区治理的信息化、精准化水平，快速无缝对接群众诉求，高效处理社区治理与发展中的问题。

第一，加快建设社区网上服务平台。开展“互联网＋社区”行动。首先，全面推广网上行政服务平台和市民自助服务平台建设，将政务服务网打造成“政务淘宝网”，使得群众在一个网站就能解决尽可能多的生活诉求。其次，为群众提供“一卡通”服务，让群众手握一张卡，享受身份验证、公共事业缴费、公共交通、学校教育、医疗保健、便民消费等基础应用服务。再次，运用视频监控技术，对商业街环境与秩序、社区环境、工地环境等实施监控，引进智能识别技术、噪声探测技术等，使社区治理智慧化，提高人力、物力的使用效率。同时，对特殊群体予以特殊照顾，例如在孤寡老人家里安装远程视频监控系统，实时了解老人的生活情况，及时给予其生活服务和救助。最后，探索建立云端技术，避免各地各部门重复建立新机房等硬件软件，建造多级联动的电子政务平台，大规模整合电子政务资源。

第二，不断提升社区治理信息化水平。党组织和社区要充分利用信息技术，吸引高科技人才向社区靠拢，开展社区治理信息化研发工作，比如，设计“社区服务”App手机客户端。同时，通过技术操作和信息管理培训，提升社区工作者运用新媒体的能力，社区工作者可主动发现居民需求，密切关心居民的生活需求。利用微信群、QQ群等，加强社区工作者与社区居民的线上信息互动，在线下则立足相关公共服务标准体系，做到及时处置、快速有效、精准对接。此外，需加强信息收集、整理，不断提升互联网接入能力，拓展互联网信息服务。

第三，积极推进社区与居民互动平台建设。坚持社区治理的“问题导向”，以问题推动互动，不断满足社区居民的生活诉求，改善社区治理工作，让社区治理与居民在互动中彼此成就，共同成长。首先，加强社区信息平台的宣传推广工作，不断提升社区居民使用网上平台的能力。其次，在网上服务平台常态化地开展“问需于民”活动，让社区工作精准对接居民诉求，真正落实“问政于民”。最后，加强居民在线咨询服务和服务投诉反馈渠道，常态化开展居民社区治理满意度评价，将社区居

民的满意度、预期度作为工作要求和工作考核的重要内容。

4. 高效服务，建立专业化社区工作者队伍

习近平总书记强调，城市管理水平的高低，取决于干部素质，要把培养一批专家型的城市管理干部作为重要任务。人才是社区最重要的资源，只有留住人才，用好人才，充分发挥人的主观能动性，社区才能高效运转。当前，亟须解决社区人才吸引力不足的难题，建设高素质的、专业化的社区工作者队伍，以保证高效服务。

第一，强化制度保障，促进规范服务。加强社区治理的制度和政策供给，尽快研究和出台社区工作者队伍建设的政策，规范社区专职工作者的工作范围、岗位等级、福利待遇、选拔考核、晋升路径、退出机制等，推进社区工作者队伍的职业化建设。大力实施人才优先发展战略，全面落实“城市人才新政”和“城市人才引进”计划，实施人才安居工程，完善人才绿卡制度，吸引和汇集专业的高水平社区工作者。要向社会公开公平公正地选聘社区工作者，以优惠政策广纳贤才，同时兼顾社区工作者“本土化”。要保障社区工作者的工资和福利待遇，制定合理的收入增长机制。要探索建立社区工作者专门管理机构，专门负责社区工作者的各项管理事务，统筹招聘、培训、考核等事务，保证社区工作者的工作周期，保障社区工作者的稳定性。

第二，细化能力培训，促进专业服务。社区工作者持证上岗，是社区治理发展的内在要求。在社区工作者选聘中，要加强基层党组织的统筹，优先选聘持证的社区工作者，加强社区工作者培训。在培训内容上，要针对不同层次的社区工作者制定专门的培训规划，提高社区工作者的专业化水平，增强社区工作的责任感。在培训方法上，要坚持理论与实践相结合，口头表达与技术操作相结合。同时，要进一步规范选派机关干部到基层挂职锻炼，为基层社区治理输入优秀人才，统筹提升社区工作者的工作能力和综合素质。

第三，深化考核联动，促进有效服务。要提高社区服务的效率和品质，必须不断提高社区工作者的积极性与主动性。要建立社区高效工作规范标准和健全社区工作者考核机制，对社区工作者实施对标考核。社区工作好不好，社区居民最有发言权，要高度重视居民满意度评价，及时公开考核结果，将考核结果与社区工作者的收入和晋升挂钩联动，优待优秀的社区工作者，优先晋升优秀的社区干部，对长期扎根基层的优秀社区工作者进行专门奖励。同时，健全社区工作者退出机制，形成动力与压力并存的工作机制，力求为社区居民提供高效优质服务。

5. 差异服务，分级分类回应社区发展需求

截至2018年末，我国常住人口城镇化率已经达到59.58%，进入了城市快速发展阶段，也遇到了城市化过程中普遍存在的“城市病”。例如，在教育、医疗、住房、资源、环境及社会稳定上的压力空前膨胀，社会治理面临新形势。城乡社区是社会治理的落脚点，处于政府与群众的“最后一公里”，做好城乡社区治理，就是做好社会治理。要根据各类社区的发展水平、资源禀赋和历史特点，因地制宜确定社区治理的措施政策，加快农村城镇化步伐，促进中心城区的发展繁荣，使城乡社区齐头并进，共享发展成果。

第一，立足公共服务，化解农村社区“燃眉之急”。对照城市社区公共服务建设，切实将乡镇公共服务延伸到农村社区，完善农村公共服务配套设施，促进农村社区治理信息化，提高农村基本公共服务的可及性和便捷性。强化农村社区综合治理，针对人口、土地、水利、环境卫生、公共服务用房等重点领域开展升级改造行动，建立社区民警驻村制度，不断改善村民生活环境，不断提升村民的获得感、幸福感。实施乡村振兴行动计划，推动城乡规划布局、产业发展、生态保护、文化建设、社区治理和公共服务融合发展。鼓励通过合作经营土地、建造停车场、出租门面等方式发展集体经济。加大对经济薄弱村、远郊地区、生态保护区的专项转移支付力度。

第二，立足建设发展，消解老旧城区脏乱差暗。通过政府出资新建、依托现有国企重组、引进优质民营企业参股等模式，全面承接或托管物业管理，开展星级物业评比活动，探索建立星级物业奖励金制度。发挥党组织的领导作用，班子成员、社区工作者、党员志愿者分片包干，打好老旧小区改造攻坚战。将自筹资金与政府补助相结合，发动驻区单位捐资助建，实施实事工程，破解老旧小区“老大难”问题，实现老旧住宅持续使用、城市住区有机更新和社区文脉有序传承。对地区面积扩大、人口增多、边界清晰、服务管理自成体系的区域，积极推进析出街道工作，加大社区服务资源配备力度。

第三，立足活力繁荣，助推新兴领域有序发展。随着城市的发展，商务楼宇、商圈市场、经济园区、特色小镇成为社区治理的新领域，与传统的社区治理对象不同，新兴领域呈现出年轻化、时尚化、信息化的特点。针对商务楼宇员工，可由党组织牵头，举办青年联谊会、演讲比

赛、才艺比赛等活动，组建编程协会、摄影协会等社团，开展“白领午餐”等项目，不仅将年轻党员团结在党组织周围，而且通过优质服务吸引更多优秀的人才向党组织靠拢。针对产业园区外来务工人员，成立员工之家，为员工提供就业创业、行政服务和生活服务，为外来务工人员解决落户问题、子女入学问题。依托社区党组织，协助园区单位解决招工问题。针对商圈市场和特色小镇，设立服务中心，开展先进摊位和先进个人等评比活动，发挥党员先锋模范作用，组织党员亮明身份、挂牌示范，积极传播正能量，促进商圈经济良性发展，提升商圈经济发展动力。

6. 舒心服务，形成有感染力的党组织文化

党的十九大指出，我国社会主要矛盾已经转化为人民日益增长的美好生活需要和不平衡不充分的发展之间的矛盾。新时期不断满足人民日益增长的美好生活需要，不仅要加强思想政治教育，更要想人民所想、忧人民所忧，在细微之处传温情，把工作做在群众有意见之前，把工作做到群众有感动之中。

第一，解忧解惑，构建“家园感”。要及时发现党员和群众不便表达的“疑难杂症”。党组织要密切与党员的沟通和联系，关注党员遇到的问题，尽力帮助党员解决生活遇到的难题，善待党员的情感需要和尊严需要，让党员真正把党组织当作“家园”。党组织要经常走基层，不仅要走进群众的生活，更要走进群众的心里，面对群众的“难言之隐”，要设身处地地为群众想办法、找出路，把群众的困难放在心上，真正做到为民务实。真心把群众当朋友当亲人，想他们的难处，能解决的问题一定不能拖，一时解决不了的问题要用心帮他们出主意、想办法。

第二，细心贴心，传达“温暖感”。打造有温度的社区，不仅仅要精准对接群众需求，更要为群众打造美好家园。在体贴服务领域，细节决定成败。要淡化社区的距离感和权威感，营造平等相处、面对面办公的氛围，比如变办公桌为接待台，拆除过高的办公台和隔离的玻璃板。要积极发现提升社区“质感”的领域和空间。例如，上海徐汇区为滨江跑道增设跑步驿站，为居民提供淋浴、更衣、寄存、饮水等全方位服务；广东省四会市的公交候车改造，为候车群众提供遮雨棚与座椅；福建厦门市在公交线路上试点“公交哺乳室”，保障哺乳期妇女与婴儿的基本权利，让其不再承受被“围观”的尴尬。

第三，致力营造，打造“美好感”。社区的外在形象是社区氛围的直观体现，要将社区营造成美丽的家园，为居民打造舒适的生活圈。一是要积极开展环境治理工作。推进通风廊道、地下综合管廊整治工作，综合整治背街小巷和农村面源污染，加快推进“厕所革命”，加强固体废弃物和垃圾处置，努力让天更蓝、地更绿、水更清；对社区内的卫生死角、社区店铺占道经营等情况开展集中整理修复，不仅可以美化社区环境，而且可以增强居民的凝聚力和集体荣誉感，以打造社区文化。二是要积极利用自然美推进全域景观化建设。坚持“景区化、景观化、可进入、可参与”的理念，做足“山水林田”文章，构建“产田相融、城田相融、城乡一体”的新型城乡形态。充分利用社区已有的丘陵、山坡、湖泊、河流，推广开展“小游园、微绿地、微田园”行动，通过规划社区绿化带、公共休憩空间，促进人与自然融合。三是要将居民活动与自然美结合起来。加强社区建筑立面和建筑风格的管控，通过楼房颜色、高度、外观等设计，打造社区特色，增强社区居民归属感，让居民目之所及皆为风景，所到之处皆为精致。同时，面对城市发展的不确定性，要完善多情景规划策略，建立空间留白机制和动态评估调整机制，构建富有弹性的空间策略和管理机制。

（四）护航党统筹各方持续有力

在建强区域中心城市、推进城市治理现代化进程中，城市正面临着前所未有的机遇。同时，城市的转型升级必将带来经济社会问题的复杂化，城市的社会结构、人口结构、空间结构、产业结构、区域结构和人们的价值观念、心理预期、利益偏好也将面临新的转变和重构。在城市建设与发展的新时代，必须深入贯彻党的十九大的决策部署，以及各地省、市党代会精神，聚焦城市基层治理，加强社区治理的体制保障、组织保障、政策保障、资源保障、智慧保障和人才保障，推进城市建设与发展。

1. 理顺基层党建纵横联动体系，加强体制保障

在社区治理中充分发挥基层党组织协调各方的领导核心作用，关键在于不断增强党的政治领导力、思想引领力、群众组织力和社会号召力。要充分发挥党的组织优势，让各级党组织联动起来，把各领域的党建工作融合起来，努力做到上级给力、基层用力、各领域发力，实现同频共振、整体推进。

第一，上下协调，建立组织联动体系。基层党建机构不仅要健全，

而且上下级之间要形成有效的联动，要积极探索上下有效的组织联动体系。一是要建立健全市级党建工作领导小组和基层党建协调小组，建立党建工作例会制度。深入分析基层党建工作面临的突出问题，围绕社区党组织建设的基础，进行专题研究。二是要建立健全任务分解制度，坚持逐级负责原则。通过层层传导责任，把党建目标分解到各层级、各层面，利用党建述职评议考核，晒出抓基层党建工作成绩，形成各级书记同台“赶考”的纵向一体的保障体系，加大失职问责制度，保证制度的严肃性，塑造踏实的工作氛围。三是要建立健全市级领导党建联系点制度。利用一对一负责机制，形成三级联述联评联考。四是要紧紧围绕社区治理中的党建工作难题，在全市实施党委书记重点突破项目，由区、街道党工委认领。

第二，领域融合，健全制度联动体系。纵向联动抓责任，横向联动抓融合。只有各领域之间力量整合，才能使社区治理更加良善。要积极建构起相互融合的、健全的制度联动体系，街道可以与驻街单位签订双向共建共享协议，社区可以与所辖单位签订共驻共建承诺书，实行交叉任职，达成相互促进、相互支撑的联动机制。要积极探索逐级建立基层党建调度通报制度、动态管理制度、督促检查制度和跟踪问效制度，实现人力、物力和财力优化整合，让不同领域的人力、物力和财力真正为社区动作发挥应有效能。

第三，纵横贯通，构建协同联动体系。建立纵向、横向的联动机制，各司其职，做好条块上的工作。然而，社区作为管理的一线，需要纵横贯通，才能有效地为社区居民提供无缝隙服务，真正做到联动融合、开放共治。一是要着力构建以党组织为核心的新型基层治理体系。坚持以提升组织力为重点，突出政治功能，扩大基层党组织有效覆盖，推进党的基层组织设置和活动方式创新，充盈基层党组织带头人队伍，充分发挥基层党组织的坚强战斗堡垒作用，引导广大党员发挥好先锋模范作用。二是要建立健全党建联席会议制度。由街道党工委书记牵头，联席会议成员除街道内职能部门和驻区单位的负责人外，还要吸收非公企业和社区组织党组织负责人参加，协调推进基层党建工作。社区党建要注重吸收社区民警、业委会、物业公司、非公社会组织、小微企业党员负责人等积极参加，形成社区治理共识，减弱社区治理的体制阻力。

2. 优化基层党建机构与职能，深化组织保障

街道党组织和社区党组织是基层党建工作的主要机构，也是社区治

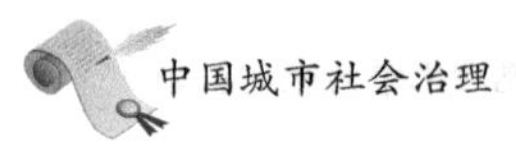

理的关键。街道和社区在社区管理服务、凝聚居民群众、化解社会矛盾、构建和谐社区、推动社会发展的作用越来越重要，要充分发挥街道党组织和社区党组织的领导核心作用，完善其机构与职能。

第一，强化街道党组织的统筹协调功能。强化街道党组织的统筹协调功能要从以下两方面发力：首先，要引导街道党组织聚焦主责。落实街道体制改革，街道党组织在工作中主要是抓党建、抓治理。街道党工委应集中力量抓党的建设，统筹社区发展，组织公共服务，实施综合管理，监督专业管理，动员社会参与，指导基层自治，维护社区平安。其次，赋予街道党组织相应的职权，区属职能部门派驻街道机构的负责人的人事考核、选拔任用应征得街道党工委同意，涉及街道的公共事务，街道有建议权、参与权、管理权、考核权。区属职能部门派驻街道机构的指挥调度、考核监督以及人、财、物等，下放给街道。

第二，整合街道党组织的内设工作机构。要根据特大城市建设与发展中面临的新问题、新矛盾，紧紧围绕人民群众美好生活的实现，适时调整和创新基层党组织机构设置，推动、保障党的领导在基层得到切实落实。减少牌子、简化机构、优化职能，合并原有职能交叉交大的街道机构，按照精简、统一、高效的原则，该撤销的撤销、该整合的整合，把街道内设机构设置原则从过去的“向上对口”变为“向下对应”，强化基础党建、基层治理、服务群众的机构和力量。

第三，优化社区党组织的整合落实功能。社区治理必须体现党的意志和要求。社区党组织是党在社区的战斗堡垒，一言一行都关乎党的威信，其所有工作都要贯彻党的宗旨，体现党的意志和要求，体现党的组织力。在织密社区组织体系的基础上，社区要做好自身组织建设工作，做好党员干部的思想政治工作，发挥党员先锋模范作用，借鉴党建先进城市经验，每季度要研究提出基层党建活动主题，不间断推进党建工作。社区党组织要整合资源为民众服务。社区党组织的主要职责是教育管理监督党员，组织群众、宣传群众、凝聚群众和服务群众，最基础的职责就是做好发动与监督社区居民委员会依法自治的工作，要发动党组织成员和社区居民完成社区治理的各项任务和目标。

3. 创新社区治理与发展政策，加强政策保障

党的十九大报告指出，要加强社会治理制度建设，提高社会治理法治化水平。调研发现，“领会上级意思，却无法带领下级动手”的困境是加强和改进社区治理的一大难题，重要的原因就是缺乏政策配套体系。

为此，必须改革创新政策供给，加强政策保障，推进社区治理的社会化、法治化、智能化、专业化水平。

第一，以社区治理问题为导向，及时出台政策。社区治理不仅要传达好、贯彻好新时代党的路线方针政策，更要切实行动、真抓实干，用实干政绩成效凝聚人，让群众普遍提高获得感。要适应城市建设与发展的新阶段、新形势、新要求，坚持问题导向，坚持理念创新、思路创新、政策创新，走出一条符合现代城市治理规律和特点的城市基层治理的新路子。及时出台政策，确保党在城市的组织覆盖和工作覆盖有效扩大，基层党组织的政治功能和服务功能明显增强。社区工作者队伍建设事关社区公共服务的品质和水平，要想方设法吸引人才，留住人才。一是要牢牢抓住社区干部这支核心队伍。对连续任职满两届、表现优秀的社区书记，经过规定程序纳入事业编制当中，在岗退休的享受事业编制退休待遇，中途离开社区书记岗位的人走编留。对暂不符合事业编制条件的社区书记，可以享受事业单位工作人员的工资待遇。二是要抓紧制定出台社区工作者职业化体系政策。对社区工作者实行定岗定级，确定职务晋升规定和薪酬定级体系。三是要努力推动社区工作者的扩展和续招，鼓励年轻人加入社区工作者队伍，不断优化社区队伍的年龄结构、学历结构和专业结构。

第二，以社区持续发展为导向，创新政策供给。当前社会飞速发展，公众素质快速提高，但同时也出现了许多新的社会问题，提出了许多新的民生需求，街道和社区作为党和政府的基层抓手，应最先感知到这些新现象、新诉求，应最有效地将其传达到上级部门。要充分发挥上下联动的作用，促进社区创新性发展。上级部门要通过党建联席会议等渠道切实倾听基层组织的反馈，及时吸纳社会有益的做法并大力推广，促进社区发展。针对新的社会问题，要及时出台规范性政策文件，促进社会的稳定有序发展。要通过政策引导，进一步开拓社区工作者的视野，提高社区工作者的社区治理能力和水平。

第三，以社区治理成效为抓手，确保政策落实。经验证明，政策实施较之于政策的形成与出台更不易控制，必须加强政策的事后控制，确保政策执行不走样，确保政策效果达到预期目标。一是可采取不定时抽查法。对于抽查者、被查对象、抽查时间、抽查方式均不公开，让政策执行者时刻保持高标准的执行水平。二是可采取同事匿名评价法。在社区治理中，对于政策落实、工作落实、工作成效，社区内部同事之间的观察与感知更为直接。三是可采取居民评价法。涉及社区居民政策的实施效果，居民最有发言权。根据评估结果及时调整相关实施策略，实现政策的动态调控。

4. 完善社区治理多元投入机制，做实资源保障

街道社区是各类资源要素和社会活动最集中的地方，但集中集聚不等于集成集约。为此，必须加强社区资源整合，将社区内外的各种资源整合为社区可以动员、掌握和支配的资源。

第一，整合融合，统筹部门资源。社区资源的整合应坚持内外结合、以内为主，因地制宜、挖掘特色，互利互惠、普遍受益，共驻共建、广泛参与的原则。一是要形成资源供给清单和需求清单。了解各方所困所需，整合融合多方资源，确保社区治理的组织、人员、基础设施等各类资源良性互动，有效服务社区发展。二是各部门要切实向社区下沉资源。协调好、统筹好社区治理的实际需求，推动“一方发展，多方共赢”，实现各类资源“沉得好”。三是要通过行政、法律等手段监督政策的落实。保证“政策落到实处，社区获得益处，群众得到好处”，实现各类资源“沉得住”。

第二，互动互补，调动社会资源。在党组织统一领导下，要充分发挥市场“无形之手”的作用，推动政府购买公共服务向社区延伸，提高社区公共服务水平。将惠民类政策、志愿类服务团队和公益类服务项目引进社区，增强区域化共建合力。按照“政府支持、社会运作、多元互动、合作共赢”的运作模式，培育社区社会组织。通过设立专项基金，鼓励社会组织申报具有社会性、非营利性、创新性、效益性和区域性的社会服务和社会创新项目。降低准入门槛，简化登记流程，建立激励机制，大力培育发展能有效承接政府转移职能的社会组织。

第三，共建共享，汇聚辖区资源。加强社区共建，协调资源共享，构建多元的资源获取渠道，这是社区治理中资源保障的关键所在。采取交叉任职联结共建力量、定期例会协商共建事项、签订责任书落实共建责任等方式，协调机关、企业、学校、医院、部队等驻区单位，共同参与基层基础建设和服务群众工作，充分发挥辖区单位参与社区治理的作用。积极推动驻区单位将文化、教育、卫生、体育等活动设施向社区居民开放，为社区提供人力、物力、设施支持，实现共驻共建、资源共享。

5. 加快信息管理服务系统建设，加强智慧保障

社会发展已进入信息化时代，抓党建要与时代同步、与科技同行，

使网络信息技术成为党建工作新的途径，使党建工作富有时代气息、体现时代特色、充满时代活力。

第一，运用互联网＋技术，打通上下各级信息通道。社区层面的信息服务平台建设应与市、区层面相互配套、相互协调。基于此，应在加强和改进基层党建的过程中，将基层治理、公共服务等内容进行统一整合，建立起互联互通的大数据库，在上级与下级、党组织与群众、资源供给与资源需求之间架起一座桥梁，实现区域互动、数据互通、信息互联，提高党建工作成效。

第二，运用互联网＋技术，创新党建工作载体。在基层党建过程中充分运用网络信息技术，有利于打破传统党建限时、限地、限人的束缚，进而实现智慧党建。依托手机App、微信公众号，通过微党课、微交流、微生活等平台，推动党建形式由传统党建“面对面”向智慧党建“键对键”转变；同时，引导党员群众不断学习、互动交流，使信息技术平民化、工作平台数字化，最终实现智慧党建常态化。

第三，运用互联网＋技术，健全党内网络信息管理系统。要以信息化手段健全完善党内网络信息系统，对党员和党组织实施管理，实现党内工作科学化、管理工作自动化，为各级党组织和组织部门开展工作提供技术支撑，提高党建工作成效。立足现代信息网络技术的管理平台是优化管理效能的基础条件，要加快建设和不断优化党内网络信息管理系统，利用现代信息技术抓好党建工作，提高对党内信息的管理水平，搭建好与企业、社区、社会组织有效互动的信息平台。

6. 加快社区治理专业队伍建设，加强人才保障

习近平总书记强调，加强和创新社会治理，核心是人。政策落实得好不好、群众满意度高不高、组织领导能力强不强，关键也在人。因此，为适应社区基层党建新任务新要求，在使基层有职有权有物的基础之上，充分落实人才保障，打造专业的社区人才队伍，推动社区治理水平整体提升。

第一，选拔优秀大学生，储备社区党组织队伍后备力量。城市基层党组织强不强，书记是关键。在城市化进程高速推进的大背景下，城市基层党建转型发展的任务十分繁重。为适应新时期新要求，进一步优化社区干部队伍结构，增强社区干部队伍活力，可以从高校毕业生中选拔“社区官员”，并把他们作为社区党组织书记后备力量进行重点培养。同时，应把大学生“社区官员”择优纳入事业编制，享受事业单位人的待遇，使这批人能在稳定的环境中充分地发挥创造力，竭尽全力为人民办好事。

第二，选派优秀机关干部，充实社区基层骨干队伍。加强城市基层党建，需要上下联动，左右互通。因此，选派优秀机关干部到基层，有利于推进街道社区与驻区单位互联互动，同时也有利于培养考察优秀干部。一是下派干部担任社区“第一书记”。分别从机关、事业单位选派思想好、素质高、能力强、作风硬、有活力的干部担任社区“第一书记”，协助社区党组织书记抓党建，重点是做好政策法规的宣传、社情民意调研、党建工作指导等工作。二是选派处级后备干部到街道挂职，使之常态化、制度化，对挂职的干部实施派出单位和街道社区双向管理，由区县统一考核和督查，考核结果作为评奖评优、提拔任用的重要依据。

第三，选配优秀专职党务干部，集中抓好党建工作。加强社区基层党建，仅仅依靠建强社区党组织书记队伍远远不够，还需要一支素质优良的党务工作者队伍。一是充实工作力量，每个社区都应配备专职副书记，主要履行抓党建的具体职责。二是聚焦主责主业，社区党务干部聚焦主责，突出主业，聚精会神抓党建抓服务。三是精简社区职能，落实社区减负要求，对社区承担的职能进行全面梳理和精简优化。总之，选配优秀专职党务干部是集中抓好党建工作的关键，也是推动和优化党建工作的重要手段。

三、城市社会治理中党建引领的实践方案

党的十九大报告指出，中国共产党人的初心和使命，就是为中国人民谋幸福，为中华民族谋复兴。为了实现人民幸福、民族复兴，就必须牢牢坚持党的领导，这既是要求，也是条件。党政军民学、东西南北中，党是领导一切的。党的领导最直接的表现就是对各方的统筹，以领导强化统筹，以统筹体现领导。动态监测是一个发现问题、解决问题的过程。对统筹进行动态监测，实质上是“以评促建”，根本上是加强和改进基层党组织的领导。

（一）加强党建引领先锋评价

所谓“先锋”，就是先行、先导、先进。实施党建引领先锋指数评价

是把指数概念引入党员管理中，通过量化考核反映党员教育的管理效能。先锋评价指数就是对党员先进性具体要求的进一步量化，为党员发挥其先进性作用提供一种长效机制。

1. 科学设分，量化标准“细”

根据党员身份、从业情况、健康状况等特点，按照有利于党员教育、管理和作用发挥的原则，对农村、社区、“两新”组织、机关事业单位等领域党员在学习提高、服务群众、遵纪守法、弘扬正气等方面的带头示范行为科学设置基本指数、个性指数和激励加分指数等三种先锋指数。其中，基本指数 50 分，包括学习提高、参加民主生活会、服务群众、遵纪守法、弘扬正气等五方面内容。个性指数 30 分，根据党员所在领域的行业特点设置 4 个不同指数：农村党员设置创业致富指数，社区党员设置文明和谐指数，“两新”组织党员设置创造效益标兵指数，机关事业单位党员设置服务效能指数。激励加分指数 20 分，主要包括为保护国家、集体利益或者他人的人身、财产安全奋不顾身、挺身而出，在抗击自然灾害等突发性事件中冲锋在前、勇挑重担，在服务大局、推动工作中做出重大贡献、获得各级各类荣誉，等等。

2. 定期考评，履行程序“严”

为确保先锋评价指数结果的公平和公正，要科学设置考评程序，严把考评审定关。一是党支部实施。党支部在每季度末组织召开党员会议，并邀请部分群众代表参加，按照个人自评、群众测评、党员互评、支部评定的程序进行测评，将测评结果记入党员先锋评价指数考评登记表。其中，激励加分指数由党员所在党支部核实评定。二是党委审定。党支部评定后，将评定情况报上级党（工）委审定。三是亮分公示。党委审定后，党支部将每名党员的季度综合得分和年度总体考评得分通过党务公开栏、微信群、党员亮相台等途径公示，并及时反馈给党员本人。

3. 结果运用，动态管理“活”

根据党员先锋评价指数评选出优秀党员、先锋党员、合格党员和警示党员等四个等次，进行星级管理。优秀党员在先锋党员中产生，人数一般不超过先锋党员总数的 30%；先锋党员在考评得分 90 分（不含）以上中产生，人数占比一般不超过党员总数的 30%。综合考评得分在 60～90 分的为合格党员；在 60 分（不含）以下的为警示党员。在季度考评中，被评为先锋党员的，可以得到一定的物质或精神奖励；被评为警示党员的，所在党组织要开展谈话诫勉，教育引导他们端正态度、整改提高；被评为合格党员的，所在党组织要开展谈心谈话给予鼓励引导，促使他们比学赶超、晋位升级。在年度考评中，被评为先锋党员的，给予表彰和奖励，并作为评比优秀党员和各类评先评优的优先对象；被评为警示党员的，所在党（工）委下发《预警通知书》，并进行谈话诫勉，督促他们抓实做好整改和转化工作。对于合格党员，所在党（工）委对他们加强集中教育培训，帮助他们强化党员主体意识，提升素质能力，发挥先锋模范作用。

（二）推进党建引领品牌评比

党建品牌以加强党的先进性建设为核心，以圆满完成各项工作任务为目标，以服务社会和职工群众为重点，以加强组织建设为保证，体现党的执政理念、执政方式和执政目标，具有较强的号召力、凝聚力和影响力。要充分运用党建引领品牌的示范作用、导向作用和辐射带动作用，大力提高党员群众的认同感。

1. 打造先锋品牌，培养党员干部表率意识

结合行业特点和部门职能，个性化设计先锋党建品牌载体，通过设立党员责任区、党员示范岗、党员突击队等形式，深入开展以“探索创新、爱岗敬业、增收致富、专业人才、敬老爱亲、老有所为”为主要内容的“六大先锋”主题实践活动，以先进带后进，以典型促发展。抓好党员志愿者服务队伍建设，健全常态化服务机制。采用“群众点题、组织统筹、志愿认领”的办法，不断拓展、深化志愿者服务的内容和领域；根据党员的特长兴趣、专业技能等情况，组建全局性的党员服务站，充分发挥特长党员服务群众、服务社会的先锋模范作用。

2. 铸造阳光品牌，调动党员群众参与意识

推行阳光党务，健全党内通报、情况反映、重大决策征求意见、重大事项报告、党务信息发布制度，完善基层党组织讨论决定重大问题票决制。认真落实《党员权利保障条例》，实行呈报困难党员公示、推荐优秀党员公示、开门评议党员制度，激发党员和群众的共同监督意识。加大基层领导班子民主生活会质量考评力度，提高基层领导班子民主生活会质量。通过推行“双向述职”制度，将服务型党组织建设情况作为重要述职事项，提高基层党建工作的透明度和党组织书记履职的公信力。积极推行党代表任期制，落实好党代表的知情权、参与权、选择权和监督权，发挥党代表自身特长及优势，帮助基层单位和职工群众解决实际

困难。

3. 塑造活力品牌，激发广大党员工作热情

坚持党员领导干部党建联系点制度，建立党委引领、党员领导干部定联系点包党建抓发展、定联系户包致富抓创业、定工期表包产业抓项目、定案件人包稳定抓信访、定责任区包防火抓生态的“五定五包五抓”工作制度。深化组织建设互促、困难党员共帮、为民实事同办、和谐社会联建的工作机制，扩大帮扶对接范围，延伸帮扶对接项目，强化帮扶对接效果。深入实施队伍引领，成立人才服务中心，推行“项目＋人才”的人才引进模式，设立人才发展专项资金。

4. 酿造和谐品牌，推进平安驿站建设进程

坚持党员领导干部密切联系群众，及时处理群众的合理诉求，妥善解决群众最关心最直接最现实的利益问题，积极营造党员领导干部与职工群众和谐相处的良好氛围。继续巩固党的群众路线教育实践活动成果，进一步解决好供热供水、小区设施维修和棚户区建设质量等问题，着力解决好联系服务群众“最后一公里”的问题。

（三）深化党建引领群众评估

党建工作好不好，群众说了算。党建工作的核心和灵魂是以更好地服务人民群众为目的，以群众的评判来检验工作成效，要把群众是否满意作为检验党建工作的最高标准。

1. 合理设置评价内容，保证评价的全面性

传统考评办法往往存在重经济指标考评、轻群众满意度考评，重指令性工作考评、轻服务群众考评等缺陷。群众评价在考核中的比重偏低，必然导致一些干部存在重“显绩”轻“潜绩”、重当前轻长远等错误思想。只有改变考核内容的片面性，发挥考核的正确导向作用，才能使基层干部在思想和行动上把对上级负责与对群众负责有机结合，真正变“短视”为“远瞩”。在评价内容的设计上，将民生建设和先进性建设作为主要内容，把群众关心的热点难点问题作为满意度评价的重点，既考评基层领导班子又考评基层党员干部，既考评经济发展的质量又考评民生建设的绩效，分层次设定考评内容。对党员干部，主要考评思想作风、先锋模范作用发挥等方面的内容，力求评价内容具有较强的针对性，充分体现群众的所思所想所盼。对于城市社区基层党组织，主要考评居民对街道办事处整体工作的满意度以及医疗卫生、社区管理、社区治安等居民关心的问题是否得到妥善解决，全面考察基层干部的政绩，充分反映群众的意愿。

2. 科学设计评价方式，确保评价的客观性

为突出群众评价的主体地位，让广大党员干部牢固树立“群众满意是衡量一切工作的标准”的理念，针对以往评价方式的简单化和评价主体的单一化问题，在群众满意度评价中应创新性引入“第三方评价”机制，保证评价的客观性。在原有党建综合考核评价体系的基础上，委托第三方调查机构对党建工作进行群众满意度评价，并将测评结果作为党建考核的重要依据。为了确保测评工作的公正、公平、客观、准确，本着“简单易答、贴近实际、便于统计”的原则，结合党建工作要求和基层群众需求，围绕基层党组织战斗堡垒和党员先锋模范作用发挥等内容，设置测评指标，并根据权重将指标量化为百分制分值。通过真诚倾听群众呼声，各基层党组织紧紧围绕群众期待真实回应群众诉求，真情顺应群众期盼，认真梳理分析满意度测评中暴露的薄弱环节和群众反映的突出问题，分别列出问题清单，制订整改方案，补齐问题短板。

3. 全面运用评价结果，保障评价的权威性

全面运用评价结果，是保证群众评价权威性和实效性的关键环节。应把群众满意度测评作为考核政绩、实施奖惩、科学决策的重要依据。一是作为考核政绩的标尺。领导干部实干不实干，群众最有发言权。坚持把群众满意度测评纳入对基层党组织的年度目标考核。一方面加大考核分值，使群众满意度测评结果直接影响到基层党组织的考核等次；另一方面把群众对街道党（工）委和社区党组织两级班子党建工作的满意度作为考评系数，与年度党建工作目标考核得分相乘，所得数据为最终考核得分。二是作为实施奖惩的标尺。将群众评价结果作为一道“门槛”，积极引入争先创优工作中。对于街道党（工）委及社区党组织两级班子总体工作的群众满意度低于80%的，班子及其成员取消年度一切评先创优资格；群众满意度低于70%的，列为组织部门重点管理单位。三是作为科学决策的标尺。组织部门根据各基层党组织汇总情况，重点对群众满意度不高的工作、群众关注度较高的工作以及群众的意见、建议进行梳理分析，形成全市社情民意调查报告，直接呈报市委常委会，将其作为市委科学决策的可靠依据。

（四）健全党建引领责任监控

党建工作责任制，是落实党要管党、从严治党的具体体现，是确保

党建工作常抓不懈、取得实效的有力保证，也是从制度机制层面推动基层党建工作目标任务落实的重要举措。

1. 增加权重，明确考核内容

突出基层党建工作责任制在年度目标责任考核中的权重，将党建考核的比重适当增加，或先行开展党建考核，将该考评等次作为获得其他考核等次的前提条件。在方法上，分地区、分领域、分层次制定考核内容，把涉及党建责任制落实的一些关键性实效指标提炼出来，量化纳入总体考核范畴，将“软任务”变成“硬指标”。可以把一些影像资料作为考核重要依据，但不作为评判的主要标准，以便更直观地评价活动开展效果，促使更加重视活动的质量。

2. 细化流程，完善考核办法

注重日常考核与年终考核相结合，日常考核由组织部门按照当年年度党建工作目标考核项目及评分标准组织实施；年终考核结合领导班子年度考核进行，由被考评单位干部职工、服务对象、群众代表，围绕考核内容进行测评，测评结果定量计分。

3. 实施奖惩，运用考核结果

要充分肯定那些高度重视基层党建工作、履职尽责到位、考核评议中群众反映好的党员干部，并将考核结果作为对领导班子及其成员工作实绩进行评定的重要内容及领导干部选拔任用、培养教育和奖励惩戒的重要依据，实施财政拨款、干部提拔重用、公务员年度考核、评先选优“四个挂钩”。在此基础上，再将考核结果与党建经费拨付相挂钩，在转移支付中增加一部分新的资金投入，形成党建工作专项资金，对考核优秀的进行资金奖励，对考核较差的扣除原有转移支付资金。

4. 追责问责，提升考核成效

对抓基层党建工作思想不重视、精力投入少、不真抓实干，甚至喊空口号、摆花架子、造“盆景”作秀，评议考核中群众反映差的，及时予以通报批评并限期整改；对不认真履行职责，不及时解决实际问题，党建工作考核排名靠后，造成不良影响和严重后果的，按第一责任人、直接责任人、具体责任人各自担负的责任，依据有关规定追究相关责任人的责任。

（五）党建引领社区可持续发展

城市社区作为城市的基本组成单元，承担着社会治理与发展的诸多基本功能，是城市基层管理、服务居民和开展社会工作的基础性平台。社区可持续发展是一个以居民全面发展为主体，以资源可持续利用为基础，以经济、社会协调发展为保障、以技术变革和制度创新为手段，以提供充分满足社区人口所需要的服务为目标，实现社区复合系统良性循环的进程。

1. 科学设立评价指标，实现评估有依据

评价指标的设立要符合社区的特性与实际，包括结构指标、过程指标、技术指标和绩效指标。一是结构指标。一个健康、成熟、和谐的现代化社区，应该是社区与政府、社区与社会、社区与企业处于良性互动和协调发展的社区，因此社区可持续发展的结构构成要素既要包括社区党组织、基层政府、居委会，也要包括社会组织、社区居民等。二是过程指标。社区治理过程是各主体遵循科学的制度规则，积极参与社区公共事务管理和公共服务，充分发挥各自优势，实现合力，真正将社区建设成为管理有序、服务完善、文明祥和的社会生活共同体的过程。过程指标要涵盖社区可持续发展的制度规则（如社区治理规则、政策体系）和治理机制（如决策机制、信息公开监督机制、绩效评估机制）。三是技术指标。技术既是实现社区可持续发展的应有之义，也是实现社区可持续发展的杠杆。加快社区可持续发展必须推进社区信息化建设，将互联网与社区治理相结合，运用计算机、信息网络、云计算、大数据等现代技术，建设“阳光社区”和“智慧社区”。四是绩效指标。社区可持续发展必须通过一定的显性成效表现出来，具体可包括社区管理绩效（邻里关系、居民安全感等）、社区服务绩效（社区服务基础设施、社区服务覆盖面等）和社区公共意识（社区居民的认同度和归属感等）等。

2. 科学选择评价方式，落实评估有渠道

为保证评价结果的准确性和客观性，在实施评价时应交叉采用不同的评价方法。一是由街道下辖的各个社区从本社区按照一定比例随机抽取出若干人员组成若干评估小组，通过互查、互评、互学的方式对各社区的可持续发展水平进行评估。评估小组根据材料进行评估工作，并在评估表上进行打分。二是社区党组织书记召开年度社区工作总结大会，向社区居民代表汇报一年的社区工作成果，并对下一年的社区工作计划进行陈述。由社区党组织工作人员现场向与会人员发放评分表，与会人员打分完成后由工作人员收集评估表，统计分数并现场公布。三是由高校、科研院所的专家组成专家评估小组，社区党组织以及社区工作人员

向专家小组进行工作汇报，专家小组对社区工作进行打分和点评。

3. 科学利用评价反馈，做到评估有效果

充分利用评价结果是推动实现社区可持续发展的关键一步。一是由街道党（工）委对各社区评价结果进行公示，主动接受公众监督，以保证评价工作的公平性和透明性。二是由街道党组织组成综合评估小组，对各个社区的社区工作进行综合点评。在点评过程中，对各社区在工作中存在的问题要一一指出，并提供建设性的意见和建议。评估小组在对各社区进行点评时要注意双向沟通，要以事实为依据，做到“对事不对人”，避免出现冷场、僵局甚至冲突的情况。三是社区党组织需要根据不同评估主体给予的评估结果和街道党（工）委给予的点评，总结本社区在可持续发展方面存在的不足和优势，分析产生不足的原因，并根据街道党（工）委和专家团给出的意见与建议制定相应的整改措施；对于社区党建工作中好的做法要继续坚持，不断完善。

第四章

城市社会治理现代化中的公共服务体系建设：以成都市为例

一、成都市城市基本公共服务配置现状

（一）基础教育资源发展情况

小学教育资源压力加大。2016 年，成都市平均每位小学老师指导 19.3 位小学生，较 2015 年的 18.9 位增加了 0.4 位①。“北改”“东进”“西控”“中优”的小学师生比均呈现上升趋势。“南拓”区域压力较小，小学师生比由 2015 年的 19.8 下降至 2016 年的 18.6。

中学教育资源压力趋缓。2016 年，成都市平均每位中学老师指导 11.7 位中学生，较 2015 年的 11.9 位减少了 0.2 位②。“北改”“南拓”“西控”区域的中学师生比均呈现下降趋势，“中优”区域维持原师生比 11.9，“东进”区域中学师生比由 2015 年的 11.6 上升至 2016 年的 12.7。

1. 区域教育资源配置情况

生均教育经费区域较不均衡，如表 4-1 所示。特别是中学生均教育经费，区域间变异系数达到了 0.27，小学生均教育经费变异系数为 0.13。教育财政拨款、小学师生比和中学师生比，区域间较为均衡。“中优”区域小学教育资源仍最为丰富，小学生均教育经费达 1.5 万元，最低的“北改”区域小学生均教育经费仅为 1.07 万元。“南拓”中学教育资源最为丰富，

---

① 肖慧. 2016 年在蓉各级各类学校（点）概况（一）//成都市教育年鉴［M］. 成都：四川教育出版社，2017：91.

② 肖慧. 2016 年在蓉各级各类学校（点）概况（二）//成都市教育年鉴［M］. 成都：四川教育出版社，2017：92.

中学生均教育经费达2.33万元；其次是“中优”，其中学生均教育经费为1.69万元；最低的为“西控”，其中学生均教育经费为1万元。

小学教育资源压力最大的为“北改”区域。近年来“北改”的小学师生比均在20以上，2016年达到了22.30，较成都市平均水平19.30多3位，较“西控”的17.80多4.5位。“北改”区域的教育财政拨款也偏低，小学生均教育经费仅1.07万元。

中学教育资源压力较大的为“东进”区域。2016年，“东进”区域的中学师生比为12.70，较成都市平均水平多1位，较“南拓”的10.80多1.9位。“东进”区域的中学生均教育经费也最低。

表4-1　2015年和2016年成都市教育资源区域配置情况

区域	教育财政拨款（亿元）	小学生均教育经费（万元）	中学生均教育经费（万元）	小学师生比		中学师生比	
	2015年	2015年	2015年	2015年	2016年	2015年	2016年
成都	228.35	1.24	1.78	18.90	19.30	11.90	11.70
东进	25.68	1.16	1.57	18.60	18.60	11.60	12.70
西控	55.40	1.25	1.00	16.30	17.80	11.40	10.90
南拓	29.27	1.35	2.33	19.80	18.60	11.20	10.80
北改	17.29	1.07	1.48	21.50	22.30	12.40	12.10
中优	53.74	1.50	1.69	16.80	20.40	11.90	—
变异系数	0.08	0.13	0.27	0.11	0.09	0.04	—

注：2015年数据不包含简阳市；变异系数＝均值/标准差，是衡量区域均衡性的标准化指标。

2. 优化均衡基础教育资源配置的压力

优质教育资源投入不足。教育经费投入不足。成都市人口约为杭州市的两倍，但教育财政拨款却低于杭州市。2015年，成都市小学生均教育经费1.24万元，较杭州市低0.48万元，中学生均教育经费1.78万元，较杭州市低0.72万元，教师资源供给不足。小学和中学师生比均较杭州市、上海市大（见表4-2）。

表4-2　成都市、上海市、杭州市教育资源供给情况

区域		教育财政拨款（亿元）	小学生均教育经费（万元）	中学生均教育经费（万元）	小学师生比	中学师生比
2015年	成都	228	1.24	1.78	18.9	11.9
	上海	767	—	—	15.27	7.50
	杭州	286	1.72	2.50	16.77	11.18

续表

区域		教育财政拨款（亿元）	小学生均教育经费（万元）	中学生均教育经费（万元）	小学师生比	中学师生比
2016 年	成都	—	—	—	19.30	11.70
	上海	841	—	—	—	—
	杭州	316	1.92	2.98	16.68	11.07

教育资源存量优化配置问题。“中优”区域丰富的教育资源存量和高度密集的人口，使其拥有成都近 1/3 的中小学教育资源；“北改”区域的教育资源相对短缺。

教育资源增量资源配备问题。随着国家中心城市建设的推进，“南拓”和“东进”区域井喷式人口增长必然在短期内对基础教育资源产生大量迫切的需求。预先研判和提前规划教育资源增量的配备有助于成都市优化均衡基础教育资源。

（二）医疗卫生资源配置现状

1. 医疗卫生资源发展情况

医疗卫生水平不断提升。2016 年成都市医疗卫生领域的卫生机构床位数与卫生技术人员数指标与 2015 年相比均有增长。从人均医疗机构床位数配置情况来看，五大区域增速最快的为“东进”区域；从人均卫生技术人员数来看，“中优”区域增速最快，而“东进”区域人均卫生技术人员数呈现负增长。五大区域除“中优”区域外，其余四区域医疗卫生资源的配置压力均较大。

2. 区域医疗卫生资源配置情况

区域医疗卫生资源配置不均衡，如表 4－3 所示，特别是卫生人才资源。2015 年人均卫生技术人员区域变异系数高达 0.48，2016 年更增至 0.58，人均医疗机构床位数的区域变异系数也高达 0.44。

呈现显著的“中优”独大的特征。全市 45.94％的医疗机构床位数和 53.14％的卫生技术人员集中在“中优”区域。2016 年，“中优”区域人均医疗机构床位数已达 15 张/千人，而“西控”、“北改”、“南拓”和“东进”四区域分别为 8 张、7 张、6 张和 5 张；“中优”区域人均卫生技术人员数已达 20.6 人/千人，“东进”区域仅为 4.9 人/千人。

表 4-3 2015 年和 2016 年成都市医疗卫生资源配置情况

区域	医疗机构床位数（张）		人均医疗机构床位数（张/千人）		卫生技术人员（人）		人均卫生技术人员数（人/千人）	
	2015 年	2016 年	2015 年	2016 年	2015 年	2016 年	2015 年	2016 年
成都	114 726	128 058	8	9	135 131	148 354	9	10.6
东进	9 034	16 796	3	5	14 396	15 135	6	4.9
西控	33 846	35 232	7	8	32 215	33 936	7	7.5
南拓	8 382	8 484	5	6	9 861	10 618	6	7.7
北改	8 447	8 721	7	7	9 096	9 830	7	8.4
中优	55 017	58 825	—	15	84 316	78 835	16	20.6
变异系数	0.18	0.17	—	0.44	0.24	0.20	0.48	0.58

注：2015 年数据不包含简阳市；变异系数＝均值/标准差，是衡量区域均衡性的标准化指标。

3. 优化均衡医疗卫生资源配置的压力

医疗机构资源优化均衡配置的压力。基于五大区域医疗卫生资源配置情况分析，医疗机构床位数资源最优的地区为“中优”区域，占比最小的为“南拓”区域。五大区域医疗卫生资源分配不均现象严重，“中优”区域占据了大部分的资源，其余四区域仍需进一步改善医疗卫生情况。

引导卫生技术人才优化配置的压力。卫生技术人员资源最优的依然为“中优”区域，占比最小的为“北改”区域。医疗卫生人才的合理引导是成都市今后公共服务政策的着力点。

（三）社保就业资源配置现状

1. 成都市社保就业发展情况

全市及各区社保就业支出均大幅增加。社保就业的四大指标均有提升，且提升幅度较大，发展态势良好。2016 年成都市一般公共财政预算支出中的社保就业支出达到了 174.85 亿元，较 2015 年增加了约 70 亿元，增幅达 66.67%；人均社保就业支出也逾千元，达到了 1 098.5 元，较 2015 年增加了 380.7 元。各个区域均有增长。但“东进”区域除社会保障和就业支出外，其余增幅较大。“西控”区域城镇居民人均最低生活保障支出增幅较小。“中优”区域除城镇居民人均最低生活保障费用在减少外，其余三项指标均在增加。“东进”区域社保就业发展的压力较大。

2. 区域社保就业资源配置情况

2016年较上一年，区域投入力度不均衡，如表4-4所示。“东进”“西控”“南拓”“北改”“中优”区域的社会保障和就业支出分别占成都市的14.21%、27.67%、9.00%、5.29%、23.23%，其中占比最高的为“西控”区域，占比达到27.67%，占比最小的为“北改”区域，仅占比5.29%，二者占比相差22.38%；“东进”“西控”“南拓”“北改”“中优”区域的城镇居民最低生活保障支出分别占成都市的5.29%、24.05%、3.00%、5.22%、47.39%，其中占比最高的为“中优”区域，占比达到47.39%，占比最小的为“南拓”区域，仅占3.00%，二者占比相差44.39%。

区域人均水平有差异。从人均水平来看，“东进”和“北改”区域人均社保就业支出均未达到成都市人均水平。“东进”区域与“北改”区域人均社保均低于成都市人均水平，其余三区域与成都市人均水平差距相对较小。“东进”区域城镇居民人均最低生活保障费用与成都市人均水平相差较大，“西控”“南拓”“北改”区域与成都市人均水平相差不大，“中优”区域已经超过成都市人均水平。

表4-4 2015年和2016年成都市社保就业资源配置情况

区域	社保就业支出（亿元）		增幅（%）	人均社保就业支出（元）		增幅（%）	城镇居民人均最低生活保障支出（万元）		增幅（%）
	2015年	2016年		2015年	2016年		2015年	2016年	
成都	105.21	174.85	66.67	717.8	1 098.5	53.04	16 901.9	21 189	25.36
东进	8.72	24.85	184.98	557.1	740.8	32.97	1 147.7	3 360	92.76
西控	28.27	49.38	74.67	587.1	1 031.0	75.61	4 916.4	5 096	3.65
南拓	8.66	15.73	81.64	536.1	994.2	85.45	498.1	635	27.48
北改	6.44	9.26	43.79	516.5	799.7	54.83	842.0	1 107	31.47
中优	24.21	40.61	67.74	447.3	806.8	80.37	8 594.2	10 042	16.85
变异系数	0.10	0.10	—	0.07	0.12	—	0.21	0.18	—

注：2015年数据不包含简阳市；变异系数＝均值/标准差，是衡量区域均衡性的标准化指标。

3. 优化均衡社保就业资源配置的压力

社保就业经费不足问题。成都市社保就业支出2016年为175亿元，虽较2015年有大幅增加，但仍较上海市近千亿的预算支出有不小的差距。2016年人均社保就业支出1 098元，不到上海市水平的一半。成都

和上海社保就业资源配置情况如表 4 - 5 所示：

表 4 - 5　成都和上海社保就业资源配置比较

区域	社保就业支出（亿元）		增速（%）	人均社保就业支出（元/人）		增速（%）
	2015 年	2016 年		2015 年	2016 年	
成都	105	175	66.67	718	1 098	52.92
上海	543	989	82.14	2 249	2 420	7.6

区域的发展水平不均衡问题。其中，“北改”区域人均社保就业支出压力最大，“南拓”区域城镇居民最低生活保障压力最大，“东进”区域人均最低生活保障压力最大。而“中优”区域人均最低生活保障已经远远超过成都市人均水平，压力较小。

二、城市基本服务资源承载力测算

中共成都市委十三届二次全会决定全面开启新时代成都“三步走”战略发展新征程，并强调要始终坚持以人民为中心的发展思想，把人民利益摆在至高无上的地位，着力补齐短板、提高品质、促进均衡，加快建设高品质和谐宜居生活城市，不断努力让城市发展有变化、人民有感受。基于这一发展目标，科学地测算 2035 年成都市基础教育、医疗卫生和社保就业三项公共服务资源配置的承载力，为成都市实现 2035 年全面建成泛欧泛亚有重要影响力的国际门户枢纽城市的战略目标提供决策参考。

（一）测算方法选取

测量人口分布是否均衡涉及两个方面：其一，在当前可能的资源和区域产出的供给条件下，要对未来的区域产出进行预测；其二，在未来可能的区域产出情况下预测可以达到的人口容量，以均衡人口的角度来看，这种人口容量是建立在可供人们选择的满意度基础之上。故本书选取可能性-满意度（P-S）模型测量人口分布是否均衡，或者说是否合理。

1. 测算方法：可能性-满意度模型

由于本书是讨论各区域承载的适度人口，再在此基础上进行人口规模预测，故在可能性和满意度的研究只有两种取值，即可能性可以取可能和不可能两种值，而满意度是取满意和不满意两种值，至于不满意之下和满意之上的程度则不加讨论。这样，可以用 P 来表示可能性，用 1 来表示可能，用 0 来表示不可能，P 的取值在［0，1］区间内。取值表示可能性所达到的程度，故可能性和满意度用以下函数式表示。

可能性：

$$p(r)=\begin{cases}1 & r\leqslant R_a\\ \dfrac{r-R_b}{R_a-R_b} & R_a<r<R_b\\ 0 & r\geqslant R_b\end{cases}$$

满意度：

$$q(s)=\begin{cases}0 & s\leqslant S_a\\ \dfrac{s-S_a}{S_b-S_a} & S_a<s<S_b\\ 1 & s\geqslant S_b\end{cases}$$

2. 可能性-满意度方法适用性分析

采用可能性-满意度方法分析人口分布合理性问题是以“协调”为核心。在本书中，一是分析人口与经济的协调性，二是分析人口与公共服务配置的协调性。经济总量增长的可能性与人均经济水平的满意度之间的协调是区域人口承载力的重要指标。其含义为：其可能性对应 GDP 总量，这一指标是测量在当前可预测的 GDP 增长速度之下未来各区域 GDP 可能达到的总量；其满意度对应人均 GDP，即在未来人均 GDP 水平之下居民的满意度；人口与公共服务配置的协调。公共设施、教育、科技、文化、卫生、体育等公共事业，为社会公众参与社会经济、政治、文化活动等提供保障，均衡优质的基本公共服务是区域人口承载力的重要指标，基本公共服务资源总量增长的可能性和人均公共服务资源获得的满意度之间的协调也是衡量区域适度人口规模的重要指标。

本书选用可能性-满意度方法来预测“北改”“东进”“中优”“南拓”“西控”的基本公共服务资源承载力是基于以下几点：

首先，基于可能性-满意度方法与适度人口测算具有适配性。适度人

口是基于区域的人口承载力来预测该区域的合理人口，人口承载力需要涉及人口的最大值与最小值，而适度人口则涉及区域发展和人均生活水平。可能性-满意度方法可以同时以区域人口承载力和人均生活水平进行计算并预测未来某一时期的人口，而这恰好是本书需要解决的问题，故可能性-满意度方法和适度人口测算具有适配性。

其次，用可能性-满意度方法来测算适度人口还具有可行性。可能性-满意度方法所运用的实际数据相对其他研究方法更容易取得，而实际数据对研究结果具有很大的影响，所以预测方法必须以实际数据的获得为参考。

最后，可能性-满意度方法具有科学性。可能性-满意度方法是系统工程中的一种方法，方法原理具有严密的逻辑性，而在实际应用中，可能性-满意度方法被多次用于全国各地区的适度人口测评，实践证明可能性-满意度方法能很好地完成适度人口预测的计算。

（二）测量指标体系的构建

1. 测量指标体系构建的原则

测量指标体系应综合考虑人口、经济、资源等因素并结合实际情况和可行性来建立各个区的指标体系，测量指标设定需遵循以下原则：

（1）可行性原则。

测量指标体系需要与实际相结合，考虑指标数据的易得性和完整性。

（2）有效性原则。

指标的有效性是指它能真正反映其概念所包含的实质。评价结果的可信度取决于所使用的资料，数据的准确性和可靠性对其信度产生影响，而测量指标体系的有效性关系到整个研究的有效性。如果测量指标不具有有效性，即使有很好的数据资料，最终测量结果也不一定能与现实相符合。

2. 测量指标体系的构建

城市基本公共服务是区域经济发展水平下的公共交通、公共安全、公共住房、基础教育、社保就业、医疗卫生、城市环境、文化体育及公职服务。

前文阐述了影响各区人口分布的主要因素，从宏观上看分为经济因素、教育因素、医疗卫生因素。测量指标体系的构建主要是考虑各区实际情况并结合可行性确定。从经济因素来看，本书是以考察 GDP 来表示经济因素的影响；从教育因素来看，本书是以考察小学教师数、中学教师数来表示教育因素的影响；从医疗卫生因素来看，本书是以医疗机构床位数、卫生技术人员数、社会保障和就业支出来考察功能区的人口承载力。从指标分级来看，一级指标分为经济发展指标、基础教育指标和医疗卫生指标。经济发展指标主要考察各区经济发展水平的人口承载力，基础教育指标主要考察各区教育资源的人口承载力，医疗卫生指标主要考察医疗水平和社会保障水平的人口承载力。二级指标是在一级指标下的细化，根据实际发展中限制各区的因素细化为可测量的指标。

具体来说，测量指标首先以 GDP 测量本区经济发展程度所能承载的人口，以一般公共服务支出考察公共服务所能承载的适度人口。教育是测量区域人力资本存量，既是影响人口承载力的社会因素，也是推动经济发展的重要因素。因此，以小学和中学师生比测量基础教育发展情况。以医疗机构床位数、卫生技术人员数、社保就业支出测量区域医疗服务的人口容量。各区基本公共服务资源承载力测量指标如表 4－6 所示：

表 4－6　基本公共服务资源承载力测量指标

	可能性	满意度
经济发展水平	GDP	人均 GDP
	一般公共预算支出	人均一般公共预算支出
基础教育	小学教师数	小学师生比
	中学教师数	中学师生比
医疗卫生	医疗机构床位数	人均医疗机构床位数
	卫生技术人员数	人均卫生技术人员数
社保就业	社保就业支出	人均社保就业支出

3. 测量指标上下限

（1）测量指标上下限的意义。

运用可能性-满意度方法预测适度人口一般涉及时间变量，例如，本书中就是针对未来若干年份之后的适度人口的研究，加入时间变量之后首先就需要用当前各区的情况来预测未来的发展状况，并预测未来的适度人口。

当前各区各项指标的数据发展到未来是以一定的速度增加或减少达到未来某一时间点的状况。当区域测量指标总量以某一速度增长至未来某一数值时，以最慢的速度增长达到目标就是最可能的，而以最快的速度增长达到目标则是最不可能的，在两者之间有一个使当前状况以某一

速度增长达到目标的概率值区间，称这个最快增长速度为可能性上限，最慢增长速度为可能性下限。

当各区以某一速度发展时，各区常住人口的生活水平也以某一速度上升或者下降。考虑到我国经济发展处于一个相对稳定的状态，当生活水平处于某一水平时，居民感觉最满意，则将这个满意水平称为满意度上限；而当居民生活水平处于最低限度水平时，居民感觉最不满意，则将这个最不满意水平称为满意度下限。可能性上下限的意义在于以总体发展目标预测未来各区的经济、教育、社会发展状况，满意度上下限的意义在于预测将来某一时间段人均生活水平，将二者整合就可以预测未来区域适度人口。

（2）测量指标上下限原则。

指标上下限原则基本遵循测量指标体系原则。首先要具有可行性，测量指标上下限需要与实际相结合，考虑指标数据的易得性和完整性。其次要具有有效性，指标上下限要以经济目标为前提，不仅要有效地反映区域经济增长情况，还需要体现各区居民生活水平。

（3）测量指标上下限的选取。

根据以往的研究，指标上下限的选取一般是将区域未来发展规划，或同类型发展区域综合测算得出相关数据，及成都市“三步走”战略发展新征程，2035 年建成社会主义现代化强国的战略目标。各项指标上限选取主要依据：成都市各区（市）县经济社会发展“十三五”规划、成都市教育事业“十三五”规划、成都市卫生区域规划及上海市数据，并结合区域实际情况做了相应调整。各项指标下限选取成都市各区域 2020 年各项指标实际值。2035 年各项指标上限选取主要依据：成都市到 2035 年，加快建设高品质和谐宜居生活城市，全面建成泛欧泛亚有重要影响力的国家门户枢纽城市目标，基本实现基本公共服务资源优质均衡配置。

（三）区域基本公共服务资源承载力测算结果

1. 测算结果说明

单因素测算结果分别以 0.4、0.6、0.8 三种可能性-满意度（W）取值，计算不同值下的不同人口规模。在单因素测算结果基础上的多因素结果中，“各因子同时满足”是对各因子采用弱合并，取各因子的最小值，类似于“木桶原理”，寻找各因子中的“短板”。多个因子相互补偿是采用一定的方法，确定各指标的权重，综合加权的方法。在本书中，对各个因子取相同权重。2035 年基本公共服务资源承载力测度上限说明见表 4－7。

表 4－7　2035 年基本公共服务资源承载力测度上限说明

可能性	上限	满意度	上限
	2035 年		2035 年
GDP（亿元）	2016—2020 年，GDP 增速 7%，2021—2035 年，GDP 增速 6%	人均 GDP（元/人）	世界高收入区域水平，人均 5 万美元
一般公共预算支出（亿元）	同成都市及各个区（市）县经济社会发展“十三五”规划 GDP 增速	人均一般公共预算支出（元）	依据 2016—2020 年平均增速，做调整
一般公共服务支出（万元）	同成都市及各个区（市）县经济社会发展“十三五”规划 GDP 增速	一般公共服务支出（元/人）	达到人均 5 000 元
小学教师数（人）	依据 2016—2020 年平均增速（成都市教育事业“十三五”规划），做调整	师生比（生）	16
中学教师数（人）	依据 2016—2020 年平均增速（成都市教育事业“十三五”规划），做调整	师生比（生）	10
医疗机构床位数（张）	依据 2016—2020 年平均增速（成都市卫生区域规划 2015—2020，医疗机构床位数增速年约 7 500 张），做调整	人均医疗机构床位数（张/千人）	15
卫生技术人员数（人）	依据 2016—2020 年平均增速（上海市 2016 年卫生技术人员数 21.72 万人，人均 0.009）做调整	人均卫生技术人员数（人/千人）	16
社保就业支出（万元）	同成都市及各个区（市）县经济社会发展“十三五”规划 GDP 增速	人均社保就业支出（元/人）	达到人均 10 000 元

注：统计口径均为常住人口。

2. 2035 年预测结果

（1）“北改”区域基本公共服务资源承载力。

“北改”区域 2035 年人口单因素预测结果如表 4－8 所示：

表 4－8 “北改”区域 2035 年人口单因素测算结果

2035 年人口测算结果（万人）	可能性-满意度（W）		
	0.4	0.6	0.8
GDP（亿元）/人均 GDP（元/人）	164.34	115.22	73.64
一般公共预算支出（万元）/人均预算支出（万元/人）	208.11	169.04	104
一般公共服务支出（万元）/人均一般公共服务支出（万元/人）	138.31	109.17	65.78
小学教师数（人）/小学师生比（%）*	12.11	9.96	8.03
中学教师数（人）/中学师生比（%）*	7.44	6.36	5.37
医疗机构床位数（张）/人均医疗机构床位数（张/人）	254	198.46	138.49
卫生技术人员数（人）/人均卫生技术人员数（人）	271.63	202.92	143.41
社保就业支出（万元）/人均社保就业支出（元/人）	135.88	105.88	77.33

* 为区域承载适龄学生人数（万人），其余数据均为区域承载人口数（万人）。

“北改”区域 2035 年人口多因素测算结果如表 4－9 所示：

表 4－9 “北改”区域 2035 年人口多因素测算结果

	0.4	0.6	0.8
各因子同时满足	135.88	105.88	77.33
各因子相互补偿	195.38	150.12	100.44

（2）“东进”区域基本公共服务资源承载力。

“东进”区域 2035 年人口单因素测算结果如表 4－10 所示：

表 4－10 “东进”区域 2035 年人口单因素测算结果

2035 年人口测算结果（万人）	可能性-满意度（W）		
	0.4	0.6	0.8
GDP（亿元）/人均 GDP（元/人）	351.04	254.1	177.57
一般公共预算支出（万元）/人均预算支出（万元/人）	339.86	257.01	185.84
一般公共服务支出（万元）/人均一般公共服务支出（万元/人）	327.99	238.62	168.34

续表

2035 年人口测算结果（万人）	可能性–满意度（W）		
	0.4	0.6	0.8
小学教师数（人）/小学师生比（%）*	40.61	28.97	18.09
中学教师数（人）/中学师生比（%）*	19.13	14.27	9.76
医疗机构床位数（张）/人均医疗机构床位数（张/人）	985.34	695.45	360.25
卫生技术人员数（人）/人均卫生技术人员数（人）	1 152.33	879.87	411.17
社保就业支出（万元）/人均社保就业支出（元/人）	486.64	347.77	158.22

*为区域承载适龄学生人数（万人），其余数据均为区域承载人口数（万人）。

“东进”区域 2035 年人口多因素测算结果如表 4－11 所示。

表 4－11 “东进”区域 2035 年人口多因素测算结果

	0.4	0.6	0.8
各因子同时满足	327.99	238.62	168.34
各因子相互补偿	607.20	445.47	243.57

（3）“南拓”区域基本公共服务资源承载力。

“南拓”区域 2035 年人口单因素测算结果如表 4－12 所示。

表 4－12 “南拓”区域 2035 年人口单因素测算结果

2035 年人口测算结果（万人）	可能性–满意度（W）		
	0.4	0.6	0.8
GDP（亿元）/人均 GDP（万元/人）	1 271.24	985.61	623.13
一般公共预算支出（万元）/人均预算支出（万元/人）	641.17	466.27	286.18
一般公共服务支出（万元）/人均一般公共服务支出（元/人）	544.45	386	197.8
小学教师数（人）/小学师生比（%）	27.66	20.55	14.04
中学教师数（人）/中学师生比（%）	18	14.04	10.22
医疗机构床位数（张）/人均医疗机构床位数（张/人）	657.63	376.34	209.54
卫生技术人员数（人）/人均卫生技术人员数（人）	899.15	672.45	338.03
社保就业支出（万元）/人均社保就业支出（元/人）	1 582.87	1 223.92	659.45

“南拓”区域 2035 年人口多因素测算结果如表 4－13 所示。

表 4－13 “南拓”区域 2035 年人口多因素测算结果

	0.4	0.6	0.8
各因子同时满足	544.45	386	197.8
各因子相互补偿	932.75	685.10	385.69

（4）“中优”区域基本公共服务资源承载力。

“中优”区域 2035 年人口单因素测算结果如表 4－14 所示。

表 4－14 “中优”区域 2035 年人口单因素测算结果

2035 年人口测算结果（万人）	可能性-满意度（W）		
	0.4	0.6	0.8
GDP（亿元）/人均 GDP（万元/人）	596.99	426.68	292.24
一般公共预算支出（万元）/人均预算支出（万元/人）	720.6	562.79	385.88
一般公共服务支出（万元）/人均一般公共服务支出（元/人）	509.54	355.33	213.85
小学教师数（人）/小学师生比（%）	51.37	40.81	30.45
中学教师数（人）/中学师生比（%）	35.87	27.33	19.37
医疗机构床位数（张）/人均医疗机构床位数（张/人）	742.05	574.97	417.14
卫生技术人员数（人）/人均卫生技术人员数（人）	794.71	651.9	549.33
社保就业支出（万元）/人均社保就业支出（元/人）	680.02	565.97	451.62

“中优”区域 2035 年人口多因素测算结果如表 4－15 所示。

表 4－15 “中优”区域 2035 年人口多因素测算结果

	0.4	0.6	0.8
各因子同时满足	509.54	355.33	213.85
各因子相互补偿	673.99	522.94	385.01

（5）“西控”区域基本公共服务资源承载力。

“西控”区域 2035 年人口单因素测算结果如表 4－16 所示。

表 4-16 “西控”区域 2035 年人口单因素测算结果

2035 年人口测算结果（万人）	可能性-满意度（W）		
	0.4	0.6	0.8
GDP（亿元）/人均 GDP（万元/人）	299.79	252.48	190.21
一般公共预算支出（万元）/人均预算支出（万元/人）	419.2	363.97	267.06
一般公共服务支出（万元）/人均一般公共服务支出（元/人）	352	298.19	237.41
小学教师数（人）/小学师生比（%）	34.4	29.77	25.15
中学教师数（人）/中学师生比（%）	36.01	26.73	19.72
医疗机构床位数（张）/人均医疗机构床位数（张/人）	773.54	541.38	384.66
卫生技术人员数（人）/人均卫生技术人员数（人）	654.99	457.97	352.78
社保就业支出（万元）/人均社保就业支出（元/人）	327.87	221.16	203.94

“西控”区域 2035 年人口多因素测算结果如表 4-17 所示：

表 4-17 “西控”区域 2035 年人口多因素测算结果

	0.4	0.6	0.8
各因子同时满足	299.79	252.48	190.21
各因子相互补偿	471.23	355.86	272.68

三、城市基本公共服务配置面临的挑战

基于当前社会主要矛盾的转变，根据承载力预测结果，结合成都市“三步走”发展战略和“一心两翼三轴多中心”的多层次网络化城市空间结构，未来成都市基本公共服务配置面临较大的压力和挑战。

（一）公共服务资源供给不充分

1. 公共财政持续保障压力较大

公共财政投入是基本公共服务优质均衡配置的基本保障。成都市及各个区域未来公共财政保障压力较大，一般公共财政支出的承载力均较

基本公共服务综合承载力弱。2035 年，在三种预测水平下，成都市一般公共服务财政支出人口承载力与基本公共服务综合承载力缺口分别为 551.61 万人、340.4 万人和 158.42 万人。

2035 年一般公共财政支出和综合因素承载力比较如表 4 - 18 所示。

表 4 - 18　2035 年一般公共财政支出和综合因素承载力比较

	2035 年		
	0.4	0.6	0.8
一般公共财政支出	2 328.94	1 819.08	1 228.96
综合因素	2 880.55	2 159.48	1 387.38

不同区域公共服务供给总量和质量明显受到公共财政投入力度制约。2020 年，"东进"、"西控"和"南拓"区域一般公共财政承载力均低于基本公共服务综合承载力，其中"东进"和"南拓"区域缺口最大，在 0.6 水平下，分别达 49.47 万人和 125.41 万人；到 2035 年，"东进"和"南拓"区域缺口持续扩大，分别达到了 188.46 万人和 218.83 万人。

未来财政投入的保障压力和成都市长期一般公共预算支出偏低有很大的关系。2015 年，成都市一般公共预算支出为 1 468 亿元，占 GDP 的 13.59%；同期，上海市一般公共预算支出为 6 192 亿元，占 GDP 比重达 24.80%。2016 年，成都市一般公共预算支出虽增至 1 596 亿元，但占 GDP 比重下降到 13.11%；同期，上海市一般公共预算支出占 GDP 比重上升至 25.19%，差距在持续拉大。成都、上海公共服务财政指标比较如表 4 - 19 所示：

表 4 - 19　2015 年和 2016 年成都、上海公共服务财政指标比较

区域		GDP（亿元）	人均 GDP（万元/人）	一般公共预算支出（亿元）	人均一般公共预算支出（元）	一般公共预算支出占 GDP 比重（%）
2015 年	成都	10 801	7.43	1 468	10 018	13.59
	上海	24 965	10.34	6 192	25 635	24.80
2016 年	成都	12 170	8.70	1 596	10 026	13.11
	上海	27 466	11.03	6 919	28 594	25.19

2. 公共服务资源总量压力大

2016 年成都市常住人口规模已达 1 591.76 万人，按照成都市及各个区域"十三五"规划的发展目标，只有在较少考虑满意度的 0.4 水平下，成都市基本公共服务资源才能承载较多常住人口。基本公共服务资源供给不足将成为成都市实现高标准全面建成小康社会、基本建成全面体现新发展理念国家中心城市的发展目标的短板。

2035 年，随着成都市“三步走”发展战略的推进，成都市基本公共服务资源人口承载力有所增强。但对建设高品质和谐宜居生活城市，全面建成泛欧泛亚有重要影响力的国际门户枢纽城市的发展目标，成都市基本公共服务资源总量压力大的现实情况将长期存在。

成都市 2016 年、2020 年和 2035 年基本公共服务资源承载人口规模如图 4－1 所示：

图 4－1　成都市 2016 年、2020 年和 2035 年基本公共服务资源承载人口规模

（二）公共服务资源供给不均衡

1. 公共服务资源供给区域不均衡

“中优”和“西控”区域，基本公共服务资源压力最大。即使在较少考虑市民满意度的 0.4 水平下，人口也已超载，2020 年区域提供的基本公共服务资源能承载的人口规模均小于现有人口规模。“中优”区域公共基础设施完善、公共服务网络体系发达，复合化的城市功能定位吸引了大规模人口集聚，辖区人口密度远高于其他区域，公共服务资源优质化程度较高，但在供给总量上面临常住人口数量逐年增长与城市居民实际需求日益多元化的外在压力。“西控”区域在基本公共服务供给质量方面与“中优”相比存在较大差距，并且基础教育、医疗卫生等公共服务在空间范围上的配置不充足，公共服务生活圈的人口覆盖范围亟待提高。因此，“中优”是优质资源集中下的人口“虹吸效应”带来的人口承载力压力，“西控”

是资源总量不足导致的人口承载力压力。

“南拓”区域，天府新区经济总量超万亿的规划布局，是基本公共服务大规模配置区域，人口承载力也迅猛增长，在考虑为人民群众提供优质基本公共服务为 0.6 水平下，2035 年能承载 685.10 万人，是成都市未来人口集聚的主要区域。

2035 年基本公共服务资源承载人口规模如表 4－20 所示。

表 4－20　2035 年基本公共服务资源承载人口规模

区域	2035 年常住人口		
	0.4	0.6	0.8
东进	607.20	445.47	243.57
西控	471.23	355.86	272.68
南拓	932.75	685.10	385.69
北改	195.38	150.12	100.44
中优	673.99	522.94	385.01

2. 公共服务资源供给结构不均衡

优质基础教育资源供给压力大。如果延续当前较低师生比现实背景下的 0.4 结果，成都市 2035 年较 2020 年，基础教育资源仍有较大学龄人口承载空间；在更考虑较优的教育资源供给和较高的师生比配置的 0.6 水平下，成都市及各个区域基础教育资源所能承载的学龄人口规模增长空间都很有限；如果在充分考虑高师生比配置的 0.8 水平下，成都市及各个区域基础教育资源已达到承载极限。

2035 年各区域基础教育资源承载力如表 4－21 所示。

表 4－21　2035 年各区域基础教育资源承载力

区域	2016 年		2035 年		
	学龄人口数*（万人）	各区占全市学龄人口比重（%）	学龄人口数（万人）		
			0.4	0.6	0.8
成都	105.55	100.00	252.6	208.79	150.2
东进	23.30	22.07	59.74	43.24	27.85
西控	20.46	19.38	57.24	48.14	39.82
南拓	13.67	12.95	45.66	34.59	24.26
北改	8.93	8.46	19.55	16.32	13.40
中优	39.19	37.13	70.41	56.50	44.87

* 此学龄人口数为 2015 年 1%人口抽样调查成都市 5～14 岁人口数。

区域社保就业短板突出。未来2035年，成都市除“南拓”外的其他四个区域，基本公共服务短板均为“社保就业”。2016年成都市社保就业支出174.85亿元，人均社保就业支出1 098.46元；同期，上海市社保就业支出988.81亿元，人均社保就业支出4 086元，是成都市的3.7倍。社保就业资源的短缺，是制约成都市基本公共服务资源优化配置的主要因素。

2035年各区域社保就业资源承载力如表4-22所示：

表4-22　2035年各区域社保就业资源承载力

区域	2016年		2035年		
	社保就业支出（万元）	各区占全市比重（%）	区域承载人口数（万人）		
			0.4	0.6	0.8
东进	248 500	14.21	486.64	347.77	158.22
西控	493 800	28.24	327.87	221.16	203.94
南拓	157 289	9.00	1 582.87	1 223.92	659.45
北改	92 560	5.29	135.88	105.88	77.33
中优	406 135	23.23	680.02	565.97	451.62

医疗卫生资源是“南拓”区域的短板。在“南拓”区域，经济快速发展，人口急剧增长，医疗机构床位数增长跟不上。

2035年“南拓”区域医疗卫生资源承载人口数如表4-23所示：

表4-23　2035年“南拓”区域医疗卫生资源承载人口数

	2035年		
	0.4	0.6	0.8
医疗机构床位数	657.63	376.34	209.54
综合因素	932.75	685.10	385.69

（三）公共服务资源配置体系不够完善

公共服务资源配置是一项具有综合性、复杂性、前瞻性的系统工程，资源配置体系运行需要科学化的配置方式提供支撑。公共服务资源配置体系的综合性体现为公共服务资源的合理配置不仅需要运用城市空间规划、数理统计分析等专业化知识，同时要在政策目标设定或政策内容设计上注重公民诉求的多元化，考虑公共服务资源配置的公平性与可达性问题；公共服务资源配置的复杂性体现为公共服务资源配置效率在实际

配置过程中受到多重复杂因素的影响，不同城区的基础设施建设状况、人口构成结构及流动频率均会对资源配置效率产生特定影响；公共服务资源配置的前瞻性体现为城市公共服务资源配置总量在空间上的分布要能够预测城市在未来一段时间内的人口增长趋势，顺应城市空间发展规划要求，在科学测算城市公共服务承载力及人口增长趋势基础上完善资源配置政策实施方案，使政府能够有效回应逐年变动的人口增长趋势给公共服务资源总量带来的压力，从而增强城市公共服务的供给力与竞争力。

1. 资源配置政策制定不够科学

基础教育、医疗卫生资源、社保就业资源在不同区域的非均衡化配置现状说明成都市公共服务资源配置体系在公共服务承载力与公共服务供给力上还有提升的空间。成都市在当前及未来一段时间内依旧面临公共服务资源配置的压力，这是长期以来公共服务资源配置政策制定缺乏综合性、科学性与前瞻性的体现。

公共服务资源配置政策制定的预测性功能偏弱。当前，公共服务资源配置政策制定过程较少对社会公众的公共服务真实需求进行充分的调研预判，较少通过实地调研、社区访谈、干部联系群众等形式了解社会公众的实际需求，着力解决公共服务资源配置的难点、重点、焦点问题。此外，社会公众参与公共服务资源配置政策制定的实现渠道与参与程度相对有限，公众参与的积极性与参与效能有待提高；政策制定过程较少运用科学化的数理统计分析等专业知识体系对未来人口增长趋势及公共服务资源配置压力进行预测，削弱了公共服务资源配置政策制定的预测性功能。在公共财政投入方面，公共服务资源配置政策制定的预测性功能要求建立与公共服务需求总量增长趋势相适应的公共服务财政支出增长机制，通过公共服务财政支出提升城市公共服务供给力。但是，成都市公共服务财政支出规模并未与日益增长的常住人口增长规模相协调。近年来，成都市常住人口激增，在 2014—2015 年的增长幅度最为明显，而该时期的政府公共服务支出占公共财政预算支出的比重增长幅度并不明显，这在很大程度上弱化了政府对公共服务资源配置总量压力的回应能力与预测能力。

公共服务资源配置重点未与当前城市产业布局有效结合。成都市新一轮城市总体规划修编明确了“全面体现新发展理念的国家中心城市”的发展目标与“东进”“南拓”“西控”“中优”“北改”的城市空间发展规划，对产业结构布局及不同城区的发展定位进行了优化调整。现行的公共服务资源配置重点未统筹考虑城市产业布局规划，缺乏与城市产业布局有效结合的公共服务资源配置实施方案。一方面，公共服务资源配置责任应在市、区（市）县党委、政府年度工作中得到强化，发挥党建引领在公共服务资源配置中的主导性作用；另一方面，公共服务资源配置重点要考虑新一轮城市总体规划的发展思路。“东进”“南拓”“西控”“中优”“北改”在地域范围上涵盖成都市全域，在公共服务资源配置上要体现公共服务产品在地域范围的广覆盖性、公共服务产品的全面性、适应产业布局的针对性。首先，要充分保障基础教育、医疗卫生、社保就业等基本公共服务项目在“东进”“南拓”“西控”“中优”“北改”产业布局中的广覆盖性，确保实现基本公共服务在全市范围的配置均衡。其次，针对城市产业布局的差异性，属于同一产业布局范围或不同产业布局范围的区（市）县党委、政府要加强公共服务资源协同配置能力，以 15 分钟基本公共服务圈建设为重点，着力解决区（市）县交界地带公共服务资源配置难题，在公共服务资源项目配置上结合产业布局考虑体现较强的针对性。比如“东进”区域的定位是全域发展格局中的国际门户、产业新城和城市永续发展新空间，侧重发展先进制造业和生产性服务业。为此，简阳市、金堂县、龙泉驿区在强化公共服务资源协同配置能力的同时要在公共服务项目设置上与发展先进制造业与生产性服务业的产业布局相结合，通过供给优质均衡的公共服务资源吸引产业技术人才，增强地区产业发展竞争力，形成地区产业有序发展与公共服务资源均衡配置、相互促进的良性格局。

2. 供给主体共建共治合力不强

科学高效的公共服务资源配置体系需要基于多元化的公共服务供给主体建构。在公共服务资源配置体系中，党委、政府发挥公共服务共建共治的主导性作用，不仅需要变“政府端菜”为“居民点菜”，同时要积极吸纳社会自治组织、公民志愿群体参与公共服务供给过程。共建共治合力的增强不仅依赖城市政府的统筹协调能力，同时需要通过明确各方权责的制度设定解决各方主体行动乏力等问题，在调动各方积极性、主动性的基础上实现公共服务供给流程创新，提升城市居民基本公共服务幸福感。

政府部门协同合力不强。从宏观层面上看，城市基本公共服务资源是由地方政府通过属地管理原则供给的，城市公共服务体系建设状况是

城市公共服务竞争力的集中体现；从微观层面上看，城市基本公共服务资源供给形式突出表现为以政府职能部门为主要供给主体的“对口化供给”形式，履行特定类型的公共服务资源供给（如城市基础教育资源）是政府职能部门（如市教育局）职能行使的重要内容。这种“对口化”的供给形式区分了政府“条条”“块块”部门在公共服务供给上的职能与权责，有效避免了公共服务供给错位、越位及失位问题发生的可能性，有助于提升公共服务供给的专业化程度，但在社会公众诉求日益多元化的治理实践中政府部门横向协同合力不强、公共服务资源供给内容“碎片化”的缺陷日益凸显。当前，城市社区积极建设社区综合体作为居民基本公共服务供给的主要载体，旨在通过“一站式”的服务机构满足公众公共服务利益诉求，但关涉居民日常生活的主要基本公共服务的供给形式并未发生显著改变，致使社区综合体硬件建设与公共服务协同供给形式未能有效匹配。在政府职能部门“对口化”供给公共服务资源的过程中，公共服务需求信息分散于不同政府职能部门，某一政府职能部门在工作内容上主要负责特定公共服务供给，较少涉及其他类型公共服务资源的供给状况及供需压力，导致部门间信息共享化程度低、横向协同合作乏力，难以应对社会公众动态变化且日益复杂的公共服务需求。

多元主体的社会力量参与不够。有效的公共服务资源供给体系需要构建多元主体协同行动的公共服务供给网络，政府在供给过程中发挥主导性作用，社会自治组织、公民志愿群体参与共建共治的过程有助于提升公共服务供给合力。当前，成都市基本公共服务体系的供给主体与供给方式较为单一，集中体现为以各级政府部门为主体的刚性供给形式，公共服务供给的弹性化程度较低，由社会多元力量构成的公共服务供给网络尚未健全；社会自治组织及公民志愿群体主要活跃于城市经济发展水平较高的城区，城市郊区的社会自治组织数量、发育程度较中心城区还存在明显差距。尽管成都市政府通过政府购买服务、政府特许、使用者付费等形式调动了一批专业性的社会自治组织参与公共服务供给过程，但大多数社会自治组织在公共服务供给的参与范围、参与深度上还极其有限，参与领域多局限在社区日间照料、社会机构养老、青少年心理健康教育、幼儿托管等服务性领域，在城市基础教育、医疗服务、社区就业指导等领域进行专业化服务的社会自治组织数量较少。提升公共服务共建共治合力的关键要素是提升社会自治组织的参与积极性，解决社会自治组织面临的发展规模有限、运作经费匮乏等现实条件约束，进而在政府职能部门的规范指导下提供专业化、精细化的公共服务项目。

基层公共服务力量不足。城市各级政府在公共服务供给上的职能、权责是以制度化的财权配置与事权配置为基础的，有效的公共服务供给不仅需要对各级政府及其职能部门的事权进行清晰界定，同时需要配备充足的财政经费、专业化的服务人员队伍与相应的物资支持。基于城市各区在经济发展水平、公共财政汲取能力、基础设施建设完备程度等方面存在显著差异，城市基层公共服务能力在空间上呈现出较大的差异性。地处城市核心交通区位、公共财政汲取能力较强的基层政府的公共服务能力要强于地处城市边缘地带或城乡接合带的基层政府的公共服务能力；公共财政汲取能力较弱的地区不仅面临着财权薄弱的困境，同时在公共服务能力建设上面临专业化人员缺乏、公共服务保障体系建设滞后等问题，这就需要上级政府加强财政转移支付力度，通过政府公共服务建设、服务人员队伍建设等形式提升基层公共服务力量。

3. 服务内容供需的耦合性不强

伴随成都市城镇化进程与人口老龄化进程日益加快，社会群体构成结构日益多元，社会群体在城市基本公共服务上的利益诉求日益复杂化、多样化，动态发展变化的现实情势对政府公共服务内容供给、公共服务手段形式提出了新的要求。

成都公共服务内容多层次、多方面、多样化程度不够。从城市居民年龄结构特征分析，处于不同年龄段的社会公众面临着异质性的公共服务诉求，在政府公共服务内容供给上具有特定偏好，需要政府提供多样化的公共服务。年轻群体对城市基本公共服务如子女基础教育、医疗卫生资源、社保就业具有较高的需求与期待，而老龄群体的公共服务需求则侧重于医疗健康、养老康复及公共文化等服务项目。不同年龄段的社会公众对政府公共服务内容的提供形式同样具有差异化的要求。年轻群体对政府“互联网＋公共服务”、线上服务的期待程度要高于老龄群体，老龄群体相较于年轻群体对基于社区层面提供的免费或低偿性公共服务项目具有更为强烈的参与兴趣。由此，政府需要灵活把握不同年龄群体对公共服务内容及手段的内在要求。

城市公共服务内容供需的耦合性不强。社会公众差异化的公共服务需求难以得到有效满足，致使公共服务资源在空间范围内出现“供不应求”与“供过于求”并存的现象。应当认识到，伴随城镇化进程的日益加快，社会公众对政府公共服务资源的供给内容与供给质量的要求是随

着经济发展水平的提高而不断变化的，社会公众的公共服务需求已由均衡化的城市基本公共服务过渡到社会公众对优质化、均衡化的城市公共服务项目的期待，它在很大程度上是我国人民日益增长的美好生活需要和不平衡不充分的发展之间的矛盾的反映。为此，成都市政府一方面要完善公共服务资源的供给内容与形式，解决公共服务“供给侧”总量供应问题；另一方面要加强对社会公众公共服务“需求侧”的重视力度，努力提升公共服务资源的供给质量，优化公共服务资源配置、使用效率，避免因公共服务供给质量与社会公众的内在要求存在显著差距而引发政府公共服务资源供给浪费现象。

公共服务内容更新滞后。在以外来人口逐年净流入为主要特征的常住人口增长趋势中，可观的经济收入能力与健全的城市公共服务体系是吸引外来人口迁入的主要“拉力”，相较于以往的外来人口流动，当前城市常住人口对城市基本公共服务供给内容的期待已由社保就业、薪资保障等领域扩展到子女教育、医疗卫生资源、城市住房保障等更广泛的服务领域，政府供给的公共服务内容不仅面临着优质均衡的供应挑战，同时需要及时关注和回应新的社会群体的公共服务诉求。公共服务内容更新滞后典型表现为现阶段的公共服务内容设置未能充分反映社会不同群体对公共服务的异质性诉求，政府未能灵活把握公共服务需求重心的变化，在公共服务内容供给上注重数量的同时忽视了质量的重要性，导致供给效率大打折扣。为此，成都市政府应依据社会公众公共服务需求的动态变化灵活调整公共服务内容清单，通过多元化技术渠道搜集社会公众对公共服务的要求与期待，在加大相应公共财政支出规模的基础上实现公共服务内容的优化更新。

（四）公共服务资源利用效率不够高

伴随着社会经济转型发展与城镇化进程的加速，城市公共服务供给体系日益面临社会公众利益诉求复杂化、基层治理事务剧增等多重严峻考验，和其他特大城市一样，成都市亟须破解常住人口规模激增给城市治安管理及公共服务资源总量供给带来的深刻挑战，增强公共服务资源供给的针对性。高效健全的公共服务体系不仅需要有效回应社会公众的多元化公共服务需求，同时需要增强公共服务资源配置的有效性，提高公共服务资源管理效率。从整体上看，成都市在公共服务资源管理方面存在可进一步提升完善的优化空间，现阶段的主要问题体现为以下三个维度：

1. 城市治理观念亟须与时俱进

当前我国社会的主要矛盾已经转化为人民日益增长的美好生活需要和不平衡不充分的发展之间的矛盾，居民对城市基本公共服务有了新的要求和期待。政府作为公共服务供给主体，应当充分认识到新时代的这一主要矛盾，将政府公共服务的主要目标由“供给能够满足社会不同群体诉求的基本公共服务”上升至“供给充分满足社会不同群体需要的优质化、均衡化公共服务”。

要实现优化均衡的城市公共服务配置状况，首先，需要各级领导、部门和工作人员在思想观念上主动转变认识，充分认知城市公共服务的逻辑起点在于“满足人民对美好生活的向往”，这是驱动政府提高公共服务资源管理效率的主要动力来源。其次，各级领导、部门和工作人员要在公共服务实践工作中树立并贯彻“以人为中心”的理念，提升公共服务能力，更好地发挥公共服务资源配置整体效能。最后，政府部门要通过专业化的业务培训、学习典型经验做法等形式增强公共服务人员的实践处理能力，将群众及时反馈的意见与建议作为体现政府“以人为中心”公共服务理念、改善政府公共服务资源管理效率的切入点，在公共服务实践中以温馨热情的服务态度和求真务实的工作作风为民服务。

2. 服务手段有待智能化

公共服务智能化是智慧城市建设的重要组成部分。在智慧城市建设的背景下，公共服务手段的智能化建设需要与成都市电子政务云平台建设和大数据应用工作同步进行，充分保证公共服务资源的均衡配置，实现公共服务资源的“优质投放”与“精准使用”。

当前政府在公共服务手段运用上智能化不够。信息技术使用不足，致使政府难以及时解决因为资源配置不均衡、空间覆盖面积有限或服务对象利用率较低等产生的政府公共服务资源配置效率低下问题，进而造成政府主导供给的公共服务与公众实际需求间存在显著差距。尽管当前政府在“互联网+”时代背景下积极发展以电子政务、手机政务为代表的新兴信息技术收集社会公众在城市公共服务需求方面的诉求，但公共服务手段智能化运用的广度与深度还需要进一步提高，需要依据社会公众实际需求灵活采取特定的公共服务手段。

公共服务手段的精准性与有效性亟须优化升级。在公共服务手段运

用上，除政府主体直接提供公共服务项目外，政府购买公共服务、公共服务外包等形式已经在一部分城区得到有效实施，对公共服务手段运行的精准性、有效性评估除定期进行公共服务绩效评估外，也需将社会公众的意见反馈、第三方评估机构的评审意见作为衡量公共服务手段有效性的关键依据。此外，公共服务手段的运作要改变以往“大水漫灌”式的运行模式，要通过街道、社区的“网格化”或“网络化”管理形式将社会多元主体供给的公共服务项目精准至户、精准到人。当前，“网格化”管理形式在社区治理领域如社区联络居民等工作中已经得到广泛应用，但结合公共服务资源供给机制、社会公众公共服务需求反馈机制所实施的公共服务“网格化”精准处理体系尚未健全。

在公共服务手段的信息技术应用方面，公共服务手段运行未能有效与当前方兴未艾的电子政务云平台建设和大数据应用工作建设相结合，未有效采集社会公众对不同类型、性质的公共服务产品的需求信息，这造成政府公共服务供给针对性不强、区域配置不均衡，进而加剧了公共服务供给在某些城区的总量吃紧趋势。

3. 公共服务能力有待加强

提高公共服务能力是实现公共服务优质化目标的抓手。公共服务能力建设不仅需要考虑到公共服务资源精细化供给与空间配置均衡性，同时需要考虑到户籍人口与外来人口的多元化需求。

城市公共服务能力区域差异性强。中心城区的公共服务能力较强，能够充分有效保障公共服务资源的优质性，但面临的资源供给总量压力却显著高于城市外围区域的供给压力；城市外围区域的公共服务质量水平离优质化目标仍有不小的距离，公共服务覆盖范围、空间配置上的合理化水平需要提高。

政府主体对多元社会力量的引导作用还不够突出。城市公共服务能力建设在逻辑思路上依旧遵循着“政府主导公共服务供给”的定式思维，在公共服务供给过程及手段运用上未能较好地调动多元社会力量的治理积极性，导致政府在应对复杂化的公共服务供需矛盾过程中难以及时做出回应，进而未能有效协同其他社会力量着重解决公共服务供给中的主要矛盾或核心问题。

城市公共服务能力建设与统筹保障机制建设、共建共治实施的耦合效应较弱。公共服务能力建设不仅需要提升政府主体自身公共服务效能，同时也要引导其他社会治理主体增强公共服务协同供给能力，将公共服务供给保障机制建设作为政府公共服务能力提升的后盾与支撑。政府主体要将公共服务能力建设与引导社会自治组织、社会公众参与社区公共服务过程相结合，变“管理”为“服务”，将“公共服务共建共治”的实施思路贯穿公共服务能力建设的整个过程，通过社会自治组织、社会公众、社区居委会等多元主体的协同联动增强公共服务统筹保障能力，使公共服务能力在共建共治合力的综合作用下发挥最大功能。

四、城市基本公共服务体系完善的主要路径

党的十九大报告指出：“坚持人人尽责、人人享有，坚守底线、突出重点、完善制度、引导预期，完善公共服务体系，保障群众基本生活，不断满足人民日益增长的美好生活需要，不断促进社会公平正义，形成有效的社会治理、良好的社会秩序，使人民获得感、幸福感、安全感更加充实、更有保障、更可持续。”立足建设成为国家中心城市的战略定位，成都市必须按照党的十九大的部署要求科学施策，不断提升特大中心城市公共服务体系和服务能力现代化水平。

（一）围绕“以人为中心”，优质均衡配置公共服务资源

按照党的十九大要求，必须坚持以人民为中心的发展思想，不断促进人的全面发展，实现全体人民共同富裕。在提升城市基本公共服务资源承载力的过程中，成都市政府需要通过多元化途径配置城市基本公共服务资源，不断满足人民群众对城市基础教育、医疗卫生、社保就业项目的实际需求，围绕“以人为中心”的服务理念，确保基本公共服务资源供给的优质性、均衡性与有效性。

一是切实增强公共服务体系和服务能力的弹性化。坚持“以人为中心”的公共服务理念，就是要着眼“满足不同城区的城市居民对优质化公共服务的期待、提升居民城市生活幸福感”，通过公共服务的弹性化提供，满足不同社会群体对公共服务资源的差异化需求。对于依据成都市人才优先发展战略引进的“高精尖”人才队伍，城市公共服务供给要着重满足创新人才对优质教育、医疗卫生资源及住房保障等方面的多元化需求，激励其通过知识成果转化，为城市产业发展贡献力量；此外，成都市要向全体居民提供零门槛、具有高度公益性的公共服务资源与完善

的社保就业保障，使居民生活质量得以改善。在“以人为中心”的服务理念指导下，成都市政府要通过城市中心城区功能分解、优化产业区位布局及配套生活设施等综合措施，软性调控人口在不同城区间的合理分布，避免因为人口大规模集聚争抢公共服务资源诱发城市空间紧张效应。例如，中心城区的城市功能及公共服务设施应向不同方向分解，减轻中心区域公共服务配置压力与人口承载总量。东部、南部、西部及北部的公共服务配套设施需要依据城市区域发展定位统筹布局，比如“北改”定位于“建设提升北部地区生态屏障，保护好历史性、标志性建筑，加快城市有机更新，改善人居环境”，城区北部公共服务配置要有计划地进行更新完善，公共服务标准化程度应向中心城区看齐；“东进”定位于“开辟城市永续发展新空间，打造创新驱动发展新引擎”，东部区域公共服务设施配置应与城市高新产业设施规划协同推进，通过财政转移支付、公私合作合营形式为城市公共服务建设提供资金支持，防止服务设施配置质量不齐、标准不一。

二是坚持加大公共服务资源的政策资金投入力度。坚持“以人为中心”的公共服务理念，需要具体的实质化承载，通过渐进式改革形式逐步破解基础教育、医疗卫生等紧缺性资源的供给压力，提升城市居民享受基本公共服务项目的获得感。针对农民工“市民化”进程受阻碍性因素影响的复杂实践，进一步完善流动人口积分制落户办法措施，增强流动人口积分管理弹性，切实以渐进式落户形式吸收接纳流动人口，满足其对子女教育入学、医疗卫生等公共服务资源的内在诉求。针对基础教育、医疗卫生等基本公共服务资源总量供应压力大的实际，应在预测年度人口净增长速度的基础上，测算公共服务资源需求总量，建立与人口增长速度相匹配的公共服务财政资金投入机制。当前，公共服务财政资金逐年增长机制已在北京、上海、深圳及杭州等特大城市得到充分实施，面对年度人口净增长的现实，成都市需要逐年增加一般公共服务在公共财政预算支出中的比重，加大财政转移支付力度，优化公共服务资源配置，采取综合性措施，提升基本公共服务资源的供给规模，提升城市基本公共服务在空间范围内的公平性与可达性，弥合公共服务资源在不同市区间的质量差距，以减轻中心城区公共服务需求应对压力，改善居民居住地周边公共服务供给状况，从而提升城市居民对城市美好生活的幸福感。

三是下功夫树立良好的城市公共服务价值取向形象。公共服务资源配置，既要考虑高层次人才群体的诉求，还要考虑广大“蓉漂”群体的利益。因此，在城市公共服务价值取向形象的塑造上，应积极学习借鉴以上海、杭州、广州、深圳为代表的特大城市在城市发展理念宣传上的经验做法，注重营造亲切友爱的城市氛围。比如，深圳在人流量较大的市区地段，通过地铁广告栏等形式投放“来了就是深圳人、来了就做志愿者”的宣传标语，能够给予流动人口温馨的城市归属感与市民认同感。成都拥有历史底蕴丰厚的巴蜀古都文化，可在挖掘传统巴蜀文化元素的基础上，通过传统媒体、新媒体形式，深入宣传“一座来了就不想走的城市”的城市形象，实现与“以人为中心”的城市公共服务理念的有机契合，营造富有创新发展意识、尊重市民个体价值的社会氛围，为提升城市公共服务竞争力塑造较好的城市形象。

（二）围绕“共建共治”，完善多元协同公共服务体系

党的十九大报告指出，要打造共建共治共享的社会治理格局，发挥社会组织的作用，实现政府治理和社会调节、居民自治良性互动。在多元协同公共服务体系实施路径的建构上，重点从以下两个维度进行：

一是构建运转有效的市、区（市）县、街道（乡镇）和社区四级公共服务供给机制。以理顺条块关系为切入口，以社区建设为载体，通过事权逐级下放，强化街道（乡镇）一级的服务职能，调动社会各方的积极性。具体来说，市级层面要致力于统筹全市范围内的基本公共服务供给制度规划，明确基础教育、医疗卫生、社保就业、养老保健等基本公共服务的供给质量标准与实施细则，通过健全完善的财政投入机制，提高公共服务资源配置总量，为区（市）县推进基本公共服务体系优化提供充分的财政支持与组织保障；区（市）县层面要在贯彻落实市级要求的前提下，落实辖区基本公共服务具体实施方案，通过上级政府转移拨付的专项资金支持、引入政府购买服务等形式，撬动社会多元主体参与服务过程，积极培育公益性社会组织参与公共服务的过程，引入第三方中立机构评估考核公共服务效果，对实施效果较好的社会组织进行表彰并通过项目申报形式提供政府资金补助，据此解决社会组织资金缺乏、发展动力不足的内在缺陷，促成社会多元主体协同供给公共服务资源效能最大化；街道（乡镇）层面要具体落实上级政府的工作部署，调配充足的工作人员负责基层公共安全、公共服务及社会稳定等工作内容，及时向上反映社情民意，促进公共服务精细化运作；社区作为城市居民自

我管理、自我监督、自我服务、自我教育的自治单元，需要加快“去行政化”进程，取消无须由社区开具的证明类别，功能定位由承接上级政府发包行政事务的“准政府组织”形态过渡到服务社区居民生活的自治形态，社区党支部、社区居民委员会等组织要引导社区居民积极参与社区管理事务，通过社区民主协商、民意调研等形式优化社区公共服务配置，提升社区居民参与社区事务管理的主人翁意识，使城市社区努力建设成为党委、政府在供给优质化基本公共服务过程中的有力抓手。

二是健全完善社会组织、社区、公众等参与公共服务机制。要针对基本公共服务类型的固有性质，研究确定非营利组织、社区、公众参与公共服务的制度机制，实现政府与社会力量的密切协同。降低社会组织准入门槛，为社会组织开设“一口审批”绿色通道，社会组织登记无须再找主管部门，直接到民政部门登记。在公共服务供给内容上，对关系城市居民公共福祉的基本公共服务（如公共安全），主要由政府直接提供，社会组织及社区公众发挥协助配合作用；对城市居民生活质量具有优化改善作用的公共服务（如社会养老、日间照料服务），可依托具有专业服务资质的社会组织。政府通过无偿服务项目与有偿服务项目的双重搭配，为社会组织服务运作提供动力支持。在这个过程中，政府通过服务绩效评估向社会组织补贴服务费用，以此提升基本公共服务产品的供给质量。对某些资源总量紧缺的基本公共服务项目，可以考虑由政府与市场力量协同提供。比如当前公办基础教育资源、医疗卫生资源的配置总量较为紧缺，政府一方面需要通过引进专业人才、增加财政在公共服务支出的比重等途径改善基础教育、医疗卫生资源供给状况；另一方面可适度引导、发展具有较强行业规范性的民办类中小学机构及民办医院，使其在确保质量的前提下能够充分满足一部分社会公众的实际需求，分担基本公共服务资源的总量压力，通过与公办中小学、公立医院的行业良性竞争提升民办类公共服务机构的服务意识，增强行业、部门总体的公共服务竞争力。

（三）围绕“重心下移”，增强基层公共服务供给能力

党的十九大报告指出，要加强社区治理体系建设，推动社会治理重心向基层下移。当前，在城市常住人口以社区为居住承载单元的现实情境下，围绕“重心下移”进行基层公共服务供给，可以有效解决城市居民“职居分离”“公共服务需求难以测度”等问题，提升公共服务供给的

精准程度。具体而言，围绕“重心下移”增强基层公共服务供给能力需要从以下两个维度完善：

一是突出基层公共服务的个性化、差异性。成都市社区数量过千，不同社区在所处区位环境、可利用的驻区单位资源禀赋程度、社区公众流动频率等方面具有高度的差异性，需要充分认清城市基层的差异性，明确基层社区建设方向与特色发展优势，在此基础上发挥社区特色优势，弥补社区在其他方面的建设短板。比如，武侯区簧门街社区的优质医疗卫生资源禀赋程度较高，拥有四川大学华西医院等较好的医疗服务机构，可以在增强驻区单位互动沟通的基础上为社区公共卫生建设提供坚实的力量支持，组织“华西医院进社区”等活动满足社区公众的就诊需求；社区党支部、社区居委会则通过社区文明创建活动、公共卫生宣传等工作为驻区单位创造文明和谐的发展环境，使驻区单位发展与社区公共服务供给能力建设相得益彰。在以流动人口为主的城市社区，应加强营造城市市民的归属感与认同感，增强基层公共服务项目供给的针对性与灵活性，以定期组织举办职业技能培训、企业用工人才招聘会等形式，对接社区公众就业创业需求，进而弥补社区在社会治安管理、社区综合体功能建设等方面存在的突出短板。

二是强化基层公共服务的政策支持。首先，要强化社区自治服务定位，明确“去行政化”实施思路，通过基本公共服务财政资金转移拨付、积极培育并引进多家专业性社会组织、社区公共服务特色项目申报等形式调动社区建设的积极性，解决基层公共服务供给“钱从哪里来”的问题。其次，要积极鼓励社区内的驻区单位如政府职能部门、市场企业及社会自治组织积极参与社区发展建设，通过社区联席会议、民主恳谈等形式增强社区可以调动的治理资源，提升多元主体协同共建能力，解决基层公共服务供给“主体有哪些”的问题。具体地，可在征求社区内多方主体意见的基础上，依据驻区单位的所属行业、部门性质实施差异化的组织动员办法。比如市级对政府职能部门的年度业绩考核可增加“社区发展参与程度及参与质量”指标，通过考核评估服务绩效形式驱动驻区政府部门提升基层公共服务供给责任感，使其在治理过程中发挥引导协调作用。对社区内的市场企业实施弹性化激励措施，将市场企业法人纳入社区民主恳谈范围，以使社区建设责任内化为企业自觉意识。社区党支部、社区居委会则通过宣传驻区企业文化、提供企业营销平台等形式，为驻区企业发展壮大提供支持，促成社区与企业“共生发展、协同

共赢”。对社区公众而言，可通过设置“志愿时间银行”、将公众参与基层公共服务供给的服务次数纳入“流动人口积分落户”等形式调动社区公众的积极性，促成基层“社区党支部-社区居委会-政府部门-企业-社会自治组织-公众”多方协同供给公共服务的发展格局。最后，要健全完善基层公共服务供给效果评价指标体系，解决“基层公共服务供给效果如何量化”的问题。可依据基层公共服务供给的产品类型与服务覆盖范围，设计“社区自评-公众反馈-第三方评估-政府验收”的评估流程体系，围绕基层公共服务供给数量、公共服务使用效率、驻区单位公共服务参与程度、社区公共服务满意度，设置基层公共服务供给效果评估子指标，由上级政府牵头成立基层公共服务供给状况考评组，对各基层社区公共服务供给成效进行评估，并据此调整基层公共服务项目配置状况，促成基层公共服务资源的合理配置。

（四）围绕“智能专业”，创新高效便捷服务手段

党的十九大报告指出，要提高社会治理智能化、专业化水平。当前，互联网、大数据、人工智能等信息技术快速发展，城市公共服务也应主动依托和应用这些新技术手段，不断提高公共服务的供给效率和专业化水平。

一是健全完善公共服务需求信息智能采集平台。公共服务需求信息智能采集平台，区别于以往粗放式的公共服务需求识别程序，要依托现有政府服务窗口、社区网格化管理及社会自治组织发起的公众需求调研评估等公共服务需求信息采集平台识别公众真实诉求，并引入“互联网＋政务”、公共服务需求反馈应用App、微信、微博等新媒体平台，拓宽公众需求信息采集途径，发挥新媒体、人工智能技术在采集社情民意上的高效便捷优势，将多重途径采集得到的公众需求信息规范纳入大数据信息管理云平台，作为公共服务信息智能匹配的元数据，了解社会公众对城市公共服务的真实诉求，提高公共服务配置准确程度。

二是健全完善公共服务需求信息精准匹配平台。对公共服务需求信息进行智能匹配，形成公共服务信息集，即在大数据信息管理平台引入信息分类智能操作程序，用人工智能算法对公共服务需求元数据进行归类与加工，按照城市基本公共服务指标体系确定信息智能分类标准，由信息管理系统对元数据进行智能识别并纳入对应标准范畴。比如，公众对城市基础教育、医疗资源配置等方面的需求信息在汇入大数据信息管

理平台后，由信息分类智能操作程序将其逐一识别纳入基础教育、医疗服务等分类体系，依据元数据之间在内容及逻辑上的关联度智能匹配特定公共服务供给主体，由公共服务供给主体对分散在各分类标准体系中的公共服务信息集进行智能整合，将其应用于公共服务供给模式优化等决策场景，以此提升公共服务供给效率。

三是提高各级工作人员的专业技能水平。各级政府应通过组织开展业务培训、公共服务专题研讨、专家学者授课教学等形式，提升政府工作人员的专业素养与技能，将公共服务理论性知识与具体实践经验有机融合，较好地掌握公共服务供给的核心原则、规范程序、实施内容与考核标准，针对社会公众变化发展的公共服务需求做出及时回应并准确把握工作要点。同时，在当前知识数量蓬勃增长的信息社会现实背景下，公共服务供给主体应认知到学习型组织建设对提高公共服务效能的重要意义，要在公共服务供给组织内部形成自觉学习、主动创新、专业优势互补的组织文化，增强公共服务供给的创新性与高效性。

（五）围绕“整合联动”，构建统筹协作保障机制

有效的公共服务供给体系建立在政府各部门职能权责清晰界定、部门间协作互动基础之上。具体到公共服务供给领域，需要在现有政府“条条”部门和“块块”部门间搭建统筹协作的公共服务保障机制，将政府垂直管理与属地管理两种管理形式的综合优势运用于统筹协作保障机制中，构建统筹协作的公共服务保障机制，提升部门间协同合作能力。

一是充分发挥城乡社区发展治理委员会的作用。从治理实践发展层面上看，成都市在全国率先成立城乡社区发展治理委员会（简称“城乡社治委”），可将其视为对传统城市管理模式的突破与创新，通过统筹指导、资源整合、协调推进、督促落实等权限对全市范围内的城乡社区建设发挥统筹引领作用，使部门间协作力量得以加强。从城乡社治委的组织结构看，其要求在民政、发改委、财政、住建、人社、司法等部门分工负责的基础上发挥统筹协调作用，旨在推进城乡发展治理改革。这种具有统筹协作特征的保障机制可充分整合分散化的政府体制资源，通过协同联动形式确保治理效果的稳定性，在公共服务供给领域具有较强的理论意义与实践价值。市城乡社治委要对各方公共服务供给主体在供给过程中的职能配置、责任内容及服务效果进行清晰的界定，进一步拓宽

市场力量、社会自治组织参与公共服务供给的实现路径，建立社会公众意见反馈、民主监督的处理机制，增强公共服务供给的统筹协作保障能力。同时，应当避免各公共服务供给主体推诿扯皮、不作为现象的发生。

二是建构公共服务供给协作保障机制。政府部门是基本公共服务供给的主要主体，公共服务供给领域涵盖不同政府职能部门的业务范围，比如教育部门通过出台教育事业发展规划对基础教育供给进行规范性指导，民政部门印发民政事业发展规划明确民政事业发展的目标与主要任务，均是加强公共服务供给能力建设的典型体现。在治理实践中，不同政府职能部门对应于垂直管理或属地管理形式，在公共服务供给上具有专门性或特定性。在一定程度上，政府主导的公共服务供给形式建立在政府职能部门职能权责清晰划分的基础上，能够明确反映公共服务供给主体的履职状况与权责范围，增强公共服务供给的专业化程度，但同时容易引发部门间协作合力整合不足、信息鸿沟阻碍部门信息共享等问题，进而增加公共服务供给的信息成本、阻碍公共服务供给效能的提升。为此，需要在整合各政府部门力量的基础上建构公共服务供给协作保障机制，对各职能部门专门性的公共服务供给活动进行统筹协调，解决公共服务供给“碎片化”形式效能不高的固有缺陷，回应社会公众对公共服务供给的综合化、复合化需求。在具体公共服务供给协作保障机制建构路线上，协作保障机制要充分吸收不同政府职能部门作为机制落实的成员单位，在明确各政府部门职能权责清单基础上协同制定公共服务供给协调权责清单，由供给协作保障牵头部门对属于供给协调权责清单范围内的工作内容进行统筹部署，以多职能部门联合供给或交由某一职能部门专门供给形式完成特定工作任务，供给协作保障牵头部门要通过整合提供人力、物力、财力资源的形式为其提供保障支持，着重处理好涉及不同政府职能部门权责、工作任务量较为繁重的综合供给活动，切实增强统筹协作保障能力，使公共服务供给协作保障机制发挥统筹协同作用。

三是大力推进信息资源整合。注重及时收集政府部门在供给公共服务过程中形成的部门信息与公众需求信息，在对各类信息进行分类处理后将之汇总纳入公共服务供给协调机制信息管理云平台，作为可供各成员单位调用提取、及时共享的治理信息，促进政府部门间在横向与纵向维度实现及时化的信息沟通传递与共享，打破信息孤岛与信息鸿沟对部门沟通的限制，以此增强政府部门间的信息交互共享能力。同时，公共服务供给协作保障机制要以多方成员单位联席会议、专项治理活动等形式协调推进公共服务供给活动，对公共服务供给过程中存在的既有问题、公共服务供给面临的压力挑战进行集中研讨，并形成系统化的解决方案。为增强公共服务供给协作保障机制对现实问题的回应能力，公共服务供给协作保障牵头部门及相关成员单位要积极将高校科研机构、公共服务第三方评估机构作为公共服务供给协作保障工作建设的智库来源，通过智库报告、多方调研等形式优化供给协作保障机制运作效率，提升公共服务保障体系的科学化、精细化水平。

第五章
城市社会治理现代化中的社区治理

一、城市社区治理现代化的时代性

（一）城乡社区发展治理面临新要求

党的十九大做出“经过长期努力，中国特色社会主义进入了新时代”这个重大的政治判断，明确了我国发展新的历史方位，具有开拓性意义。新时代有新变化，“我国社会主要矛盾已经转化为人民日益增长的美好生活需要和不平衡不充分的发展之间的矛盾”。新变化有新要求，当前必须“建立健全城乡融合发展体制机制和政策体系”，“加强社区治理体系建设”。这些新要求为城乡社区发展治理工作指明了大方向、确立了新基调、指出了着力点。

1. 党的建设新的伟大工程对社区发展治理提出了新要求

党的十九大报告指出，党要团结带领人民进行伟大斗争、推进伟大事业、实现伟大梦想，必须建设伟大工程，必须毫不动摇地坚持和完善党的领导。“伟大斗争，伟大工程，伟大事业，伟大梦想，紧密联系、相互贯通、相互作用，其中起决定性作用的是党的建设新的伟大工程。”报告要求，“要以提升组织力为重点，突出政治功能，把企业、农村、机关、学校、科研院所、街道社区、社会组织等基层党组织建设成为宣传党的主张、贯彻党的决定、领导基层治理、团结动员群众、推动改革发展的坚强战斗堡垒”。这些重要论述深刻阐明了加强城乡社区党组织建设的目标和任务，明确了加强城乡社区发展治理的重点。新时代党的建设伟大工程对社区发展治理提出了新要求。第一，必须把加强基层党组织的建设摆在社区发展治理的首位。着眼彰显党的政治特征，着力强化基层党组织政治功能，充分发挥基层党组织在社区发展治理中的政治引领作用。第二，必须把发挥基层党组织核心作用作为社区发展治理的主线。着眼发挥党的政治优势，着力发挥基层党组织在社区发展治理中的能力引领作用。第三，必须把全面从严治党贯穿社区发展治理的始终。着眼完成党的政治任务，充分发挥基层党组织在社区发展治理中的机制引领作用。

2. 以人民为中心的发展思想对社区发展治理提出了新要求

党的十九大报告强调，必须坚持以人民为中心的发展思想，要“形成有效的社会治理、良好的社会秩序，使人民获得感、幸福感、安全感更加充实、更有保障、更可持续”。这些重要论述充分体现了以人民为中心的执政理念，明确了城乡社区发展治理的价值取向。以人民为中心的发展思想对社区发展治理提出了新要求。第一，要把人民对美好生活的向往作为社区发展治理的奋斗目标。牢固树立创新、协调、绿色、开放、共享的发展理念，以居民群众需求为导向，以供给侧结构性改革为动力，推动城乡社区服务精细化、专业化、标准化，构建机构健全、设施完备、主体多元、供给充分、群众满意的城乡社区服务体系。第二，要把党的群众路线贯彻到社区发展治理全部活动之中。引导社区居民参与政策制定、项目设计、服务供给和绩效评估，促进社区服务与居民需求精准对接，拓宽各类主体特别是社会力量参与渠道，最大限度集合服务资源、形成推进合力。第三，要把群众的满意度作为社区发展治理工作的判断标准。始终坚持以人民为中心，把“生活城市”作为城市永续发展的最高目标，建设高品质和谐宜居生活城市；坚持把人民群众的小事当作自己的大事，从人民群众关心的事情做起，从让人民群众满意的事情做起，带领人民不断创造美好生活。

3. 打造共建共治共享的社会治理格局对社区发展治理提出了新要求

党的十九大报告明确，要“打造共建共治共享的社会治理格局”，到2035年“现代社会治理格局基本形成，社会充满活力又和谐有序”，描绘了社会治理现代化的目标和美好前景。党的十九大报告中关于加强和创新社会治理的相关论述，是社会治理现代化的基本纲领，指明了社会治理现代化的方向、任务。这些重要论述深刻阐明了社会治理的基本内涵和时代要求，明确了城乡社区发展治理的实践逻辑。打造共建共治共享的社会治理格局对社区发展治理提出了新要求。第一，要把共建作为社

区发展治理的基础，要求树立大社会观，强化顶层设计、体系构建、技术支撑、队伍建设、资源整合等方面的整体性联动。第二，要把共治作为社区发展治理的关键，要求树立大治理观，将党总揽全局、协调各方的政治优势同政府的资源整合优势、企业的市场竞争优势、社会组织的群众动员优势有机结合起来，打造全民参与的开放式社会治理体系。第三，要把共享作为社区发展治理的目标，把握好社区治理的“投入-产出”“权利-义务”关系，坚持眼睛向下、重心下移，把抓基层、打基础作为加强和改进社会治理的固本之策。高质量推进城市社区发展治理，推动城市发展从经济逻辑回归人本逻辑、从生产导向转向生活导向。实施乡村振兴战略推动城乡融合发展，使社会治理的成效更多、更好、更公平地惠及全体人民。

4. 推进社会治理社会化、法治化、智能化、专业化对社区发展治理提出了新要求

党的十九大报告提出，要“不断推进国家治理体系和治理能力现代化”，要“提高社会治理社会化、法治化、智能化、专业化水平”。这些重要论述为社区发展治理提供了科学的思想方法和工作方法，明确了城乡社区发展治理的实现路径。推进社会治理社会化、法治化、智能化、专业化对社区发展治理提出了新要求。第一，要把“社会化”作为社区发展治理的主导理念，积极培植和发展各种社会自治组织，充分发挥具有“软法”性质的社会规范在社区发展治理中的作用。第二，要把“法治化”作为社区发展治理的制度保障，突出制度建设在社区发展治理中的基础性地位，不断完善社区发展治理的制度体系，推进基层群众和社区干部依法办事。第三，要把“智能化”作为社区发展治理的技术支撑，顺应社区发展治理趋势转变要求，在大数据和“互联网+”时代背景下，利用现代化的新技术、新手段更好地服务社区居民。第四，要把“专业化”作为社区发展治理的工作标准，用科学的态度、先进的理念、专业的知识去治理社区，大力培养懂城市、会经济、善管理的专业社工人才。

（二）城乡社区治理现代化面临的新挑战

党的十八届三中全会提出“全面深化改革的总目标是完善和发展中国特色社会主义制度，推进国家治理体系和治理能力现代化”。《国家新型城镇化规划（2014—2020年）》也提出要“树立以人为本、服务为先理念，完善城市治理结构，创新城市治理方式，提升城市社会治理水平”。

城市治理作为国家治理的基础单元，其治理结构的合理度决定社会治理水平的高低，而治理水平的高低将最终决定新型城镇化建设能否取得成功。以下将通过成都、上海、杭州、深圳、广州等国内城市的比较，以此发现城市社会治理的优势与短板。

1. 城乡社区基层党组织的引领作用发挥仍不充分

与上海市“横向到边、纵向到底”的党建全覆盖和深圳市推行的“党建+”社区共治模式相比，成都市等地基层党建的“五覆盖”还没有实现从“有形覆盖”到“有效覆盖”的转变。目前，许多基层党建对“两新”组织、产业园区、商圈市场等新领域新业态还未实现全覆盖；部分建筑工地、餐饮集中经营场所云集了大批年轻人，但党员比例较低，与社区党建缺乏融合；基层党组织对社会组织和党员群众的政治引领、宣传凝聚等政治功能的发挥不充分。总体来看，城乡社区基层党建存在以下问题：一是缺乏抓手导致基层党建工作虚弱化和边缘化，基层党组织在基层社区治理中的话语权和领导权仍然不足，基层党建的引领功能因为缺乏必要的抓手而难以有效发挥作用。二是党群服务中心呈现“衙门化”与形式化的特点，部分社区仍然没有改变党群服务中心接待站的传统化、办公化，割裂了党与社区群众的关系，拉远了相互之间的距离。三是基层党组织与党员干部能力参差不齐，无法高效回应社区居民的新需求。

2. 城乡社区共建共治共享基本格局尚未完全形成

从共建角度来看，尚未实现从“碎片化管理”向“整体性治理”的转变，政府管理也未实现有效整合。从共治角度来看，尚未实现从“单一行政管理”向“多方协商治理”的转变，社区仍然承担着过多的行政事务，社区管理仍然更多体现为单一的行政管理，多元协商治理开始出现，但并未完全内化到社区治理之中。从共享角度来看，尚未实现从“单向度发展”向“共享式发展”的转变，传统的资源配置模式仍然使资源与人口规模、服务半径不匹配。部分社区出现物业公司不敢进驻，业委会缺乏，街道、职能部门和社区居民均无法有效管理社区公共事务，社区服务质量水平较低的现象。

3. 城乡社区治理的重心未能有效下沉

治理重心下移，实现社会问题和社会矛盾的源头治理是当前社会治理的基本要求，也是破解当前社区治理责任不清晰和资源不到位的关键环节。城乡社区治理的体制机制一直在不断完善，治理职能和资源并未

实现支撑社区作为治理前沿阵地的设计。一是街道职能转变不彻底。街道仍然承担着大量的经济职能，分散了公共管理、公共服务、公共安全职能履行的精力和资源配置。二是城乡社区治理责任属地化和资源部门化矛盾突出。当前治理的目标与任务按属地下达，但治理资源包括机构、资金、项目是部门化的，“服务重心下沉”被大量不对等的责权淡化。三是社区行政化倾向仍然较为严重。尽管部分城市出台《关于减轻城乡社区负担的十条措施》，制订依法自治、依法协助、可购买服务以及负面事项等 4 个清单，但是部分社区要承担环保督查、公共服务测评、特殊时期或特殊事件维稳等临时职能，还要接受各部门的多头考核，社区无法完全聚焦主责主业。

4. 城乡社区新型基层治理机制亟待完善

近年来，各地城市坚持“还权、赋能、归位”的核心理念，先后出台关于深化完善城市社区/村级治理机制的意见和社区减负十条措施等，推动城乡社区治理机制改革，使街道、社区、社会组织和居民自治组织归位，以微治理形式激发社区活力、开展社区营造。但是，城乡社区基层治理体系还未完全构建起来，无法应对新时期社区治理需求。科学治理方面，科学的组织体系还不健全，党对多元主体尚未形成完整的责任分工体系；依法治理方面，部分基层干部仍然习惯于简单粗暴的工作方式，法治思维较为欠缺；精准治理方面，以政府的“理性”供给为主，缺乏居民的需求导向，供需矛盾依然突出；智慧治理方面，城乡社区治理在“资源数字化、应用网络化、流程规范化”等方面仍有较大提升空间，智慧化社区管理体系纵向分割、横向阻隔。

5. 城乡社区信息化共享难题仍然没有解决

城乡社区治理要利用先进的技术手段来打造“资源数字化、应用网络化、流程规范化”的智慧化社区管理和服务体系，许多城市每年都在强调信息化建设的重要性，但信息孤岛问题年年都没有得到解决。比如，成都市 2013 年已经出台了《社区综合管理与服务信息化技术规范》，但是长期的多部门管理使得各个系统并没有按照技术标准要求进行规范对接，纵向分割、横向不互通共享成为社区信息化常态，社区信息平台依然要重复录入社会保障、计划生育、民政等多个系统的数据，这也直接导致部分社区工作者无暇兼顾社区党建和公共服务，造成大量的资源闲置和浪费。

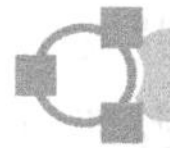

二、城市社区治理现代化的格局构建

按照党的十九大精神以及十九届四中全会的规划部署，要推动共建共治共享的城乡社区治理制度建设，完善党委领导、政府负责、社会协同、公众参与、法治保障的社会治理体制，提高社会治理社会化、法治化、智能化、专业化水平。结合城市社会治理的具体要求和实践基础，有必要构建党建引领的社区“大治理”格局、活力迸发的社区“大发展”格局、以人为本的社区“大服务”格局、持续供给的社区“大保障”格局、共建共享的社区“大参与”格局。

（一）构建党建引领的社区“大治理”格局

党的十九大报告指出，要坚持党对一切工作的领导，要将基层党组织建设成宣传党的主张、贯彻党的决定、领导基层治理、团结动员群众、推动改革发展的坚强战斗堡垒。对于社区治理而言，就是要在党的领导下构建新型基层治理体系，形成以社区党组织为领导的，统筹社区多元力量、多元资源、多种方式的共建共治共享的“大治理”格局。首先，要构建科学的组织动员体系。要不断强化党组织的体系建设和政治功能发挥，整合多方社区基层治理的资源，增强党组织宣传群众、动员群众、凝聚群众和组织群众的能力。一是不断推进基层党组织的“广覆盖”，主动适应工业化、城市化带来的治理机构变化，推动基层党组织对于新业态新领域的组织覆盖。推动楼宇党组织建设，建立楼宇党支部，并由楼宇党支部推动入驻单位党组织建设；推动各类园区的党组织建设，建立依托园区的党建工作机构，并设立相应片区分支机构；推动商圈党组织建设，依托街道党（工）委和市场管理部门建立商圈党组织，将党组织向商圈市场内的商家店铺扩展延伸；推动互联网业党组织建设，探索党员网商、党员微商组织管理机制，探索基于网络载体的党建工作新形态和新方式。二是推动基层党组织的“大整合”。不断推动基层党组织的整合职能，建立以基层党组织为核心、社会组织党建机构为支撑的基层党组织治理体系。发挥党的组织优势，增强党组织动员群众、服务群众的力量和能力。三是推动基层党组织的“强凝聚”。不断优化基层党组织的组织架构和政治动员能力，广泛开展社会主义核心价值观教育、先进典

型宣传教育，引导社会思潮、发展先进文化、塑造社会伦理，以党组织建设凝聚社区的信念共识、制度共识和政策共识，将基层治理主体凝聚到党的周围。其次，要构建联动的管理运行体系。要坚持用法治思维和系统思维构建党组织联动体系，发挥联动作用，建立基层党组织治理的网络体系。一是健全组织联动体系，不断推动区域党建工作机制，建立以社区为载体的区域党建工作机构，通过组织吸收、交叉任职等方式共享区域党建资源、共治区域社会事务。二是健全责任联动体系，建立党建工作目标责任书制度，将区域党建联动工作作为考评社区、驻社区单位、社会组织等部门的考核内容，建立区域不同单位党建工作共同责任的管理制度，促进基层党建工作的协同与整合。三是健全制度联动体系，探索建立基层党建调度通报制度、动态管理制度、督促检查制度和跟踪问效制度，支撑区域党建共享共治的有效开展。再次，要构建精准的引领服务体系。坚持全心全意为人民服务的宗旨，将服务人民群众作为党建工作的出发点和归宿，建立以党建促动群建带动社建的服务体系。一是不断完善基层党建服务中心建设，为群众带来更加精准、更加便捷的服务；不断推进联系服务群众与凝聚党心民心精准对接，在各行业广泛开展党员示范行动，在机关开展“走基层”“双报到”活动，在农村完善部门包村、干部驻村、结对帮扶制度，在社区开展“双联”、志愿服务等活动，让基层干部带好头，让基层党组织服务好。二是不断推动基层党建促动群建工作，推进社会组织发展与传导党的执政理念精准对接，把社会组织纳入社区治理体系之中，引导社会组织在服务中传导党的执政理念，让社会组织成为党在基层服务群众的重要资源。三是不断推动基层党建带动社建的工作，将基层党建工作与基层社会自治相结合，将党的理念、信念融入基层民主自治之中，实现党组织成员与居委会、村委会和业主委员会成员的交叉任职，引导自治组织在党的领导和支持下实现居民权益，增强党在基层社会的领导力。复次，要构建专业的人才支撑体系。要坚持“海纳百川，有容乃大”的人才观念，选优配强社区“带头人”。一是多渠道选配社区党组织书记，突出“一好双强”标准，从社会选聘一批优秀党务工作者，从机关事业单位选派一批优秀年轻干部，从社区工作者选拔一批优秀党员担任社区党组织书记。二是不断完善社区专业人才队伍建设，完善社区工作者职业化制度，加快制定社区人才发展专项规划和管理办法，制定良性合理的收入增长机制和晋升发展机制，探索社区工作者与政府公务员、党政干部队伍的对接机制，扩大社区工作者的成长空间。三是完善社区工作者的薪酬管理制度，设立与公务员管理制度相适宜的社区工作人员岗位等级序列管理制度，明确社区工作人员的薪酬标准，完善考核制度，充分调动其干事创业的热情。最后，要构建严格的权责约束体系。要坚持有权必有责、有责要担当，不断完善城乡社区的权责约束体系，规范社区治理行为，提高基层治理实效。一是推行权责清单管理制度，明确街道、社区党组织的职责职权，做到权责一致。二是健全权力监督机制，完善市、区（市）县、街道（乡镇）、社区四级联动的明责、履责、问责体系，推进全面从严治党向基层延伸，约束“微权力”、治理“微腐败”，营造风清气正的政治生态。三是完善考核评价机制，针对不同领域党组织实际，设置差异化考核指标，完善党组织书记抓党建工作联述联评联考机制，健全考核问责办法，建立更加严格规范的治理责任考评和追责机制。

（二）构建活力迸发的社区“大发展”格局

党的十九大报告指出，要坚定不移贯彻创新、协调、绿色、开放、共享的发展理念；要不断激发全社会创造力和发展活力，努力实现更高质量、更有效率、更加公平、更可持续的发展。对于城乡社区治理而言，就是要明晰发展和治理的辩证关系，坚持“科学发展是为了更好治理、有效治理是为了更好发展”的理念，建设既有活力又有秩序、既有发展又有善治的和谐社区。首先，要进一步推动街道体制改革，释放社区活力空间。要推动街道职能转变和街道体制改革，从行政的角度来解决社区行政化问题，解除社区治理的枷锁，进一步释放社区治理的活力。要推动街道工作切实转移到统筹社区发展、组织公共服务、实施综合管理、优化营商环境、维护社会平安的主体责任上来。要不断优化街道组织结构，适应重新界定的功能，按照精简、统一、高效、整合的原则，推动街道管理机构的整合和功能优化，建立面向社区、面向群众、服务优化、管理高效、保障有力的街道管理体制。要进一步推动社会治理工作向基层下移，将社区的问题放在社区层面并由社区的力量来解决，推动社区“去行政化”工作，让社区回归到生活共同体的本质功能，主体履行发展居民自治、教育引导群众、协助公共服务、统筹社会服务职能，从制度设计和制度执行两个层面上解决社区的行政“内卷化”问题。其次，要进一步推进“放管服”改革，扩大社区治理力量。要按照国务院“简政放权、放管结合、优化服务”的改革要求，结合各地城市的实际情况，

不断降低市场和社会的运行成本，降低市场化和社会化的进入门槛，通过优化服务不断孵化和支持市场化与社会化力量，扩大社区参与主体的范围，激发社会活力。要进一步简政放权，将政府不具有比较优势而市场和社会能够有效承接的社会治理工作转移给市场和社会，通过服务购买、业务承包等方式让市场和社会主体直接参与到社区治理之中。要加强事中事后监管，做到放管结合，对于市场和社会的治理行为要做到事中事后的全过程监管，确保治理的公正和质量。要不断优化服务，为市场和社会主体提供力所能及的全过程服务，建立一窗进出的一站式服务体系，完善网络化服务机制，时刻体现党和政府对市场主体和社会主体的关注、关怀和关爱。再次，要进一步推进社会组织培育，增强社区治理活力。要不断强化社会组织在社区治理中的参与能力，发挥社会组织的专业化优势，增强社区治理的活力。要不断完善社会组织培育和发展的政策建设，进一步放宽准入、降低门槛，重点扶持发展社区生活服务类、社区公益慈善类、社区文体活动类和社区专业调处类社会组织，完善和落实有利于社会组织发展的财税政策和公共服务购买政策，健全社会组织人才的培养和管理政策。要不断激发社会组织活力，完善社会组织的监管、激励和评估机制，强化基层党组织的引导力度，将社会组织参与纳入地市社会治理的考核指标中，完善以服务购买支持社会组织发展的机制设计。要不断完善枢纽载体，发挥工会、共青团、妇联等人民团体的枢纽力量，并加强对此类社会组织的联系、服务、引导和监管，构筑社会组织服务网络体系，做好信息和资源的共享工作。最后，要进一步促进社区发展，增强社会治理发展的持续力。要不断探索社区发展治理的内生动力机制，激发和引导这种内生动力机制发挥效用，保障社区发展治理的持续性。推动学习型社区建设，以社区党组织为核心构筑基于共同目标的学习型社区治理网络体系，促进社区治理主体的不断进步与成长。要增强社区的造血功能，支持社区采取股份制、众筹、资产入股等方式发展社区企业，确保社区有独立的经济来源。要大力发展“自生型”社会组织，发展能够依托于企业和社会而存在、发展并履行社会职能的社会组织，不断降低社会组织对政府的依赖性，探索社会组织自生发展的路径与机制。要探索促进社会组织持续发展的管理机制，充分利用互联网基础上的众筹、众包、分包等运行方式，将社会组织与人民群众的需求对接起来并通过互联网技术予以实现，让社会组织在服务群众、依靠群众中成长壮大。

（三）构建以人为本的社区“大服务”格局

党的十九大报告指出，要坚持以人民为中心，把人民对美好生活的向往作为奋斗目标。对于城乡社区治理而言，就是要构建以人为本的社区“大服务”格局，将社区治理从管控逻辑回归到人本逻辑，让社区真正成为人们的生活共同体，增强社区家的属性，保障人民群众的获得感、幸福感和安全感。首先，要建立社区服务标准，保障服务的可及性。社区服务标准是确保服务质量和实现服务可及的重要措施，也是实现社区服务有效管理的基础。对此，要尽快建立分类的社区服务设施配置标准，包括社区内要建立一站式、全天候社区服务综合体，要建设基本公共服务、便民服务、志愿服务以及生活性服务的基础硬件，打造15分钟的社区生活服务圈。要尽快出台服务标准，建立社区服务清单管理制度，确定社区服务的清单以及各项服务的质量标准，做到对社区服务的精准把控和精确管理，确保社区服务的充分性。要尽快出台城乡社区公共服务的均衡化标准，在市域范围内全面推动基本公共服务和一些基础公共服务的均等化供给，不断消除城乡、区域差距，均衡地满足人民群众的需要。其次，要不断整合资源，集成推进社区服务建设。要充分整合社区的公共资源、社会资源、企业资源和志愿服务资源，做到社区资源的充分利用和社区服务的集成供给。对此，要推进社区公共服务设施和住宅的同步规划、同步建设、同步交付和同步运营，要鼓励商品房建设配套用于社区服务的公共空间。要不断完善线上线下合一、前台后台联动的社区综合服务模式，打造统一综合服务平台，实现社区党群服务、公共服务、志愿服务、便民服务集成供给和集成管理。要积极推进“互联网＋社区”建设，依托商场、超市、便利店叠加政务服务，支持“O2O＋社区”商业模式，大力发展社区电商、小区金融、物业增值服务等，最大限度地方便群众办事。要不断扩大社区服务范围，提升社区服务水平，培育围绕人居、休闲、养老、文化、培训等领域探索社区服务的新业态和新模式。再次，要不断创新方式，推动社区服务的精准化。要真正以人民群众的需求为导向，以满足人民群众对美好生活的向往为目标，不断推进社区服务的供给侧改革，实现对居民多样化、多层次、个性化服务的精准供给。要不断推进智慧社区建设，充分应用大数据、智能化平台全面获取居民的服务需求，并基于智能设施对居民提供全天候的一站式服务。要不断推动居民需求的获取机制，改传统的回应性服务为主动性服务，及

时有效地解决居民所面临的困难和问题。要不断增强服务的可及性，延长服务时间，扩大服务空间，探索将服务的终端扩展到居民的手机上，强化与居民的及时联系，增强居民服务的获得感。要不断优化社区的网格化管理服务机制，强化网格的服务和责任属性，将网格作为社区精确需求获取、精准服务供给和明确责任归属的管理载体，确保公共服务的充分供给。最后，要不断建设社区文化，建立向上向善向美的社区精神。将社会主义核心价值观和中华优秀传统文化融入自治章程、村民公约、居民公约，培养社区居民共同体意识和文明市民意识。要建立企业和单位对所在社区的社会责任机制，建立友善公益志愿服务的引导机制，探索将社区志愿公益服务纳入社会信用积分和城市落户积分管理制度之中，聚合基层社会公益合力。要积极实践党员的带头示范作用，引导社区居民崇德向善，形成与邻为善、以邻为伴、守望相助、乐观包容的良好社会氛围，增强社区的“家”属性。要加强社区心理服务体系建设，通过宣传引导、专业化服务购买等方式，推动社区心理服务，培育自尊自信、理性平和、积极向上的社会心态。

（四）构建持续供给的社区“大保障”格局

党的十九大报告提出，要加强社会治理的制度建设，不断提高社会治理的社会化、法治化、智能化、专业化水平。城乡社区发展治理也需要建立相应的保障机制，需要多元主体从不同的方面推进资源投入和制度建设，保障社区治理的有效、有序和持续推进。首先，要推进制度建设，实现城乡社区发展治理法治化。要以制度化推进城乡社区发展治理的法治化，以法治化保障治理的有效、有序推进。要建立城乡社区发展治理的制度体系，尽快出台以城乡社区发展治理政策为核心、以多元配套政策体系为支撑的1＋X政策体系，以规范化的顶层设计指导社区发展治理的有效开展。要严格规范基层执法人员的执法行为，推进依法行政，建立行政执法责任制，切实做到严格、公正、规范和文明执法。要大力推进法治社区建设，积极运用法治思维和法治方式化解社会矛盾、调节社会利益、协调社会关系、规范社会行为；不断下沉基层法律服务，将社区问题和矛盾解决在社区；要充分衔接法治与社区德治、自治的关系，有效解决社区问题。其次，要扩大资金来源，实现城乡社区发展治理持续化。扩大城乡社区治理发展的资金来源就是要筹集财政资金以外的市场化和社会化资金，以社区发展为目标，实现多元资金的整合。对此，要进一步完善社区发展治理的经费保障机制，加大财政投入和聚焦支持力度，合理匹配财权与事权，扩大基层社区财政资金自主使用的权限。要进一步挖掘社区资源，通过多种方式积极发展集体经济和社区企业，增强社区造血功能。要着力开发市场化和社会化资源，以项目推进的形式不断与外部的公益基金对接，获取外部项目，造福社区居民。再次，要强化人才管理，实现城乡社区发展治理专业化。要强化社区发展治理的人才管理，打造一支职业化的社区发展治理工作队伍，有效落实社区发展治理工作。要不断完善人才选聘机制，扩大人才选聘范围，将社区工作人才选聘范围扩展到社区之外，吸引高素质、专业化人才为社区服务。要不断提高人才待遇，逐步推动社区工作者薪酬待遇与公务员队伍相匹配，设立社区工作者基本岗位等级序列，并形成相对应的薪酬水平和动态调整机制，保障社区工作者的基本权益。要逐步打通人才晋升渠道，探索社区工作者进入党政机关、事业单位的通道，完善社区工作者的晋升路径。复次，要推进科技应用，实现城乡社区治理发展智能化。要高度重视运用先进科学技术推动社区治理方式创新，以智慧社区建设为载体构建集社区信息获取、分析和服务供给于一体的综合服务平台。要不断推动信息共享和信息安全保障制度，实现职能部门数据在街道层面整合共享、在社区层面有效利用。要充分运用移动互联网、新媒体等手段，推动政务服务公开，创新社会动员机制，扩大公众参与。最后，要优化社会环境，实现城乡社区发展治理社会化。要加强思想引导，加强社会主义核心价值观教育，让社会主义核心价值观成为社会治理的共同价值基础，成为实现共享共治的伦理基础，成为社区居民的自觉意识和行为准则。要加大舆论引导，大力选择社区中的先进示范，提高基层干部和社区工作者的社会认同度，调动各方面力量参与社区共治的积极性。要强化道德引导，以中华民族传统美德为内容，深入宣传忠孝仁义礼智信等社会美德。

（五）构建共建共享的社区“大参与”格局

党的十九大报告指出，要建立共建共享共治的社会治理格局，加强社区治理体系建设，实现政府治理和社会调节、居民自治之间的良性互动。对于城乡社区发展治理而言，就是要建立共建共享的社区发展治理的“大参与”格局，通过政府、社会、市民共享共建，形成共享资源、共享文化、共享服务的社区生活共同体。首先，要完善社区自治体系，

构建社区参与载体。社区是社会治理的基本单元，也是“以人为中心”的共同体，社区治理要构建以服务人民为宗旨的治理格局。具体就是要形成以社区党组织为领导核心、居委会为主导、居民为主体，业委会、物业公司、驻区单位、群众团体、社会组织、居民活动团队多方参与的社区治理架构。要厘清职能边界和协作关系。社区党组织是社区各类组织和各项工作的领导核心，要支持和保障居委会、业委会、物业公司及其他社会组织的指导和监督；居委会是居民自我管理、自我教育、自我服务的基层群众性自治组织，是居民自治的组织者、推动者和实践者，要加强对业委会、物业公司及其他社会组织的指导和监督，支持它们参与社区治理；业委会、物业公司及其他社会组织要依法履行自治管理功能，接受居委会指导和监督。要建立社区治理多元主体的联系制度，健全社区联席会议平台，推行社区党组织兼职居委会、业委会委员制度，增强社区党组织统筹资源的能力，保障居委会、业委会履行职责。其次，要完善社区治理机制，优化社区参与形式。要不断创新社区治理机制，建立实现多元社区主体共建共享的机制。要不断推动社区协商民主制度，建立健全以议事协商为重点的民主决策制度，推动社区建立基于社区治理的听证会、协调会和评议会，形成自下而上的自治议题和自治项目形成机制，引导居民主动参与自治事务。要不断优化社区联席会议制度，对涉及社区居民和社区发展的重要事项，由社区党组织和居委会组织业委会、物业公司、驻区单位、居民代表共同协商决策。要不断优化服务购买机制，扩大社区资金来源，推动社区服务的项目化管理制度，推动社会组织和社会企业在服务中发展壮大。要不断探索基于互联网的社区共治服务体系，基于众筹、分享、分包等新理念，形成基于共同需求、共同参与、共同供给的社区服务项目，不断满足社区的多元化需求。再次，要提升社区治理能力，实现社区有序参与。要强化基层党组织对其他社会组织的指导和引导作用，动员驻区单位开放资源、履行社区责任，指导业主大会和业委会在社区治理中发挥作用，引领社会组织和社区志愿者有序参与社会治理事务。要不断发挥社区自治结构的主导作用，持续引导居民提出自治议题、开展协商讨论、参与民主决策和民主管理。要推动社区教育功能，为社区引入专业性的社会组织，提供包括法律服务、物业管理、社会工作、社会参与、志愿行动等的专项培训，提升社区居民的综合素质。要创新参与内容和参与方式，把物业管理、环境卫生、社区安全、违法建筑、群租等社区管理难题作为居民参与治理的重

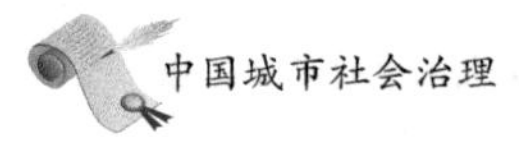

点，让居民通过参与平台协商解决；鼓励社区将社区养老、帮扶、幼童照料等有需求的服务社会化，让社区居民自我管理、自我服务，吸引居民融入社区，提升居民参与动力。最后，要加强社区治理监督，确保社区规范参与。要建立完善的社区治理监督体系，在推动社区开放式发展治理的基础上，不断强化监督，确保社区参与规范有序，确保社区服务科学有效。要继续加强社区党组织的监督功能，通过组织覆盖和交叉任职等方式强化党组织对社区治理的把控。要不断强化社区监事会的功能，建立全过程、全方位的监督体系，确保社区治理合法化运行。要不断推动基层的事务公开，建立社区公共项目信息公开目录清单，定期公开信息，接受监督。要充分发挥自媒体时代的公众监督，设立专门的投诉建议渠道，接受全社会的监督，保障社区治理和社区参与规范有效。

第六章 城市社会治理现代化的评估与监测

城市社会治理体系和治理能力现代化是一个知行合一的动态过程。为了准确把握城市社会治理体系和治理能力现代化进程，需要在国内率先开发出一套治理评估指标体系与实施方案，实现目标导向、质量控制、全程监测，引领城市社会治理体系和治理能力现代化各项工作。

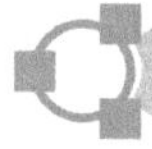

一、城市社会治理现代化评估的时代背景与意义

（一）时代背景

1. 城市社会治理现代化建设步入新时代

党的十九大报告指出，必须坚持和完善中国特色社会主义制度，不断推进国家治理体系和治理能力现代化。报告明确了人民日益增长的美好生活需要和不平衡不充分的发展之间的矛盾是我国社会的主要矛盾，以此决定了新时代社会建设的主要目标和方向。根据当前社会治理面临的形势，报告从推进制度建设的角度提出了打造共建共治共享的社会治理格局的思路和要求，强调指出，要加强社会治理制度建设，完善党委领导、政府负责、社会协同、公众参与、法治保障的社会治理体制，提高社会治理社会化、法治化、智能化、专业化水平。城市是社会的细胞，城市社会治理是国家治理的重要组成部分，城市社会治理能力的高低是国家治理能力的体现。面对我国经济增长进入新常态、城镇化发展进入新阶段，推进国家治理体系和治理能力现代化落实到城市发展上，就要完善城市社会治理体系，提高城市社会治理能力，就要建构科学的评估

和监测体系来衡量和检验符合国家治理体系和治理能力现代化要求的城市发展新成果。

2. 中国特色城市发展道路提出新要求

习近平总书记指出，城市的核心是人，关键是 12 个字：衣食住行、生老病死、安居乐业。为人民群众提供精细的城市管理和良好的公共服务是城市工作的重头，不能见物不见人。习近平总书记在中央城市工作会上指出，当前和今后一个时期，城市工作要贯彻新发展理念，坚持以人为本、科学发展、改革创新、依法治市，转变城市发展方式，完善城市社会治理体系，提高城市社会治理能力，着力解决“城市病”等突出问题，不断提升城市环境质量、人民生活质量、城市竞争力，建设和谐宜居、富有活力、各具特色的现代化城市。这些论断系统回答了有关城市发展全局的重大理论和实践问题，也为城市社会治理现代化评估提出了价值目标和维度。

3. 城乡社区发展治理构建新目标

社区是城市社会治理的基础，通过城乡社区发展治理的小切口，可以探索特大城市社会治理体系和治理能力现代化问题。随着社会转型发展，城乡社区治理和服务面临城镇社会结构日趋多元、群众利益诉求复杂多样、信息传播方式深刻变化、基层治理难度加大等多重考验。城市社会治理要站在全球视野，秉持大历史观，聚焦城乡社区发展面临的新情况新问题，探索城市社区发展治理的新路子，尤其要处理好科学发展与有效治理的关系、党建引领与融合共治的关系、行政推动与共建共享的关系、城市特色与现代城市的关系、依法治理与文明浸润的关系；要大力实施老旧城区改造、背街小巷整治、特色街区创建、社区服务提升、平安社区创建“五大行动”，努力建设高品质和谐宜居生活社区；要推动传统管理向现代治理转变，着力提升城乡社区发展治理法治化、科学化、精细化和组织化水平。城市社会治理现代化的评估与监测是建设高品质和谐宜居生活社区的重要推动力。

（二）评估意义

1. 评估是提升城市社会治理绩效的工具

绩效评估是中国城市社会治理创新的一个重要领域。绩效评估是一种管理工具，有什么样的评估体系，就有什么样的政府行为在城市社会治理的具体实践中，亟须将绩效评估作为城市社会治理体系和治理能力

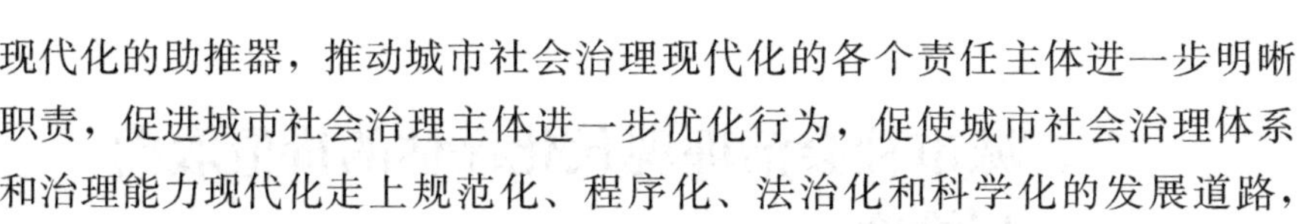

现代化的助推器，推动城市社会治理现代化的各个责任主体进一步明晰职责，促进城市社会治理主体进一步优化行为，促使城市社会治理体系和治理能力现代化走上规范化、程序化、法治化和科学化的发展道路，进而提升国家中心城市品质，探索中国特色城市发展道路。

2. 评估是国家中心城市发展战略和政策制定的前提

国家中心城市的界定，具有强烈的政策内涵和政策意图，既要考虑城市实际运行的客观规律，也要统筹考虑未来发展态势和国家战略要求。各地城市定位千差万别，但根据以评估促发展的原则，对城市社会治理现代化多维度的数据量化分析与主观总结，能够科学反映和分析城市这一特定发展阶段的基本特征及动态变化规律，对于正确认识城市建设的进展情况，准确把握未来的发展趋势，为下一阶段城市建设确定合适的发展战略、选择合理的工作重点和恰当的政策措施具有重要意义。

3. 评估是实施城乡社区发展治理的动力

实施城乡社区发展治理是城市社会治理体系和治理能力现代化的根本抓手与基本路径。城市社会治理现代化评估是实施城乡社区发展治理的动力来源，通过评估不仅可以监测检验社区发展治理的实践绩效，更是通过量化分析、对标管理、区域比较和群众反馈等形式寻找差距，诊断问题，凝聚共识，提炼特色，为进一步明确各个城市社会治理主体在城乡社区发展治理中的权责分工、推动城乡社区发展治理各项具体工作激发了内在动力。与此同时，治理评估可以通过整合来自公众的、系统的数据信息反馈，使城市在公众的监督和质询中实现可持续的良性发展。开放的评估过程扩大了民主参与，鼓励和引导社会公众对城市政府的公务行为、公共政策等进行评价，有力地深化了民主治理机制。

4. 评估是推动城市对标管理的路径

近年来，对标高端、辐射带动，更好发挥领先发展、带动全市治理的重要作用的对标管理成为诸多城市社会治理的基本原则，而评估则是实施对标管理的重要路径。通过城市之间的对标，可以深入剖析工作中存在的短板和差距，有的放矢，实现发展理念、发展眼光、发展方法和手段的全方位提升。对国内部分城市的部分数据进行对标，可以明显发现我国各大城市在一些核心指标上还存在短板和差距，亟须通过绩效评估总结经验，主动作为，优化工作目标与举措，推动城市社会治理体系和治理能力现代化。

二、城市社会治理现代化评估的价值取向与维度

作为国家治理评估领域的重要内容，将城市社会治理现代化评估作为一个专门的问题进行审视在国内还处于探索阶段，首先需要建构符合国家发展战略、城市发展规律和城乡居民需求的价值取向，并由此构成治理绩效评估体系和绩效评估行为的深层结构，影响城市社会治理现代化目标的设定、评估指标的构建、绩效评估的实施及评估结果的应用。从逻辑上讲，城市社会治理现代化的价值取向既源于对现有理论研究的回顾，也基于对现有治理评估实践的总结。

（一）城市社会治理现代化评估的文献基础

1. 国外的研究状况

从城市社会治理的定义来看，亨德里克斯将城市社会治理定义为通过制度化的设计与安排，去塑造有效的、正确处理城市问题的能力，其中涉及政府与非政府部门①。现有文献中对于城市社会治理的概念进行阐述的并不多见，值得一提的是，劳瑞拉将城市社会治理与社会福利相联系，认为那些发生在城市范围内深刻影响社会福利条件的活动是城市社会治理的核心所在②。

国外对城市社会治理评估的相关文献较少，大多是从国家治理的角度出发，再以城市社会治理为落脚点设计衡量的评估指标体系。各国学者们为了提高国家或地区治理的能力，主要从两方面提出了有针对性的治理指标体系。

（1）从治理过程出发构建指标体系。亨德里克斯在完善以合法性和民主责任性为核心的城市社会治理价值体系后形成了一套新的治理价值体系。输入价值中主要体现响应性与程序正义性，输出价值中强调有效性与程序正义性，系统价值的核心是恢复与平衡，与程序结合提高了治理价值

---

① HENDRIKS F. Understanding good urban governance: essentials, shifts, and value [J]. Urban affairs review, 2014, 50 (4): 553-576.

② LAURILA H. Urban governance, competition and welfare [J]. Urban studies, 2004, 41 (3): 683-696.

的可操作性。奥尔韦拉加西亚在对区域治理研究的过程中，为了更好地分析治理的影响，提出了一套治理指标，以审查跨区域规划机构的决定，并将其应用于昆士兰区域的治理模式。这套指标包括利益相关者的参与、公众参与、协同、决策过程、公共学习和机构改革。尼马提等学者在对伊朗的国情进行分析的基础上，提出将透明度、效率、问责和灵活性这四个维度作为衡量城市社会治理的指标，总结了相关理论，提出良好城市社会治理的主要治理指标是地方政府的收支，旨在确保城镇、县的透明、责任和高效的治理并且总结出了包含成果、输入、输出的指标体系①。

（2）从治理内容出发构建指标体系。有学者提出衡量城市社会治理的几项必不可少的指标，即社会经济差距、各种服务和设施的获得、城市地区的活动、社区或政治团体的参与、以社区为单元的合作等。凯文认为，城市社会治理和生活质量是密切相关的，在此基础上，提出了一套指标体系，包括物质生活条件、经济条件、健康、工作条件、公众参与、与他人的联系、经济安全、生理安全。

除了学术上的研究，一些国际组织建立的一些项目指标体系值得参考。从国际组织成立的项目来看，“世界治理指数”（worldwide governance index，WGI），早在1999年就率先运用话语权和问责、政治稳定和杜绝暴力、政府效能、规制质量、法治以及遏制腐败等指标来对全球多个国家和地区的治理状况进行衡量。世界银行还主持了“国家政策和制度评估项目”（the country policy and institutional assessment），主要评估一国的现有政策和制度框架的质量，其中质量专指该框架怎样有利于消除贫穷、可持续增长和利用援助。美国国际开发署的“民主与治理评估框架”（democracy and governance assessment framework）指标体系主要集中于法律、民主和责任政府体制、政治自由和竞争、公民参与和建议四个方面。联合国人类住区规划署的“城市指标项目”（urban indicators program）主要用来监测与评价全球城市《人居议程》和“千年发展目标”的实施进展状况。该项目开发了包括“城市发展指数”（city development index，CDI）在内的数个城市发展水平评价指标，构建了全球多个城市参与的信息监测与收集网络，形成了功能较为强大的城市数据库系统。联合国人类

① ALIZADEH H，NEMATI M，JAFARI K R. Analysis of urban good governance indicators using group fuzzy ahp [J]. Journal of urban-regional studies and research，2015.

住区规划署当前的城市指标共包括43个指标，对应《人居议程》在住房、社会发展与消除贫困、环境管理、经济发展、城市社会治理等五个方面的19项发展目标。英国“可持续城市指数”（sustainable cities index）由英国非营利性环保组织“未来论坛”（the forum for the future）于2007年建立，它考察了社会、经济和环境各方面的表现，囊括了13种具体指标，对城市环境、生活品质以及未来保障进行了评价。

2. 国内的研究状况

学术界对城市社会治理的关注起源于20世纪80年代。国内从21世纪初开始，经过多年的发展，在城市社会治理的内涵、模式、实践等方面的研究已经有了很大进展，但在城市社会治理评估研究方面还处于初级阶段。从目前已有的文献来看，专门致力于城市社会治理评估的文献十分有限，为全面了解我国城市社会治理评估的现状，笔者分别以“城市社会治理评估”、“城市社区评估”和“治理评估”为关键词对2000年以来相关方面的文献进行了搜索并筛选，总结如下：

（1）城市社会治理评估的现状与趋势。

现有的城市社会治理评估的文献仅有十几篇，学者们主要从两个方面进行研究。一是从城市社会治理水平评估方面进行研究。蔺雪峰对生态城市社会治理水平的评估进行了研究，过勇、廖加固、何增科对城市社会治理水平评估进行了研究。二是从城市社会治理能力评估方面进行研究，将其分为综合治理能力评估和局部治理能力评估。顾辉、李宪奇、王珺、姜军、卫梦婉对城市综合治理能力评估进行了研究；在局部治理能力评估方面，张亚明对数字城市社会治理能力评估进行了研究，张国玉、余斌构建了城市可持续发展能力评价体系，邬文帅对城市环境治理能力评估进行了研究。这些评估主要运用了层次分析法、聚类分析法、因子分析法、变异系数法、综合指数评价法、德尔菲法、基于熵权的TOPSIS法和主客观相结合的方法。

（2）城市社会治理评估的内涵。

从现有的文献出发，我国学者从不同的角度对城市社会治理评估开展了分析。

从治理结果的视角来看，我国学者把城市社会治理评估看成对城市社会治理能力发挥水平、治理质量或治理绩效的评估。过勇、程文浩通过构建的评估模型，对北京、上海、长沙、深圳、成都五个城市的治理水平进行了分析。何增科认为，城市社会治理评估就是对城市社会治理质量的评估，评估的目标是就是建设“善治城市”，为实现“生活美好”做贡献，并对评估指标的构建做了初步设想①。姜军也认为：“治理评价是针对一个城市社会治理效果、治理水平的整体评价，能够反映该城市在之前那段时间里已经拥有的城市社会治理能力。”② 廖加固认为，城市社会治理评估即对城市社会治理绩效的评估，绩效指标反映一个城市在特定的投入情况下城市的整体实力水平，是对一个城市经济、社会和可持续发展等方面的全面评价③。

从全局的视角来看，有学者把城市社会治理评估看成对城市社会治理过程和城市社会治理结果的评估。李宪奇认为，城市社会治理评估要以甄别现状与差异、分析绩效与问题、反映趋势、探索规律为目的，所以“城市社会治理评估模型的重点要以过程为主、以结果为辅”④。

（3）城市社会治理评估指标体系的构建。

笔者认为，仅从现有的城市社会治理评估的文献出发，难以窥见城市社会治理评估应有的路径。城市社会治理评估除了要围绕城市这一主体，同时其与其他评估体系也有共通之处。以此出发，国内对城市社会治理评估指标体系的构建主要有三种思路。

以治理主体为指向的城市社会治理评估体系。一是构建评估政府治理绩效的评估体系。“鉴于我国城市社会治理多以政府为城市社会治理主体，因此学界在对城市社会治理能力进行研究时，多数以政府治理能力为研究对象。”⑤ 包雅钧认为，社会治理包括政府对社会事务的管理和社会自治，政府对社会治理承担主要责任。因此，从政府治理内容出发，他构建了包含社区治理、社会组织、公共服务、环境保护、公民权利、社会公平、社会稳定、居民主观幸福感等八个方面的评价体系，更多地偏向客观指标⑥。何增科以建立“善治城市”为目标，构建了包括民主治理的过程、政府的质量、城市社会治理的绩效、公众的满意度评价四个

---

① 何增科. 城市社会治理评估的初步思考［J］. 华中科技大学学报（社会科学版），2015，29（4）：6-7.

② 姜军. 我国城市社会治理能力评估与提升路经研究［D］. 西安：西北大学，2015.

③ 廖加固. 快速城市化背景下的中国城市社会治理模式创新研究［D］. 武汉：武汉大学，2014.

④ 李宪奇. 中国城市社会治理评估模型的建构与应用［J］. 江淮论坛，2015（6）：16-20.

⑤ 夏志强，谭毅. 城市社会治理体系和治理能力建设的基本逻辑［J］. 上海行政学院学报，2017，18（5）：11-20.

⑥ 包雅钧. 当前中国社会治理评估的思考［J］. 科学决策，2011（7）：80-91.

二级指标的评估体系。其中，政府质量下辖效益、公平、责任、廉能四个指标，政府绩效下辖自由、安全、福祉、繁荣四个指标，公众满意度也包括对城市政府的信任与支持。整个指标体系还是以政府为主要评估对象。卫梦婉也认为，政府仍在城市社会治理过程中起主导性作用，她构建了反映政府基础设施、文化教育、社会服务、城市经济水平等方面的指标体系①。二是从治理内涵出发，抓住多元治理主体的核心概念，构建体现不同主体作用的评估体系。李宪奇认为，城市社会治理评估是基于城市善治的基本假设，即$G=f(g\cdot s\cdot m)$，G代表城市善治，g代表政府治理，s代表市场自治，m代表公益互动②。城市社会治理存在多元共治的密切关系，其中政府、市场、社会公益组织等都发挥自身作用，也发挥合力作用。基于此，李宪奇构建了包括城市社会治理主体性质和城市社会治理内容的城市社会治理评估概念模型，在指标上把城市社会治理过程和城市社会治理绩效两个具象概念分别作为治理结构和治理能力的操作变量。姜军认为，城市社会治理离不开政府、市场、社会与非政府组织的合作，提出从不同治理主体的角度，结合城市价值收益理论与城市社会治理能力，设置包括公平、透明、效能、参与、法治五大价值维度在内的城市社会治理能力评估体系。其中，政府主体侧重于公平与透明维度，市场主体侧重于效能维度，非政府组织侧重于参与维度，市民侧重于法治维度。姜军还做了同一城市的纵向比较和不同城市的横向比较③。过勇、程文浩抓住治理理念中多主体对公共事务的共同参与的核心内涵，认为良治＝良好的政府＋私营部门和公民的参与，把参与作为衡量城市社会治理的一个重要维度，并从价值导向出发，构建了包含参与、公正、有效、管制、法治、透明和廉洁七个维度的城市社会治理水平评价体系，但其中除参与外的六个指标都以政府治理能力为主要衡量内容④。

以治理内容为指向的评估指标体系。王珺、夏宏武从政府公共产品供给的职能角度构建了包括基础设施、文化教育、医疗卫生、社会保

① 卫梦婉．北京城市社会治理能力评价与提升研究［D］．北京：首都经济贸易大学，2017.

② 李宪奇．中国城市社会治理评估模型的建构与应用［J］．江淮论坛，2015（6）：16-20.

③ 姜军．我国城市社会治理能力评估与提升路经研究［D］．西安：西北大学，2015.

④ 过勇，程文浩．城市社会治理水平评价：基于五个城市的实证研究［J］．城市发展研究，2010，17（12）：113-118.

障、环境保护、园林绿化六个要素 49 个评价指标在内的城市社会治理能力评价体系，并选取五个区域中心城市（武汉、深圳、南京、沈阳、西安）进行了城市社会治理能力比较研究①。王菁在借鉴国外评估体系的基础上，以绩效评估理论、公众满意度理论、民主绩效等理论为依据，形成了一套包括民主、财务、公众、社区学习与成长四大维度 74 项的社区民主绩效评估指标②。庞丹认为，从静态来讲，城市和谐社区应该是一个“完善的社区”，其必要条件包括公共安全、强劲的经济、医疗保障、教育机会、干净健康的自然环境、适度的人口规模，这六个因素提供了高质量生活的基础；从动态来讲，城市和谐社区应该是一个可持续发展的社区或生态社区，可持续性即环境、经济与社会三大系统的和谐性。同时，庞丹结合城市和谐社区的内涵分析，构建了包括社区环境、社区管理、社区服务、社区文明、社区安全和社区参与六个二级指标的评价体系③。李丹妮根据系统分析理论，构建了包括社区文明、社区环境、社区生活、社区数字化管理、社区公共安全、社区居民生活水平六个一级指标及 20 个二级指标在内的城市宜居社区评估指标体系④。

以通用型评估为指向的治理评估体系。俞可平构建的中国治理评估体系设置了包含公民参与、人民权和公民权、党内民主、法治、合法性、社会公正、社会稳定、政务公开、行政效益、政府责任、公共服务和廉政等指标的治理评估体系⑤。包国宪、周云飞构建的中国公共治理绩效评价指标体系，以善治为公共治理的根本目标，从法治、参与、透明度、责任、效能、公平、可持续性等七个维度构建了一套评估指标体系⑥。胡税根、陈彪从输入、过程、输出、结果四个环节入手，提出了治理评价的 13 个维度，即竞争、成本、能力、透明、公平公正、时限、效率、质量、责任、创新、环保、效果、满意度，进而提出了自己的治理评估通

① 王珺，夏宏武. 五区域中心城市社会治理能力评价［J］. 开放导报，2015（3）：16-19.

② 王菁. 城市社区民主治理绩效评估体系的构建与指标设计［J］. 华东经济管理，2016，30（3）：161-169.

③ 庞丹. 我国城市和谐社区评估研究［D］. 大连：大连理工大学，2008.

④ 李丹妮. 我国城市宜居社区评估研究［D］. 大连：大连理工大学，2009.

⑤ 俞可平. 中国治理评估框架［J］. 经济社会体制比较，2008（6）：1-9.

⑥ 包国宪，周云飞. 中国公共治理绩效评价的几个问题研究［C］//中共中央编译局比较政治与经济研究中心“治理评估的理论与实践学术研讨会”会议论文，2008（4）.

用指标①。陈志勇、卓越认为，要实现治理体系和治理能力现代化，治理评估就要分别考虑到体系、能力和现代化三个词语的内涵，它们是一个共同体。治理体系至少要把握好国家治理评估与地方治理评估、政府治理评估与社会治理评估这两组关系。治理能力是系统、组织和个体的知识蕴含、素质结构与行为表征的综合体，表示达成行为目标的可能程度。执行力是治理能力评估的重要维度，对治理能力的评估可以使用治理绩效指标，要采用静态评估和动态评估、客观评估和主观评估相结合的方式。现代化是治理的目标靶向，国家治理体系和治理能力现代化是一个过程性的发展概念，被表述为第五个现代化，最终要落实到依法治国上②。

（二）城市社会治理现代化评估的实践探索

城市社会治理评估要成为开放、有效的评估体系，必须要在实践中进行检验，从而在实际应用的过程中不断聚焦重点、丰富内涵、完善流程、提升价值③。在理论界积极探讨城市社会治理评估的同时，各地城市社会治理评估的实践也纷纷步入探索阶段。当前城市社会治理评估的相关实践从不同的视角出发进行了不同的探索，大致可以分为五类。

1. 基于示范社区的城市社会治理评估实践

建立示范社区、创新地方试点，一直以来是我国进行城市社会治理实践的重要载体和突破口。通过建立示范社区，对示范社区进行研究，能够不断总结经验、反馈信息，明确示范社区实施的方法、步骤、注意事项和所需条件，发现试点偏差、完善试点政策、降低试点成本，加快实现“典型示范、以点带面”的中央政策意图。选择、评价、确定示范社区的过程，也是对城市社会治理进行评估的过程。

（1）全国和谐社区示范单位。

2013 年，民政部要求在全国范围内开展“建设和谐社区示范单位”创建活动，目的是以基层社会管理体制改革创新为引领，以建立新型社

① 胡税根，陈彪. 治理评估的主要维度和通用性指标框架研究［C］//中共中央编译局比较政治与经济研究中心“治理评估的理论与实践学术研讨会”会议论文，2008（4）.

② 陈志勇，卓越. 治理评估的三维坐标：体系、能力与现代化［J］. 中国行政管理，2015（4）：79-84.

③ 李宪奇. 中国城市社会治理评估模型的建构与应用［J］. 江淮论坛，2015（6）：16-20.

区治理和服务体系为目标，以规范化、标准化建设为动力，以增强社区自治和服务功能为重点，有力引领带动和谐社区建设整体水平提升。民政部在各地自查申报、省级考察推荐的基础上，经第三方独立评审和民政部部长办公会议研究，确定全国和谐社区建设示范城市、全国和谐社区建设示范城区、全国和谐社区建设示范街道、全国和谐社区建设示范社区。在和谐社区的评估过程中，主要采用听取汇报、审查材料、问卷调查、实地考察、走访居民等方法，参照和谐社区建设评估指标体系分别对各城市、城区、街道、社区进行评估。和谐社区建设评估指标体系中示范城市、示范城区、示范街道和示范社区都有不同的评估指标。示范城市包括经济社会协调发展、组织领导坚强有力、管理服务措施到位、保障机制健全完备、社区建设成效显著 5 个一级指标和 12 个二级指标；示范城区包括组织健全领导有力、管理服务措施到位、保障措施完备有效、社区建设成效显著 4 个一级指标和 15 个二级指标；示范街道包括组织健全指导有力、管理高效服务优质、保障到位措施有效、社会协同和谐共建 4 个一级指标和 14 个二级指标；示范社区包括管理有序、服务完善、文明祥和 3 个一级指标和 12 个二级指标。在评分方法上，该评估体系采用“状态描述法”，以 A、B、C 描述测评内容的状态。A 为该项测评内容的满分，B 为该项测评内容满分的 66%，C 为该项测评内容满分的 33%。每一项指标的状态确定后，加总得出测评总分。总体来看，全国和谐社区示范单位评估主要是以把城乡社区建设成为服务完善、管理民主、充满活力、和谐幸福的社会生活共同体为目标，采取示范社区建设的方式，对城市社会治理进行评估的实践探索。

2014 年，民政部确定的全国和谐社区建设示范城市有江苏省南京市、浙江省杭州市、福建省厦门市、辽宁省沈阳市、吉林省长春市、湖南省长沙市、广东省深圳市、湖北省武汉市、黑龙江省哈尔滨市 、安徽省马鞍山市、四川省攀枝花市、陕西省宝鸡市、河北省保定市、江苏省太仓市。

(2) 全国社区治理和服务创新实验区。

社区是城市的细胞，社区治理是城市社会治理极其重要的一部分，是城市社会治理的基础工程，社区治理体系和治理能力现代化是城市社会治理体系和治理能力现代化的实现前提，因此，推进社区治理和服务创新是社会建设领域深化改革的时代主题。自 2011 年以来，民政部综合考虑实验条件、创新方向和改革动力等因素，先后认定了三批“全国社区治理和服务创新实验区”，实验区试验时间为 3 年，要求各实验区认真贯彻落实党的十八大和十八届三中、四中全会精神，围绕实验主题，扎实推进各项实验任务，为推进社区治理体系和治理能力现代化提供鲜活样板。

2. 基于社会治理的城市社会治理评估实践

从严格意义上说，城市社会治理不同于社会治理，城市社会治理更应该注重“城市”的本质，立足于“城市”的特性对治理进行评估，但在当前的城市社会治理评估实践中，从社会治理的角度对城市社会治理进行评估的情况是存在的，评估的分析框架和思路与社会治理评估相似，评估内容涵盖社会治理的方方面面。

(1) 南京幸福都市考核评价指标体系。

南京市为全面推动南京率先基本实现现代化，争当江苏科学发展、改革创新、和谐稳定“首位市”，加快把南京建设成为独具魅力的幸福都市，建立了幸福都市考核评价指标体系。该指标体系以建设人民幸福城市为根本目标，以提高人民群众的幸福感和满意度为评价标准，坚持发展为了幸福、幸福引领发展，切实加强以保障和改善民生为重点的社会建设。在基本原则上，坚持以人为本发展理念，突出民意需求导向；坚持民生为先工作方针，突出民生幸福主题；坚持群众满意评价导向，突出群众幸福感受；坚持共建共享工作机制，突出社会共同参与；坚持目标管理考核方法，突出目标方向引领。在评估内容上，幸福都市考核评价指标体系由工作目标指标体系（客观指标）和群众满意度指标体系（主观指标）两大部分组成。客观指标权重占70%，包括综合指标和民生工作指标两部分，共42项指标，全面反映幸福都市建设的着力点和主要内容，其中综合指标权重占40%，民生“十大体系”工作指标权重占30%。主观指标权重占30%，主观指标主要是对应上述客观指标设置的21项群众满意度指标，力求全方位、多层面反映群众幸福感受。

(2)《上海市社会治理“十三五”规划》。

上海市“十三五”规划，明确提出要加强和创新社会治理，突出系统治理、依法治理、综合治理、源头治理，推进社会治理精细化，加快形成符合超大城市特点，主体多元、治理协同的扁平化社会治理新格局。在具体指标要求上，更是提出“到2020年，每万人拥有社会组织数达到6个以上”“到2020年，注册志愿者人数占常住人口的比例超过10%”等具体指标要求。2017年3月，上海市发布《上海市社会治理“十三五”规划》，这是上海市第一个社会治理五年专项规划，该规划从社会治理的

角度对城市社会治理评估提出了新要求、指明了新办法。该规划阐明了“十三五”时期上海社会治理的总体目标、基本思路、重点任务和保障措施，从社会活力、城市管理、社会安全、社区建设、社会文明五个方面，明确提出“十三五”时期社会治理的17项发展指标；围绕“进一步提升政府公信力、社会活跃力、文化感召力、城市吸引力”，提出“十三五”时期上海社会治理的十方面主要任务和五个重点项目。

（3）《深圳市人口与社会事业发展“十三五”规划》。

深圳市“十三五”规划明确提出从完善社会治理体系、维护社会和谐稳定、保障城市公共安全三个方面加强和创新社会治理。为进一步获得质量型人口发展红利，健全水平适度、功能完善、布局合理、服务高效的社会事业体系，增强公共服务能力，提升社会管理水平，在全面建成小康社会的基础上率先建设更高质量的民生幸福城市，依据深圳市“十三五”规划，《深圳市人口与社会事业发展“十三五”规划》编制并公布，以指导深圳市社会事业各领域相关事务。深圳市“十三五”人口与社会事业发展指标体系包括人口发展、公共服务、居民生活、社会管理四个方面，下含21个二级指标，每个指标包含2020年所要达到的目标值，指标属性分为预期性和约束性两类。

3. 基于单项目标的城市社会治理评估实践

在城市社会治理评估的实践中，也有一部分评估实践从城市社会治理的单项目标出发，设立城市社会治理达到的关键目标，如美丽、宜居、创新等，考察城市社会治理关键目标实现的程度，实现对城市社会治理的评估。

（1）中国特色“美丽城市”评价指标体系。

为落实“美丽中国”战略，推动绿色新型城镇化，建设中国特色“美丽城市”，在生态文明贵阳国际论坛2016年年会“发现城市之美”主题论坛上，中国特色“美丽城市”评价标准确立并公布。中国特色“美丽城市”指标体系遵循导向性、针对性、合理性、操作性、开放性原则，包括生态自然美、人文特色美、经济活力美、社会和谐美、政治清明美、生活幸福美6个一级指标。为体现目前和今后一段时间生态文明的突出地位，在中国特色社会主义事业“五位一体”总体布局均衡发展的基础上，在指标体系中将“生态自然美”权重确定为20，其他5项按等权重方法确定为16。因审美评价的高度意象性与概括性，二级与三级指标不设定权重，评选时将根据专家、社会以及现场调研的综合评价，得出相应的综合分数。在本标准框架下，本着“发现”“引导”“示范”“推广”的原则，以“美丽城市”总体目标指导各地实践，以各地实践丰富“美丽城市”内涵和评价指标体系，开展丰富多彩的“发现城市之美——中国特色‘美丽城市’最佳案例展评活动”，总结推广最佳案例经验，为其他城市探索美丽路径提供参考借鉴。依据“美丽城市”指标进行评选，2017 年中国十大最美城市排行榜为：北京、苏州、成都、上海、杭州、武汉、西安、昆明、青岛、澳门。

（2）宜居城市科学评价指标体系。

2007 年 4 月，建设部科技司验收通过了宜居城市科学评价标准。该评价指标体系包括社会文明度、经济富裕度、环境优美度、资源承载度、生活便宜度、公共安全度 6 个一级指标和综合评价否定条件，不同的指标对应不同的权重计分，宜居指数采取百分制，经权重计分，宜居指数累计得分≥80 分的有机会评为宜居城市，如果有任何一项否定条件都不能确认为宜居城市。宜居城市科学评价指标体系与其他城市社会治理评估体系的关键区别就在于添加了综合评价否定条件进行“一票否决”。根据中国科学院发布的《中国宜居城市研究报告》，2016 年中国宜居城市排行榜为：厦门、威海、宁波、济南、苏州、福州、青岛、长沙、南昌、三亚。

（3）创新型城市指标体系。

为深入贯彻落实科学发展观，加快落实提高自主创新能力、建设创新型国家的战略部署，充分发挥城市在推进自主创新、加快经济发展方式转变中的核心带动作用，2016 年 2 月科技部发布了创新型城市指标体系，并参照指标体系对开展创新型城市试点建设的城市进行验收评估。该指标体系包括创新要素集聚能力、综合实力和产业竞争力、创新创业环境、创新政策体系和治理框架结构、特色指标 5 个一级指标和 26 个二级指标，在指标评定方法上结合了定性评价和定量评价两种方式。其中，特色指标体现东中西部和东北地区不同城市的发展实际和特色优势，由各地自行提出其他特色指标。根据新一线城市研究所报告，2017 年中国城市创新力排行榜为：北京、深圳、上海、广州、杭州、天津、成都、武汉、苏州、重庆。

4. 基于单项能力的城市社会治理评估实践

城市社会治理以实现市民美好生活为目标，而实现市民美好生活的关键在于城市政府能力。一部分评估关注城市社会治理最终要达到的治

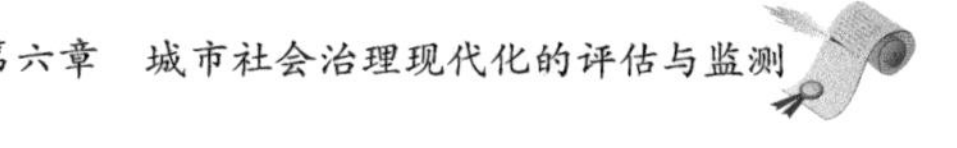

理能力，选择某个单项能力作为城市社会治理的关键能力，以此评估城市社会治理。

（1）公共服务能力。

公共服务是城市社会治理的重要组成部分，城市政府的公共服务能力是实现市民美好生活的关键，在城市社会治理评估的实践中，基于公共服务的评估也比较丰富，对城市公共服务能力比较有影响力的评估有三个。第一，中山大学城市治理与公共服务学科团队对中国城市政府公共服务能力进行评估，通过统计资料分析、问卷调查和神秘顾客扮演等方法，尤其强调市民视角，分别对19个副省级以上城市（10个副省级城市、5个计划单列市和4个直辖市）的需求识别能力、服务供给能力和学习成长能力进行了测评和比较。该团队还于2013年和2016年出版了《城市政府能力蓝皮书》。第二，自2011年起，中国社会科学院马克思主义研究院经济与社会建设研究室与华图政信公共管理研究院组成课题组，研创了城市基本公共服务能力评价指标体系。该指标体系构建了以公共交通、公共安全、住房保障、基础教育、社会保障和就业、基本医疗和公共卫生、城市环境、文化体育、公职服务水平等为主要内容的政府公共服务能力评估体系，提出了客观评价指标和主观评价指标相结合的地方政府基本公共服务能力评价指标体系，通过对全国38个主要城市进行大规模的城市基本公共满意度调查，对相关城市的基本公共服务力进行深度研究，旨在为促进基本公共服务优质化、全面化和均等化，提升政府公共服务能力，推动解决民生难题提供数据职称、学术支持和政策建议。第三，上海交通大学民意与舆情调查研究中心自2011年起连续6年发布《中国城市公共服务满意度调查》报告，该报告以“中国城市公共服务质量指数”体系为测评框架，框架由“基本公共服务维度”和“政府服务维度”组成，每一维度包括多项评估指标，采用国际先进的计算机辅助电话问卷调查系统（CATI），对中国35个城市的3 500位居民进行随机抽样调查和电话问卷调查，最后通过数据分析得出全国“公共服务整体满意度”十佳城市。2016年中国城市公共服务能力排行榜为：杭州、南京、北京、广州、深圳、大连、青岛、上海、武汉、沈阳、济南、厦门、宁波、西安、哈尔滨、天津、长春、成都、重庆。

（2）应急管理能力。

随着我国城市化进程的加快，各种自然和人为的突发事件频繁发生，给社会和公众造成了严重的经济损失、社会影响。应急管理成为每

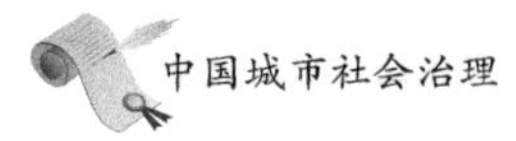

个城市必须面对的问题，城市应急管理能力成为城市社会治理能力的重要组成部分。2016 年 1 月，中国管理科学学会公共管理专业委员会、欧华安泰风险与危机应急研究院、河南理工大学应急管理学院联合发布了《2014—2015 年中国 31 个省市区应急表现能力评价报告》。该评价报告从自然灾害、人因灾害、综合表现三个方面对 2014—2015 年我国 31 个省市区的应急表现能力进行了评估。该评价报告显示，北京等 5 个省市区综合应急表现能力为优秀，江西等 14 个省市区综合应急表现能力为良好，重庆等 11 个省市区综合应急表现能力为中等，天津等省市区综合应急表现能力较差。2014—2015 年中国 31 个省市区应急表现能力排行榜为：北京、四川、内蒙古、湖北、青海、江西、吉林、浙江、山东、甘肃、河北、宁夏、贵州、福建、黑龙江、海南、河南、辽宁、广西、重庆、西藏、安徽、江苏、上海、山西、云南、广东、湖南、陕西、新疆、天津。

(3) 智慧治理能力。

随着信息时代的到来，互联网、物联网、云计算、大数据等技术的迅速更新与发展让人们看到了解决城市发展问题的新希望。智慧城市是 21 世纪初以来在全球发展的城市可持续发展的创新理念与创新实践，是创新城市社会治理方式、改革城市管理体制、完善城市社会治理机制的新理念和新路径。建设智慧城市要求城市具备相应的智慧治理能力，提升城市智慧管理能力有助于提升城市管理能力和服务水平，促进产业转型发展。住房和城乡建设部建筑节能与科技司于 2012 年 11 月编制了《国家智慧城市（区、镇）试点指标体系（试行）》，该体系包括保障体系与基础设施、智慧建设与宜居、智慧管理与服务、智慧产业与经济 4 个一级指标。其中，保障体系与基础设施指标分为保障体系、网络基础设施、公共平台与数据库三类二级指标，涉及无线网络覆盖、城市公共基础数据库和信息安全等多项三级指标。智慧建设与宜居指标分为城市建设管理、城市功能提升两个二级指标，涉及数字化城市管理建筑节能、垃圾分类与处理、供水排水燃气系统等多项三级指标。智慧管理与服务指标分为政务服务、基本公共服务、专项应用三个二级指标，涉及信息公开、社会服务、智慧交通等多项三级指标。智慧产业与经济指标则包括产业规划、产业升级和新兴产业发展三方面，涉及创新投入、产业要素聚集、传统产业改造和高新技术产业等内容。此外，一些社会组织也进行了城市智慧治理能力评估，发布了智慧城市排名。比如，2016 年 12 月，中国互联网协会、新华网和蚂蚁金服发布了《新空间·新生活·新

治理：中国新型智慧城市·蚂蚁模式白皮书》，同时发布了全国 335 个城市的“互联网＋”社会服务指数排名，杭州市以 383.14 的高分排名第一。2017 年 11 月，在“2017 互联网＋智慧中国年会”上，国脉智慧城市研究中心主任、“2017 中国智慧城市发展水平评估”项目组组长姜德峰发布了《第七届（2017）中国智慧城市发展水平评估报告》。评估以智慧城市建设成效显著、入选国家智慧城市和信息惠民试点的 100 个样本城市为对象，在具体实施过程中，智慧城市评估体系主要包含数据治理、智慧互联、智慧民生、智慧经济、创新环境 5 个一级指标、18 个二级指标，并考虑一二线、三四线城市经济发展、城市发展理念等存在的实际差异性，智慧经济和创新环境指标在权重上做了区分处理。2017 年中国智慧城市排行榜为：北京市、深圳市、广州市、上海市、东莞市、重庆市、长沙市、苏州市、佛山市。

5. 基于整体性的城市社会治理评估实践

地方政府是国家改革的关键和中轴变量，既是中央政策的“传声筒”和执行者，又是基层需求的“感应器”，是中央政府和基层社会的双重代理人。地方政府治理体系和治理能力现代化是国家治理体系和治理能力现代化的重要内容与基础支撑，关系党的执政安全、国家的繁荣富强、社会的和谐稳定、百姓的平安幸福。在对城市社会治理的评估实践中，一些评估从整体性的角度出发，将地方政府治理等同于城市社会治理，以地方政府治理的水平代表城市社会治理的水平。

2009 年至今，人民论坛测评中心以“中国县域科学发展评价指标体系”大型课题调研为依托，先后构建“中国县市治理能力评价体系”“中国地方治理能力评价体系”。人民论坛测评中心不断以中国地方治理能力评价体系既有框架为基础，结合数据的可得性，通过应用修正后的中国地方治理能力评价体系，结合相关的公开统计数据，先后对山东省 17 地市、福建省 9 地市、15 个副省级城市、中原城市群 30 地市、长江中下游城市群 28 地市等诸多地方政府的保障能力、调控能力、财政能力、参与能力分别进行了测算，在此基础上计算各城市的治理能力。根据各城市社会治理能力总体得分、分项得分，提出了今后进一步提升各城市社会治理能力的对策措施。2011 年，北京师范大学组织专家力量，深入研究，扎实工作，发布了《2011 中国省级地方政府效率研究报告》，构建了一个“省级地方政府效率测度指数”，并利用该指数，以 2010 年国家统计部门正式发布的数据为基础，对中国内地 31 个省（区、市）的政府效率进行了定量测度和分析，揭示了省级地方政府效率的特征和规律，同时指出了中国省级地方政府提升效率面临的困境和优化的路径。2015 年 12 月 20 日，由北京师范大学政府管理学院、政府管理研究院等单位联合主办的《2015 中国地方政府效率研究报告》，结合“简政放权对政府效率影响”这一主题测度分析了 2015 年我国省级政府效率，并大幅拓展地方政府效率研究样本，定量评估了中国重点城市（包括 22 个省会、5 个自治区首府、7 个计划单列市或经济特区、69 个全国二线及三线地级市代表）的政府效率，推出了中国 104 个城市政府效率排行榜。

在当前的城市社会治理实践中，基于示范社区的城市社会治理评估、基于社会治理的城市社会治理评估、基于单项目标的城市社会治理评估、基于单项能力的城市社会治理评估、基于整体性的城市社会治理评估，都有相应的理论假设。综观当前的各种评估实践，都没有真正体现“城市”这一实体内涵，没有回应“城市”的本质，因此，具有说服力、代表性的评估实践尚未形成，还需要进一步探索和完善。

（三）城市社会治理现代化评估的价值取向

价值取向就是指一定行为主体以某种价值观为指导，根据一定的价值标准，对价值目标进行价值选择和价值决策的行为倾向。城市社会治理的价值取向是城市社会治理主体对其行为终极目的基本价值判断、价值确认和利益选择，是“要一个什么样的政府或者要建成一个什么样的政府”这一根本目的的体现，并由此构成了政府绩效评价体系和绩效评价行为的深层结构①，深刻影响着城市社会治理目标的设定、评价指标的构建、绩效评估的实施及评估结果的应用。

1. 国家治理是城市社会治理评估的价值起点

国家治理是城市社会治理评估的价值起点，这可以从两个方面理解：一是城市作为国家的一个重要组成单位，“城市社会治理现代化是国家治理现代化的基础，是解决当前城市问题和社会矛盾的主要途径，是推进城市与社会发展的本质需求”②。可见，城市社会治理评估工作至关重要，城市社会治理评估的最终目的是促进整个城市的发展，进而促进整

① 彭国甫. 价值取向是地方政府绩效评估的深层结构 [J]. 中国行政管理，2007 (7).

② 计永超，焦德武. 城市社会治理现代化：理念、价值与路径构想 [J]. 江淮论坛，2015 (6)：11-15.

个社会、整个国家的发展。从这个层面来说，城市社会治理评估在某种程度上要有利于实现国家治理的目标。二是国家治理可以为城市社会治理提供理论参考。国家治理的现代化要通过国家治理体系和治理能力现代化来实现，习近平总书记强调，国家治理体系和治理能力是一个相辅相成的有机整体①。作为国家的基础组成部分，城市社会治理的现代化也不能离开城市社会治理体系和治理能力现代化，城市社会治理的评估要强调对城市社会治理体系和治理能力的评估。

2. 善治城市是城市社会治理评估的价值目标

城市社会治理作为“治理”理念在城市层面的运用，要突出“治理”的核心内涵，并突出“善治”的治理目标。虽然现在学界对“治理”或“善治”的概念还没有达成共识，但是，从现有的文献可以看出，“善治首先被认为是政府、公民社会和私人部门之间的相互支持和合作关系，三者之间关系的性质以及加强促进三者之间互动的机制被认为具有极其重要的意义，善治被认为包含以下部分或全部因素：参与、决策透明、负责任、法治和可预测性，有时候信息获取、公民自由以及授权和能力建设等因素也被发展援助机构所强调”。何增科也认为，城市社会治理的努力方向就是建设“善治城市”，透明、参与、法治、效益、责任、公平、廉洁、和谐这些善治的基本价值应该贯穿城市建设和城市管理的全过程，城市社会治理评估应当包括城市社会治理体系中的输入、转化、产出、成效、评估等城市社会治理的各个环节②。

3. 以人为本是城市社会治理评估的价值归宿

“城因人而生，人为城之本，城市的存在是为了让人的生活更美好，以人为本应该作为城市社会治理最根本的理念。”③ 韩震认为，城市公共治理的价值取向应基于中国社会发展的实践，应将以人为目的和主体的人文治理和民主治理作为城市社会治理应有的价值取向④。杨宏山也认为，政府绩效评估存在外部控制和内部责任两种导向，外部控制以提升

---

① 习近平. 完善和发展中国特色社会主义制度　推进国家治理体系和治理能力现代化［EB/OL］. 中国共产党新闻网，2014-02-18.

② 何增科. 城市社会治理评估的初步思考［J］. 华中科技大学学报（社会科学版），2015，29（4）：6-7.

③ 夏志强，谭毅. 城市社会治理体系和治理能力建设的基本逻辑［J］. 上海行政学院学报，2017，18（5）：11-20.

④ 厉玲玲，吕永操. “我们”与城市社会治理体系、治理能力现代化：2014 生活与发展研讨会综述［J］. 浙江社会科学，2015（2）：149-154.

政府执行力为核心，内部责任则以提升社会满意度为诉求①。不管城市社会治理要实现何种目标，最终成果都要落实在人的身上，要“聚焦民生痛点、关注百姓需求、共享城市红利”②。党的十九大报告提出，我国社会主要矛盾已经转化为人民日益增长的美好生活需要和不平衡不充分的发展之间的矛盾。人民美好生活需要日益广泛，不仅对物质文化生活提出了更高要求，而且在民主、法治、公平、正义、安全、环境等方面的要求日益增长，在现阶段，城市社会治理评估必须对城市社会治理是否回应人民需求做出判断。

（四）城市社会治理现代化评估的基本维度

综合以上文献和实践分析，鉴于评估的可操作性，本书认为城市社会治理的主体仍主要为城市政府，对城市社会治理的评估仍主要是对城市政府治理绩效的评估。从政府为治理主体这一角度出发，同时又考虑到“城市”这一地域实体，结合城市社会治理评估的三个价值取向，本书构建了一个包含“输入—转化—产出—效果”全过程的城市社会治理现代化评估体系，具体维度如图 6－1 所示。“输入”表现为城市社会治

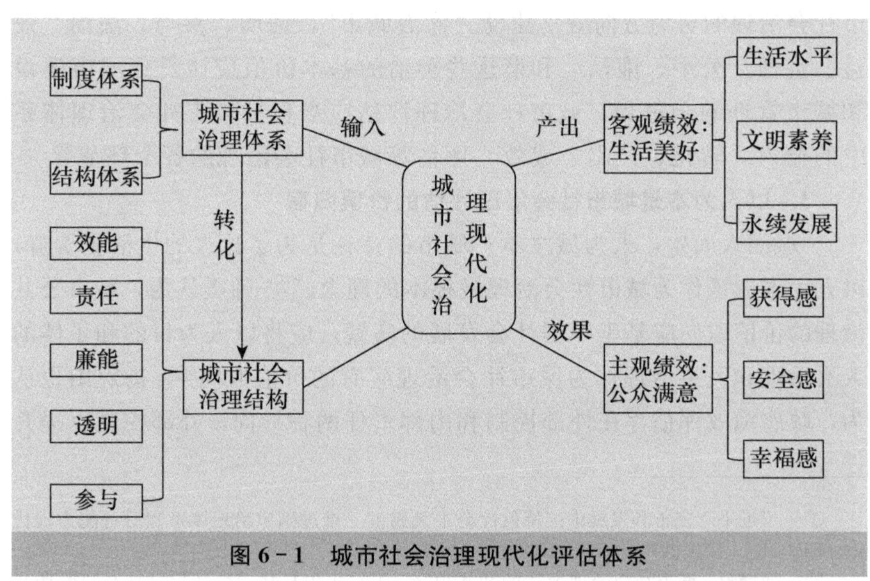

图 6－1　城市社会治理现代化评估体系

---

① 杨宏山．城市社会治理绩效评估的模式比较：以北京市朝阳区和美国巴尔第摩市为例［J］．国家治理，2015（15）：26－34．

② 杨雪锋．理解城市社会治理现代化［J］．经济社会体制比较，2016（6）：16－19．

理体系，即城市社会治理的制度体系与主体结构；“转化”即城市社会治理体系输入后转化的结果，即城市社会治理能力；“产出”即城市社会治理的客观绩效；“效果”即城市居民对城市社会治理的主观满意度。由此，将城市社会治理构建为一套完善的制度体系，在制度体系的规范下，城市社会治理的输入有效转化为城市社会治理的能力，最终推动全体市民对美好生活的向往，实现成果由人民共享、绩效由市民评判。

1. 城市社会治理体系

目前，学界对治理体系的界定大致统一于“结构体系”和“制度安排”或“制度体系”，对于什么是城市社会治理体系还没有定论。“国家治理体系是在党领导下管理国家的制度体系，包括经济、政治、文化、社会、生态文明和党的建设等各领域体制机制、法律法规安排，也就是一整套紧密相连、相互协调的国家制度。”① 俞可平认为，“国家治理体系就是规范社会权力运行和维护公共秩序的一系列制度和程序”②。薛澜、张帆、武沐瑶认为，与国家治埋内容相关的所有主体、资源以及各种正式与非正式的制度体系构成了国家治理体系。借鉴国家治理体系的思路，我们可以把城市社会治理体系理解为规范城市社会治理各主体权利和维护城市公共秩序的一系列制度和程序，其中就包括了制度体系和结构体系。

2. 城市社会治理能力

“鉴于我国城市社会治理多以政府为城市社会治理主体，因此学界在对城市社会治理能力进行研究时，多数以政府治理能力为研究对象。”③一方面，城市社会治理能力是城市政府规划、建设、管理和利用的工作职能④，是为应对“城市病”和促进城市可持续发展的能力，包括城市动员能力、城市管理能力、城市发展能力和精细治理能力⑤，也是为实现治理目标的潜力，“是系统、组织和个体的知识蕴含、素质结构和行为表征的综合体，表示达成行为目标的可能程度”⑥。另一方面，与国家治理能

① 俞可平. 中国治理评估框架［J］. 经济社会体制比较，2008（6）：1-9.

② 俞可平：推进国家治理体系和治理能力现代化［EB/OL］. 中国共产党新闻网，2014-02-27.

③ 夏志强，谭毅. 城市社会治理体系和治理能力建设的基本逻辑［J］. 上海行政学院学报，2017，18（5）：11-20.

④ 罗一民. 城市现代化离不开政府治理现代化［J］. 同舟共进，2017（7）：24-25.

⑤ 同③.

⑥ 陈志勇，卓越. 治理评估的三维坐标：体系、能力与现代化［J］. 中国行政管理，2015（4）：79-84.

力、社会治理能力相对应，治理能力更加强调治理行为的结果、效果或者绩效等内涵。姜军认为，城市社会治理能力主要反映城市主体针对城市具体事件治理行为的水平和质量，评价城市社会治理能力的维度包括透明度、效能、公平、法治与参与①。白鸽、唐小明认为，城市社会治理能力是在一定的城市社会治理制度体系下（这个制度体系包括政治、经济、社会、文化、生态文明等领域）运用最小成本最有效管理城市的各项事务的能力，强调低成本高效率，而法治则是治理能力现代化最好的实现形似②。李宪奇把城市社会治理能力理解为各城市社会治理主体的治理绩效，重点包括治理的业绩和效果，认为评估结果要综合考虑合法、公平、效率、满意、可行等几个方面的平衡③。包雅钧也认为，“治理的效果要从稳定、公平、和谐、效率、发展几大方面显示出来”④。蓝志勇、胡税根认为城市社会治理主要包含四个基本目标：责任、合法性、效率、公正⑤。结合以上观点，本书认为，以政府为城市社会治理的主体，城市社会治理能力主要表现为政府治理城市的能力，主要有效能、责任、廉能、透明和参与。

3. 城市社会治理的客观绩效

基于“以人为本”的城市社会治理价值取向，城市社会治理的结果必须为人所享，只有切实满足人民对美好生活的向往，城市社会治理才能实现其应有之义。城市社会治理的绩效反映的是城市政府的公共政策、公共产品的实际效果，城市社会治理状况的好坏直接反映在一定空间范围内居住的人口的生存和发展状况与生活质量高低上。将人的美好生活需求的实现程度作为城市社会治理的客观绩效，是衡量城市社会治理结果的重要维度。本书认为，可从生活水平、文明素养、永续发展三个方面对其进行评估，城市社会治理不仅要促进人们生活物质水平的提高，还要提高人们的生活质量和精神文化水平，提升人的文明素养，并最终实现人与城市的永续发展。

---

① 姜军. 我国城市社会治理能力评估与提升路经研究［D］. 西安：西北大学，2015.

② 白鸽，唐小明. 法治城市建设是城市社会治理现代化的必然要求［J］. 安徽行政学院学报，2015，6（2）：103-106.

③ 李宪奇. 中国城市社会治理评估模型的建构与应用［J］. 江淮论坛，2015（6）：16-20.

④ 包雅钧. 当前中国社会治理评估的思考［J］. 科学决策，2011（7）：80-91.

⑤ 蓝志勇，胡税根. 中国政府绩效评估：理论与实践［J］. 政治学研究，2008（3）：106-115.

4. 城市社会治理的主观绩效

只有公众实际感知到结果，城市社会治理才算真正实现目标。杨宏山提出，“城市社会治理既要强化内部控制，提升行政效率，也要关注不同社会群体的需求、意见和评价，提升公众满意度”①。何增科在城市社会治理评估的初步思考中采用了主客观相结合的评估方法，把主观满意度作为评估的重要维度，满意度下的二级指标主要是对城市社会治理过程、提供的公共产品和治理绩效的满意度评价②。公众的主观满意度应该作为衡量治理结果的重要维度。当前，关于治理绩效评估一般存在两种模式，即主观评估和客观评估。主观评估强调公众对治理结果感知的程度；客观评估注重治理主体对实际成效的数量化评估，强调对治理的成本效益分析。两种模式各有利弊，正如奥斯特罗姆针对实务界对公众主观评估的不重视所指出的那样，“主客观评估之间的偏差并不是因为主观评估本身不可靠，而是因为评估模式的单一性和评估内容的模糊性。也就是说，依靠单一的主观评估模式必然会导致测量结果的偏差，应该进行‘多维度评估’的比较”。正是基于任何一种评估都带有评估主体的思维判断，本书将客观评估和主观评估相结合，以实现评估结果的科学性。相应地，在最终的评估指标设计中，也就出现了主观指标和客观指标两种类别。在本书中，主观指标主要指公众对城市社会治理的获得感、安全感和幸福感。

（五）小结

在对国内外的文献进行梳理后，我们窥见了城市社会治理评估的基本路径。现阶段，城市社会治理评估研究还处在初级阶段，本书在参考学术界成果的同时，还借鉴了各地区的一些城市社会治理评估或者其他评估实践，并基于国家治理、善治与以人为本的价值取向，最终构建了一个包含输入和输出两个层面四个维度的城市社会治理现代化评估框架体系。输入包含城市社会治理结构和治理能力两个维度。城市社会治理体系主要指制度体系和结构体系，城市社会治理能力主要为城市社会治理主体——政府的治理能力，包括效能、责任、廉能、透明和参与。输出包含城市社会治理客观绩效、公众主观满意度两个维度。城市社会治

---

① 杨宏山．城市社会治理绩效评估的模式比较：以北京市朝阳区和美国巴尔第摩市为例［J］．国家治理，2015（15）：26-34．

② 何增科．城市社会治理评估的初步思考［J］．华中科技大学学报（社会科学版），2015，29（4）：6-7．

理客观绩效包括生活水平、文明素养和永续发展，公众主观满意度包括获得感、安全感和幸福感。

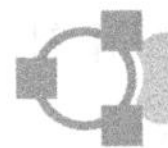

三、城市社会治理现代化评估的基本原则与方法

（一）评估原则

1. 系统性

城市社会治理是一个系统，涉及治理体系、治理能力和治理结果，对城市社会治理的评估要坚持系统性，不能漏掉其中任何一个环节和内容。从输入与输出的角度来看，治理体系和治理能力可以看作城市社会治理系统中的输入，客观绩效和公众主观满意度即城市社会治理的输出，城市社会治理评估即对城市社会治理输入和输出整个系统的评估。从整体的评估体系来看，指标体系的构建只有对治理体系、治理结构和治理客观结果的各个要素进行客观评估，全面客观地反映城市社会治理现代化水平，指标的各个部分才能够形成相互关联的有机整体。从主客观的角度来看，指标体系的设计不仅要包括客观指标要素，还要包括设计主观指标。客观指标即治理体系、治理能力和生活美好下设的可操作性指标，是对城市社会治理现代化水平的客观性评估，主观指标即公众满意，主客观结合才能系统、全面地反映评估结果。

2. 发展性

评估是为了发现问题，实现发展。本书以发展性为原则，在评估指标体系指标的设置中也设计了一定的目标值，将达到目标值看作评估指标的目标，在纵向评估的过程中，发现各个方面存在的不足，并有针对性地进行改善，以期达到目标值，提高治理的现代化水平。党的十六届三中全会提出了坚持以人为本，树立全面、协调、可持续的发展观，因此，我们在设计评估指标的过程中，还应从以往的经济指标转向重视长期绩效指标，考察社会发展的各要素，从“以物为中心”的指标转向“以人为中心”的指标。要及时、充分地了解人民群众的需求，使评估指标体系随着经济的发展和人类社会的进步、公众的认知和需求变化而不断变化与调整。

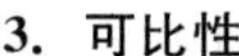

3. 可比性

为了补齐城市社会治理短板，同时也找准各地城市社会治理优势，本书将可比性作为基本原则之一，评估指标的设计便于不同城市间和区县间的比较；搜集大量数据和政策文本，以用统一认可的指标进行对比。鉴于我国城市分布的差异性，指标的设计既考虑了各地城市的共性，也考虑了各地城市可能存在的个性。

4. 基层性

社区是城市的基本单元，社区治理是城市社会治理的重要抓手。习近平总书记指出，基础不牢、地动山摇，必须把抓基层打基础作为长远之计和固本之策；社区服务和管理能力强了，社会治理的基础就实了；要推动服务和管理力量向基层倾斜，尽可能把资源、服务、管理放到基层，使基层有职有权有物，更好为群众提供精准有效的服务和管理。这些重要论述深刻阐述了城乡社区在社会治理中的基础性地位和作用，确立了重视基层、大抓基层的工作导向。本书在对指标体系的设计中，严格把握基层性这一评估原则，将能落到社区的可操作性指标都落到了社区。从基层推进治理体系和治理能力现代化的评估，符合社区治理的发展趋势，也具有科学性和客观性。

（二）评估方法

1. 主客观相结合的评估方法

本书在设计指标体系时，不仅考虑了具有可操作性的客观指标，也考虑了包含主观评估的公众满意度，用设置问卷的方法来评估公众满意度。主客观相结合，全方位评估，这样的评估方法使整个评估体系更具科学性，也更能良好地反映评估结果，以实现长期发展的目标。

2. 纵横比较相结合的评估方法

本书在设计指标体系时，运用了纵横比较的评估方法。纵向上，对近几年的部分城市社会治理数据、政策文本进行了比较和分析，力求找到能够结合当下实际情况的评估指标，以发现城市社会治理的发展趋势；横向上，将上海、深圳等一线城市进行对比，设计评估体系，从而实现客观评估，真正发现差距，实现长足发展。

3. 定性与定量相结合的评估方法

在设计指标体系的前期，本书研究了大量的学术文献以及各地关于城市社会治理的政策文本，将指标体系设计的理论基础打牢。在三级指标初步确立的基础上，本书又运用定量的方法对指标进行筛选及赋值，使评估体系具有科学性、客观性及可操作性。

四、城市社会治理现代化评估的指标体系构建

（一）评估指标体系的设计

1. 评估指标体系设计的原则

（1）科学发展原则。城市社会治理现代化评估指标体系的构建是否成功，很大程度上取决于指标体系的构建是否科学合理、严谨周密，是否能全面客观、真实有效地反映和测量城市社会治理情况。只有建立一个科学的治理评估指标体系，政府才能在这样的科学标准下有目标、有计划地进行城市社会治理。

（2）系统全面原则。城市社会治理是一个系统，包括输入、转化、产出和结果，涉及治理体系、治理能力和客观绩效等内容，对这样的系统进行绩效评估，就要保持指标设计的规范性、系统性、全面性。指标体系的构建要能够包含城市社会治理各要素，全面客观地反映城市社会治理的基本状况和主要过程，指标设计的各部分要形成相互关联的有机整体，并与城市社会治理的内涵和结构相符合。此外，还应该保持指标的连续性和稳定性，选取可以按照时间序列排序的矢量指标，以便进行绩效能力比较和演化趋势预测。常用的方法就是选取普遍执行的常设考评指标，避免纳入临时任务考评指标①。

（3）可行实用原则。可行性是指城市社会治理绩效评估指标在实践的过程中具有适用性，能够发挥测试城市社会治理效果的作用。构建城市社会治理评估指标体系，应从实际情况出发，充分考虑评估的各项指标能否获得，以及获得指标的科学性、准确性，为后面评估结果的信度和效度打好基础。实用性是指城市社会治理评估指标能够指导实践。在设计指标时，应尽量简化，用简单、科学、可操作的指标来反映尽可能多的城市社会治理内容，评估的方法标准、规范、简便，具有可推广性。

（4）人本导向原则。人是城市的重要构成要素，治理的具体内容涉

---

① 马庆．关于“公共服务”的解读［J］．中国行政管理，2005（2）．

及方方面面，但最终要落实到人身上。一方面，城市社会治理应以实现公共利益、为人民创造价值为目的，应体现城市公众的要求，解决公众迫切需要解决的问题。另一方面，城市社会治理的效果和质量取决于公众的认同，城市社会治理的结果也应该转向公众所期望的结果，应当将公众满意度指数作为评估城市社会治理主体、改进治理方式、提高治理能力、提升治理质量的主要参考指标。这就解答了“评估主体与评估标注”的价值诉求，并在本质上体现了公民选择、参与和评价城市社会治理的权利，也能够加强公民对政府的信任和支持。

2. 评估指标体系设计的过程与方法

城市社会治理现代化评估指标体系构建的程序大致可以分为初步构建指标体系、指标筛选和指标赋权三个步骤，如图 6－2 所示。基于前面对城市社会治理评估的特性与实践分析，结合城市社会治理评估的原则，本书设置了城市社会治理体系、城市社会治理能力、城市社会治理客观绩效和城市社会治理主观满意度四个一级指标。

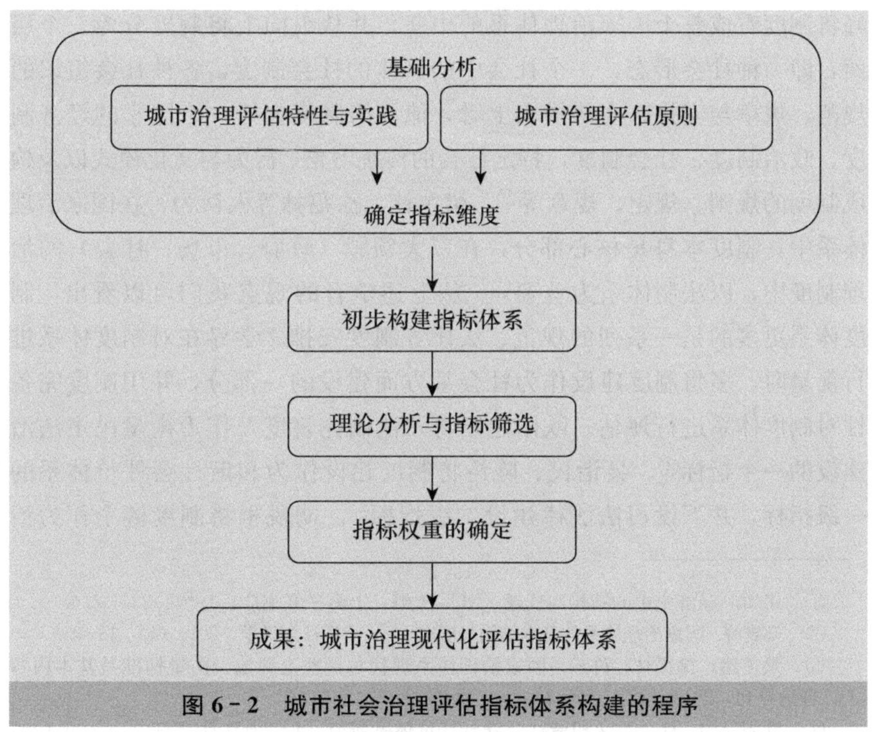

图 6－2　城市社会治理评估指标体系构建的程序

在对一级指标的内涵进行深度分析的基础上，参照相关文献与实践，最终在治理体系下设制度体系和结构体系两个二级指标，治理能力下设效能、责任、廉能、透明和参与五个二级指标，客观绩效下设生活水平、文明素养与永续发展三个二级指标，公众主观满意度下设获得感、安全感与幸福感三个二级指标。基于前期确立的价值导向和文献基础，本书进一步确立了三级指标体系，然后以可操作性和基层性为原则，对初步指标进行了筛选。此后运用层次分析法，通过对专家进行问卷调查确定指标权重。通过判断矩阵的建立、权重计算和一致性检验，得到结合了定性与定量因素的最终结果，提高指标赋权的有效性和科学性。选择专家时，因为所构建的指标体系涉及较多方面，不可能联系各部门的专家进行调查，故主要选择城市社会治理研究者作为赋权专家。

3. 评估指标体系设计的内容

（1）城市社会治理体系的评估指标。基于前面的文献分析，本书把城市社会治理体系分为制度体系和结构体系。

1）制度体系。新制度经济学的代表人物道格拉·诺斯把制度看成“一系列被制定出来的规则、守法程序和行为的道德伦理规范”①。郑吉峰将制度看成整个国家治理体系的中坚，并从纵向上将制度分为三个层面，即一种社会形态，一个社会中的具体的社会制度，各种社会组织的规范、规章与安排。而从横向上看，他认为制度包括一个国家的经济制度、政治制度、社会制度，特定社会的传统习俗、行为与文化模式以及构成制度的规则、规定、规章等②。梁芷铭、徐福林等人认为，在国家治理体系中，制度本身是核心部分，在三大领域（政府、市场、社会）的治理制度中，以法制体系为首要③。从上述学者的观点我们可以看出，制度体系更多的是一系列的规范、法律等制度安排。学界在对制度体系进行衡量时，多将制度建设作为社会某方面建设的一部分，并用制度完备性对制度体系进行评估。欧阳建国将“法制完善度”作为衡量民主法治建设的一个指标④。吴诣民、陈涛将制度建设作为和谐社会评价体系的一级指标，并下设司法法律建设二级指标⑤。胡税根将制度健全作为治

① 诺斯. 经济史中的结构与变迁 [M]. 上海：上海三联书店，1994：225-226.

② 郑吉峰. 国家治理体系的基本结构与层次 [J]. 重庆社会科学，2014 (4)：18-25.

③ 梁芷铭，徐福林，许珍. 国家治理体系现代化：理论源流、衡量标准及基本内容 [J]. 理论导刊，2014 (12)：22-27.

④ 欧阳建国. 社会主义和谐社会综合评价体系研究 [J]. 浙江社会科学，2006 (2)：16-22.

⑤ 吴诣民，陈涛. 和谐社会评价指标体系及指标分类研究 [J]. 统计教育，2007 (7)：8-9.

理透明的衡量指标。习近平总书记将“推动中国特色社会主义制度更加成熟更加定型，为党和国家事业发展、为人民幸福安康、为社会和谐稳定、为国家长治久安提供一整套更完备、更稳定、更管用的制度体系”作为“在我们面前的一项重大历史任务”①，强调了制度体系的完备性、稳定性和实效（用）性。结合以上观点，本书认为，城市社会治理制度体系不仅仅包括制度的完备性，一套完善的制度体系应该包括制度的产生、运行与结果整个过程，体现的是一个城市的法治能力。我们可以从四个方面来进行考虑。首先，城市社会治理靠制度进行规范，良好的治理要具备对城市社会治理全局进行规范的法律或法规，关于城市社会治理的重要制度不能缺失。其次，城市社会治理的各项制度要体现正当性，相关制度要实现合法性，各种制度安排要充分保障人民的主体地位，体现民主性与公正性。再次，城市社会治理的制度安排要具有匹配性，针对城市社会治理不同的治理内容，政府或相关部门还应该出台相应的、专门的法律或法规进行规范，以体现治理的良法基础。最后，城市社会治理的制度体系要充分发挥作用，相关的法律、法规都应得以真正执行，从而实现有效的治理。鉴于此，基于可操作性原则，可建立一个制度体系评估委员会，委员会可由城市社会治理、公共治理方面的专家学者，负责城市社会治理工作的领导干部，城市的企业代表、媒体代表和居民代表组成。同时，可设计一个制度体系评估标准。

2）结构体系。“治理结构是治理的制度基础和组织架构，是参与治理的各主体之间的权责配置及相互关系。”② 田祚雄、杨瑜娴认为，治理主体是城市社会治理中最能动、最关键的要素……建立政府、社会和市场在内的多主体协同共治机制，是推进城市社会治理现代化的重要途径③。李景鹏认为，国家治理体系是指所有参与治理的主体的活动相互结合所形成的总体状态，强调各治理主体的协同④。李宪奇认为，现代化治理体系要体现各个城市社会治理主体结构之间的合作，体现城市社

① 习近平：推进国家治理体系和治理能力现代化［EB/OL］. 新华网，2014-02-17.

② 谢媛. 当代西方国家城市社会治理研究［J］. 上海经济研究，2010（4）：82-89.

③ 田祚雄，杨瑜娴. 主体再造：推进城市社会治理体系现代化的关键［J］. 学习与实践，2015（7）：68-77.

④ 李景鹏. 关于推进国家治理体系和治理能力现代化：“四个现代化”之后的第五个“现代化”［J］. 天津社会科学，2014（2）：57-62.

会治理体制机制的运作程序（过程）①。张兆曙则通过对杭州三种城市社会治理实践的组织分析，提出应由城市管理的“部门分立体制”转向社会复合主体的联合治理，即在政府的主导下，结成跨部门边界的社会复合主体，由社会复合主体在保持法人地位的前提下，通过整合行政、市场及社会的资源，再造一种跨部门的治理结构，形成多元社会主体共同负责的组织运作方式②。基于此，为了体现城市社会治理的现代化，城市社会治理必须适应“治理”概念中多元主体参与的核心内涵，厘清政府治理边界，处理好政府与市场的关系，促进多元主体协同。“协同治理是指政府主体、市场主体和社会主体相互协调、共同作用，在有效处理公共事务的过程中实现协同的过程，多元主体资格平等、权力运行多元互动是它的特征。”③ 鉴于指标的可获得性、可操作性原则，本书主要从多元主体这一方面来衡量城市社会治理的协同状况，在中国现有的特色制度下，主要强调“一核多元”的治理结构，主要有基层党组织覆盖率、万人公务员数、万人律师数、万人社会组织数、万人企业数五个指标来衡量，代表了党组织、政府、社会和市场的作用。

（2）城市社会治理能力的指标体系。从现有实际出发，并参照相关文献，本书将城市社会治理能力定义为城市社会治理主体——政府的治理能力，主要有效能、责任、廉能、透明和参与。

1）效能。包国宪、周云飞认为，效能反映的是公共部门的经济、效率和效益，将其作为公共治理评估的一个指标，主要用行政成本的高低、公务员工作的绩效水平、公民对公共部门工作的满意度等指标来衡量④。施雪华、方盛举将效能理解为政府综合绩效，认为决定政府公共治理决策效能的因素是公共治理政策、公共治理体制和公共治理行为，并主要从投入与产出对政府的效能进行了衡量⑤。姜军从治理的不同主体出发，将效能作为城市社会治理中市场的衡量指标，认为效能主要是指市场在

① 李宪奇. 中国城市社会治理评估模型的建构与应用［J］. 江淮论坛，2015（6）：16-20.

② 张兆曙. 城市议题与社会复合主体的联合治理：对杭州3种城市社会治理实践的组织分析［J］. 管理世界，2010（2）：46.

③ 向俊杰. 我国生态文明建设的协同治理体系研究［D］. 长春：吉林大学，2015.

④ 包国宪，周云飞. 中国公共治理评价的几个问题［J］. 中国行政管理，2009（2）：11-15.

⑤ 施雪华，方盛举. 中国省级政府公共治理效能评价指标体系设计［J］. 政治学研究，2010（2）：56-66.

促进经济发展方面的效率、效益和能力，采用了人均 GDP、人均 GDP 增长率、企业景气指数、劳动者报酬比重和万元 GDP 能耗①。“灾害风险指标计划”（DRI）将政府人员的素质视为影响政府效能的重要因素，政府人员素质的下降会使年国内生产总值的增长率降低。本书综合学界的观点，将效能侧重理解为政府投入与产出状况，主要包括公务员受教育水平、行政管理费占财政支出的比重、人均 GDP、城镇登记失业率四个指标。公务员受教育水平表示的是城市政府在城市社会治理中所投入人力的质量；行政管理费占财政支出比重表示城市政府在城市社会治理中所投入的财物成本；人均 GDP 和城镇登记失业率表示城市政府促进宏观经济发展的能力，是客观产出。

2）责任。责任政府是一种理想的政府形态，是人类追求法治与民主政治对政府的一种诉求，是以责任为本位的政府。目前学界对政府的责任并没有形成统一的定论。陈国权、王勤认为，从行政基本价值角度来看，政府的责任本质上意味着政府的社会回应。具体而言，它意味着宪法和法律是政府及其官员施政的准绳，公民的权利与义务受政府的保障，公民的正当诉求得到政府积极有效的回应，政府的失职渎职与违法行为必须承担法律责任，受政府及其官员公务行为损害的公民有权提出诉讼并获得赔偿②。俞可平将政府的责任定义为政府机关对公民必须履行的法定职责，它包括政府依法主动尽职和及时对公民的请求做出负责的反应，并认为可从官员对其行为的负责程度、行政所诉讼的数量及后果、党和政府接收和处理公民诉求的机制等方面进行衡量③。何增科认为，责任表现为对公众需求的积极回应和对城市居民及其后代负责④，同样包含了回应的概念。鉴于此，部分学者也把保证廉洁作为衡量政府责任的一个指标。本书认为，在现有环境下，廉洁应该作为城市社会治理主体一项很重要的能力，与责任区别衡量，以显示政府廉洁在城市社会治理中的重要性此处的“责任”更加强调政府对公民诉求、社会问题的回应力。这种回应力“指的是政府在公共管理过程中对社会公众及其他社会组织所提出的各种诉求做出及时和负责的反应与回复的能力，这种回

① 姜军. 我国城市社会治理能力评估与提升路经研究［D］. 西安：西北大学，2015.

② 陈国权，王勤. 责任政府：以公共责任为本位［J］. 行政论坛，2009，16（6）：15-19.

③ 俞可平. 中国治理评估框架［J］. 经济社会体制比较，2008（6）：1-9.

④ 何增科. 城市社会治理评估的初步思考［J］. 华中科技大学学报（社会科学版），2015，29（4）：6-7.

应能力既包括政府对公众的要求、愿望进行识别、摄取和处理的能力，也包括政府对辖区内出现的各种社会矛盾、社会问题、社会冲突及时应对和处理的能力”①。衡量指标具体包括行政诉讼案件年增长率、劳动仲裁案件结案数、重大刑事案件破案率、人民调解受理率、群众来信来访办结率五个指标。行政诉讼案件年增长率反映的是城市政府有没有严格按照相关法律法规进行执法，有没有对自己负责，对公众负责；劳动仲裁案件结案数、重大刑事案件破案率、人民调解受理率、群众来信来访办结率反映的是城市政府对公众需求有没有做出及时、有效的回应，有没有对公众负责。

3）廉能。廉能是城市社会治理主体——政府保持廉洁、治理腐败的能力。俞可平认为，腐败不仅大大增加交易成本，而且严重损害政府的公信力，遏制腐败是中国政府最紧迫的任务之一，并提出了一些可参考性的衡量指标：廉政法规及效果、腐败官员的数量及惩处以及公民、舆论对政府的监督②。“上海社会稳定指标体系”将“社会腐败指数”作为“社会稳定突变状态”指标下的二级指标，并用重大贪污腐败案件立案率、重大司法腐败案件及增长率等指标来衡量。本书认为，“廉能”要区别于“廉洁”，借鉴何增科的观点，廉能是城市社会治理主体——政府保持廉洁、治理腐败的能力，而“廉洁”更指向政府的属性，但在实际评估方面，仍从表示控制腐败结果的廉洁入手，具体包括重大贪污腐败案件（20万以上）破案率、党风廉政建设专题教育次数、每万公务员中职务犯罪发案人数、每万公务员中行政案件的发案率四个指标。重大贪污腐败案件（20万以上）破案率和党风廉政建设专题教育次数直观反映的是政府治理腐败、保持廉洁所做的努力；每万公务员中职务犯罪发案人数、每万公务员中行政案件的发案率反映了城市政府及其工作人员的行为操守，反映了公务人员的廉洁程度以及整个城市的廉洁氛围，从而侧面反映政府保持廉洁、治理腐败的能力。

4）透明。何增科认为，透明主要表现为城市决策的过程和城市决策的结果公开透明，它是衡量城市民主治理过程的重要指标③。姜军在衡量城市社会治理能力时，认为透明是政府作为治理主体应该侧重的指

---

① 高娟. 责任政府导向下的政府回应力研究［D］. 武汉：武汉大学，2011.

② 俞可平. 中国治理评估框架［J］. 经济社会体制比较，2008（6）：1-9.

③ 何增科. 城市社会治理评估的初步思考［J］. 华中科技大学学报（社会科学版），2015，29（4）：6-7.

标，并用“万人文化新闻从业人数”“万人互联网用户数”等指标进行衡量①。包国宪将透明作为实现善治的一级指标，衡量指标要素有公共部门活动的“公开化程度”“公民知情权的状况”等②。俞可平将政治透明作为衡量民主治理的一个一级指标，下设具体指标包括“政治传播渠道的数量和质量”“决策过程的公开”“政府等相关部门活动的公开化程度”③。宋林飞在社会稳定指标体系中将政治透明度作为一个一级指标，用来衡量透明度的具体指标为“居务公开率”“村务公开率”“政务公开率”④。从上述学者的观点我们可以看出，透明成为衡量城市社会治理能力的一项重要指标，且都指向政府在治理过程、治理结果方面搭建公开平台、保证公民知情权的能力。衡量透明的具体指标包括政务公开率、居（村）务公开率、司法公开率、财政公开率四个指标。政务、居（村）务公开率反映了政府、村（居）委会做了哪些事情以及做得怎么样，保证内容透明；司法和财政关系公众切身利益与权利，司法公开、财政公开有利于保证公众对政府的监督，保障程序透明。

5）参与。与结构体系相区别，这里的参与主要指公民政治参与。陈振明、李东云认为，政治参与是公民试图影响政府决策的非职业行为。以参与主体为特征，政治参与可分为个人参与和组织参与。个人参与即公民参与，主要有政治选举投票、投书信访、行政听证、与公职人员接触、捐赠政治资金等多种形式；组织参与主要包括政党、政治性社团和基层自治等形式。以参与者是否通过中间环节来影响政治过程为依据，政治参与可分为直接参与和间接参与。直接参与主要包括选举投票的形式；间接参与包括代表中介参与、理论宣传与舆论参与三种形式，并强调在现代化信息社会，电视、广播等媒体对公民参与的重要作用⑤。胡荣将城市居民的政治参与分为四种形式，即公共活动、自我管理、个别接触以及投票，主要指标包含了“到政府部门或信访部门上访”“给媒体写信表达对问题的看法”等，强调了媒体这一参与渠道的重要性⑥。同

---

① 姜军．我国城市社会治理能力评估与提升路径研究［D］．西安：西北大学，2015.

② 包国宪，周云飞．中国公共治理评价的几个问题［J］．中国行政管理，2009（2）：11-15.

③ 俞可平．国家治理评估：中国与世界［M］．北京：中央编译出版社，2009：46-47.

④ 宋林飞．社会风险指标体系与社会波动机制［J］．社会学研究，1995（6）：90-95.

⑤ 陈振明，李东云．“政治参与”概念辨析［J］．东南学术，2008（4）：104-110.

⑥ 胡荣．中国人的政治效能感、政治参与和警察信任［J］．社会学研究，2015，30（1）：76-96.

样，金桥将政治参与分为制度内参与和制度外参与，制度内参与主要是村（居）委会选举，制度外参与包括参与抵制行动、参与游行、上访、网上政治行动等形式①。可见，从参与渠道来看，参与主要包括选举投票、上访、听证与舆论参与等形式。在已有文献的基础上，本书认为参与不同于结构体系中的“协同”，这里的参与主要指公民的政治参与，表示政府促进公众参与、保障公众公平参与权利、搭建公民参与平台的能力，具体包括居委会直选投票率，基层人大代表参选率，重大决策事项听证次数，广播、电台覆盖率四个指标。居委会直选投票率、基层人大代表参选率反映的是公众直接参与城市社会治理的程度，体现的是有没有参与；听证既是公民政治参与的一种重要形式，也是政府对公民参与权利的保障，反映的是政府促进公民参与的自觉；广播、电台是公众参与的渠道，是政府搭建的公民参与平台，反映的是城市社会治理主体对参与的重视度。

（3）城市社会治理客观绩效的评估指标。根据以人为本和善治的价值取向，城市社会治理的结果要为人所享，实现生活美好。体现客观绩效的指标有生活水平、文明素养、永续发展。

1）生活水平。城市社会治理最直接的目标就是提高人们的生活水平，不仅要提高人们的收入，还要提高人们的生活质量。在实践上，联合国人类发展指数直接将“人均 GDP 增速”作为衡量生活水平的指标；中国社会科学院以朱庆芳为主设计的现代化指标体系在“生活质量”的维度下设置了“城镇居民人均可支配收入、恩格尔系数、人均住房使用面积、人均生活用电量、每百户拥有电话、每百户拥有电脑、每万人口医生数、平均预期寿命、人均储蓄余额”九个指标；浙江省基本实现现代化指标体系（到 2020 年）在“生活质量和社会维度”下包括“恩格尔系数、社会保险覆盖率、每千人医生数、环境综合评分”四个指标；天津也将人均可支配收入和农民人均纯收入作为生活水平的衡量指标。本书认为，生活水平可以用反映人们生活经济水平、公共服务质量和一些“人均”指标来进行衡量，具体指标包括城镇居民人均可支配收入、恩格尔系数、人均客运出行次数、基本公共服务支出占财政支出比重、平均预期寿命五个指标。城镇居民人均可支配收入、人均客运出行次数反映的是城市城乡居民经济水平的发展程度。恩格尔系数和平均预期寿

---

① 金桥．上海居民文化资本与政治参与：基于上海社会质量调查数据的分析［J］．社会学研究，2012，27（4）：84-104.

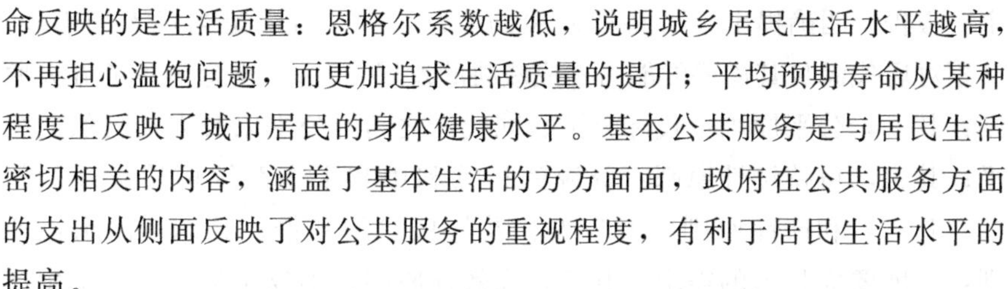

命反映的是生活质量：恩格尔系数越低，说明城乡居民生活水平越高，不再担心温饱问题，而更加追求生活质量的提升；平均预期寿命从某种程度上反映了城市居民的身体健康水平。基本公共服务是与居民生活密切相关的内容，涵盖了基本生活的方方面面，政府在公共服务方面的支出从侧面反映了对公共服务的重视程度，有利于居民生活水平的提高。

2）文明素养。我国积极提倡文明城市建设。文明城市是指在全面建设小康社会中市民整体素质和城市文明程度较高的城市。人是文明城区建设的主体，一座城市的文明程度如何，最重要的体现就是生活在这座城市里的人的文明素养如何。从某种程度上说，城市现代化就是人的现代化，而城市社会治理作为实现城市现代化的途径，主要是要实现人的现代化，并最终要靠人的文明素养的提高来实现。文明素养的内涵不易具体地界定。“文明”一般与理性相关，通常用来衡量人的行为符合不符合社会普遍遵循的社会道德规范；“素养”经常与一个人的品质相关。总的来说，“文明素养”都跟好的道德品质、良好的生活习惯和生活中的伦理价值观念相关，并不好直接衡量，学界与实践上都经常用提升文明素养的途径——教育或者文化来衡量。原国家计委宏观经济研究院提出的“我国基本实现现代化主要评价体系”将“人口识字比重、适龄人口大学生比重”作为衡量人口素养的指标，中国人民大学提出的“中国国家现代化标准体系”用平均期望寿命、每万人大学生数、每万人图书馆数来衡量，江苏用高等教育毛入学率来衡量。参照以上指标，根据可操作化的原则，本书提出的指标具体包括普通高等学校在校生数、每万人科技人员数、图书馆流通人数、社会捐款（物）占国民总收入的比例、公共教育经费占 GDP 比重五个指标。普通高等学校在校生数、每万人科技人员数反映了城市科技教育的存量与产量；图书馆流通人数、社会捐款（物）占国民总收入的比例反映了城市在进行文化建设、素质建设的物质资源投入；公共教育是教育的起点，是培养文明素养的基础途径，公共教育经费支出占 GDP 比重反映的是城市在公共教育的财力投入，可以看出城市对文化教育工作的重视程度。

3）永续发展。为了能够实现城市社会的未来愿景，为了使城市经济、社会和生态的目标相互协调一致，城市社会治理应该有助于实施可持续性的发展，进而凸显公共价值和行政伦理。1987 年，世界环境与发展委员会基于人们对传统经济发展模式的反思，发表了《我们共同的未来》报告，明确提出了可持续发展的概念，即“既满足当代人的需要，又不对后代满足其需要的能力构成威胁的发展”。这一概念包含了五大原则：其一，公平原则：代际公平、同代人之间的公平以及人与自然的公平；其二，可持续性原则：资源的持续利用和生态系统可持续性的保持；其三，和谐性原则：人与人、人与自然的和谐；其四，需求性原则：发展要立足人的需求；其五，高效性原则：不仅是根据其经济生产率来衡量，更重要的是根据人们的基本需求得到满足的程度来衡量。可以看出，可持续性发展更多地体现的是环境和资源的永续性，从某种程度上说，也包含了经济发展的概念。在国际语言惯用法中，可持续性这个概念往往与“长期效果”作为同义词使用，可持续性意味着城市社会治理绩效结果如何有效运用以及如何保证其长期有效。“善治”城市不可能一蹴而就，必然有一个持续发展的过程。本书认为，城市社会治理的永续发展是要实现下一代的发展，而下一代的发展取决于资源和环境的可持续发展。在这方面，中国社会科学院以朱庆芳为主完成的现代化指标体系，用绿化覆盖率、空气综合污染指数（逆指标）、工业废水排放达标率对环境的现代化进行衡量；江苏用空气质量良好以上天数比重、可再生能源比例、生活垃圾无害化处理率、城市绿化覆盖率进行衡量；天津则用人均生活用电量、城市大气环境综合质量指数进行衡量。参照上述指标，本书从资源和环境的可持续性方面考虑，设置了具体指标，包括人均土地面积、人均绿化覆盖面积、生活垃圾无害处理率、大气质量二级以上天数、万元 GDP 能耗五个指标。人均土地面积表示城市居民可用的空间，衡量的是空间的可持续性；人均绿化覆盖面积、生活垃圾无害处理率、大气质量二级以上天数衡量的是居民最关心的环境问题，反映了环境保护程度和可持续发展程度；万元 GDP 能耗表示的是万元工业生产总值所消耗的资源能源量，衡量的是资源的节约利用程度。

(4) 城市社会治理的主观满意度评价。根据前文，本书将从公众获得感、安全感和幸福感三个方面对城市社会治理主观绩效进行评估。

1) 获得感。2015 年 2 月 27 日，习近平总书记在中央全面深化改革领导小组第十次会议上指出，要“科学统筹各项改革任务”，“推出一批能叫得响、立得住、群众认可的硬招实招”，“把改革方案的含金量充分展示出来，让人民群众有更多获得感”。“‘获得感’是指因物质层面和精神层面的获得而产生的可以长久维持下来的满足感，它强调在为我基础上的一种实实在在的得到。”① 首先，获得感要以获得实实在在的物质利益、经济利益为基础，这体现在人民群众收入增长、能够享有充分的社会保障、良好的公共服务等。其次，获得感不仅仅是物质上的获得，还包括知情权、参与权、表达权等政治权利的获得。最后，获得感不是个别人的感受，而是所有人的感受，强调公平、公正、共享②。本书认为，可以从三个层面对城市社会治理的获得感进行衡量，即城市服务的可及性、城市分配的公平性、市民参与的广泛性。上文我们已经从客观上对人民的生活水平进行了衡量，但是“经济发展本身并不一定自动带来人民福祉的提高，只有获得感的发展才能实现人民福祉的提升”③。所以，不能只强调客观上的“获得”，而忽略主观上的“感觉”，城市服务的可及性正是衡量公众是不是真正对城市公共服务有所得的指标；城市分配的公平性衡量的是整个城市的所有人是不是都被无差别对待，是不是实现了治理成果共享；市民参与的广泛性衡量的是城市公民在权利上的获得，反映的是公民是不是真正享有了主体的公民权利。

2）安全感。相对于获得感讲究实实在在的得到而言，安全感更加强调人们在实实在在的获得后，对自身安全、周围环境安全的心理感知，就是渴望稳定、安全的心理需求。它“是对可能出现的对身体或心理的危险或风险的预感，以及个体在应对处事时的有力（或无力）感，主要表现为确定感和可控感，具体包括一般安全感、人际安全感、完美倾向等方面的内容”④。一般安全感由预测和控制组成。预测主要体现的是个体对周围环境安全与否的判断，我们可以理解成对社会治安的判断；控制是个体自身对周围环境可控与否的一种判断，当个体觉得已出现的问题不可控时，不安全感就会产生。本书主要用社会治安的主观感知、对保障自身安全的能力感知两个指标进行衡量。社会治安反映的是整个城市的客观安全问题，良好的城市社会治安是公众安全感的基础，社会治安的主观感知衡量的是公众对客观安全情况的判断；保障自身安全的能

① 张品．“获得感”的理论内涵及当代价值［J］．河南理工大学学报（社会科学版），2016，17（4）：402-407.

② 曹现强，李烁．获得感的时代内涵与国外经验借鉴［J］．人民论坛·学术前沿，2017（2）：18-28.

③ 丁元竹．让居民拥有获得感必须打通最后一公里：新时期社区治理创新的实践路径［J］．国家治理，2016（2）：18-23.

④ 丛中，安莉娟．安全感量表的初步编制及信度、效度检验［J］．中国心理卫生杂志，2004（2）：97-99.

力即公众在遇到安全问题时，对问题的可控能力，对保障自身安全的能力感知即对自己有没有能力处理安全问题的判断，衡量的是个体对安全问题的控制能力。

3）幸福感。相对于获得感和安全感而言，幸福感更加强调人们的精神满足感和愉悦感，指的是人类基于自身的满足感与安全感而产生的一系列欣喜与愉悦的情绪，是人类追求的终极价值和政府的施政目标。城市现代化给人类带来的一个重要成就无疑是物质生活条件的不断改善和生活质量的日益提高。然而，现代化又是一个充满悖论的进程，与客观福祉的提高形成比照的是主观幸福并没有呈现相应程度的上升，这无疑构成了现代化的一种困境。已有研究证明，“城市人口规模扩张将带来拥挤效应（通勤成本上升、环境恶化等），从而降低居民的幸福感”①，所以，幸福感成为一个城市社会治理现代化水平的重要维度。幸福感分为主观幸福感、心理幸福感和社会幸福感。主观幸福感是指人们依据对客观世界的主观感受来进行关于生活质量高低的评价，包含情绪、认知等，衡量维度主要包括总体生活满意度、领域生活满意度和情绪反应（积极情绪、消极情绪）。心理幸福感是指通过对自我生存质量进行综合评价而产生的一种比较稳定的认知和情感体验，衡量维度包括自我实现及其意义和路径发挥潜能（自我接纳、自主性、良好友谊、环境可控性、生活目标、个人成长）。社会幸福感是指人的主观或客观生活质量，以及人类整体发展水平与幸福状态的评价，衡量维度包括生活满意度、国民幸福总值（经济社会发展、政府善治、环境保护和文化保护）、人类发展指数等。所以，从某种程度上说，幸福感与获得感、安全感有交叉的地方。相比而言，本书认为，幸福感应该突出其对愉悦情绪的强调和自我潜能的实现。我们可以用生活愉悦感和自我实现的自豪感来衡量公众的幸福感。生活愉悦感反映的是公众基于对城市生活的满意而产生的一种愉悦健康的心情，自我实现的自豪感反映的是公众基于城市这个平台对自我潜能进行发挥的积极评价和自我认可，二者都是一种积极情绪。

4. 小结

经过文献整理和研究论证，本书构建了涵盖城市社会治理现代化评估

---

① 孙三百，黄薇，洪俊杰，等. 城市规模、幸福感与移民空间优化［J］. 经济研究，2014，49（1）：97-111.

指标体系，具体包括城市社会治理体系、城市社会治理能力、城市社会治理客观绩效和城市社会治理主观满意度 4 个一级指标，以及制度体系、结构体系、效能、责任、廉能、透明、参与、生活水平、文明素养、永续发展、获得感、安全感和幸福感等 13 个二级指标，最终共 52 个三级指标（见表 6－1）。

表 6－1　城市社会治理现代化评估指标体系（初级）

城市社会治理现代化评估指标体系					
一级指标	二级指标	序号	三级指标	方向	来源
城市社会治理体系	制度体系	1	制度体系的完备性	正向	主观调查
		2	制度体系的正当性	正向	主观调查
		3	制度体系的匹配性	正向	主观调查
		4	制度体系的有效性	正向	主观调查
	结构体系	5	基层党组织覆盖率	正向	城市民政局
		6	万人公务员数	逆向	城市统计年鉴
		7	万人律师数	正向	城市统计年鉴
		8	万人社会组织数	正向	城市统计年鉴
		9	万人企业数	正向	城市统计年鉴
城市社会治理能力	效能	10	公务员受教育水平	正向	城市民政局
		11	行政管理费占财政支出的比重	逆向	城市统计年鉴
		12	人均 GDP	正向	城市统计年鉴
		13	城镇登记失业率	逆向	城市统计年鉴
	责任	14	行政诉讼案件年增长率	逆向	城市统计年鉴
		15	劳动仲裁案件结案数	正向	城市统计年鉴
		16	重大刑事案件破案率	正向	城市司法部门
		17	人民调解受理率	正向	城市司法部门
		18	群众来信来访办结率	正向	城市信访部门
	廉能	19	重大贪污腐败案件（20 万以上）破案率	正向	城市纪检部门
		20	党风廉政建设专题教育次数	正向	城市纪检部门
		21	每万公务员中职务犯罪发案人数	逆向	城市司法部门
		22	每万公务员中行政案件的发案率	逆向	城市司法部门

续表

城市社会治理现代化评估指标体系					
一级指标	二级指标	序号	三级指标	方向	来源
城市社会治理能力	透明	23	政务公开率	正向	城市法制部门
		24	居（村）务公开率	正向	城市民政部门
		25	司法公开率	正向	城市司法部门
		26	财政公开率	正向	城市财政部门
	参与	27	居委会直选投票率	正向	城市民政部门
		28	基层人大代表参选率	正向	城市人大
		29	重大决策事项听证次数	正向	城市统计局
		30	广播、电台覆盖率	正向	城市统计年鉴
城市社会治理客观绩效	生活水平	31	城镇居民人均可支配收入	正向	城市统计年鉴
		32	恩格尔系数	正向	城市统计年鉴
		33	人均客运出行次数	正向	城市统计年鉴
		34	基本公共服务支出占财政支出比重	正向	城市统计年鉴
		35	平均预期寿命	正向	城市统计年鉴
	文明素养	36	普通高等学校在校生数	正向	城市统计年鉴
		37	每万人科技人员数	正向	城市统计年鉴
		38	图书馆流通人数	正向	城市统计年鉴
		39	社会捐款（物）占国民总收入的比例	正向	城市统计年鉴
		40	公共教育经费占 GDP 比重	正向	城市统计年鉴
	永续发展	41	人均土地面积	正向	城市统计年鉴
		42	人均绿化覆盖面积	正向	城市统计年鉴
		43	生活垃圾无害处理率	正向	城市统计年鉴
		44	大气质量二级以上天数	正向	城市统计信息网
		45	万元 GDP 能耗	逆向	城市统计年鉴
城市社会治理主观满意度	获得感	46	城市服务的可及性	正向	主观调查
		47	城市分配的公平性	正向	主观调查
		48	市民参与的广泛性	正向	主观调查
	安全感	49	社会治安的主观感知	正向	主观调查
		50	对保障自身安全的能力感知	正向	主观调查
	幸福感	51	生活愉悦感	正向	主观调查
		52	自我实现的自豪感	正向	主观调查

(二) 评估指标体系的筛选

1. 评估指标体系的筛选方法

基于价值取向和文献基础，前文已经确定了城市社会治理现代化评估指标体系的初始指标，接下来主要是通过问卷形式进行专家咨询，将初设的指标交由专家判断其去留，取得专家的意见，然后对有效的专家问卷数据进行隶属度分析和相关性分析，筛选出具有较高信度和效度的评价指标。专家覆盖学界和实务界，但因为所构建的指标体系涉及较多方面，难以对实务界的专家进行调查，故主要选择学界研究者。

2. 指标评估体系筛选的过程

城市社会治理现代化评估指标的筛选在以下思路的指导下进行：首先，通过收集各项指标的数据，分析专家效度比，判断该指标是否具有可行性。其次，采用隶属度分析方法，向专家学者征询意见，根据专家的经验和判断，将各指标的重要程度进行区分，也就是要将隶属度低于设定值的指标剔除指标体系外。再次，对剩下的指标进行相关性分析，这一步的主要目的是检验余下的指标中是否有相关性高的指标，删除重复度高的两个指标中的一个，重复度低的两个指标都要保留，这样就可以降低评估指标体系中重复运用评估对象信息带来的影响。最后，为了保证指标的有效性和可靠性，还需要对筛选之后的指标体系进行信度效度测量，从而得到最终的城市社会治理现代化评估指标体系。具体流程如图 6－3 所示。

在实证评价过程中，需要对各项指标数据进行去量纲化处理，以保证数据单位、取值区间不同的各项指标能够综合计算。后期我们选择综合指数评价法，对每项指标数据进行标准化处理。

运用专家咨询法，经过对初设指标体系效度比、隶属度、相关性的分析和信度效度检验，层层筛选，最终得出城市社会治理现代化评估指标体系，如表 6－2 所示。

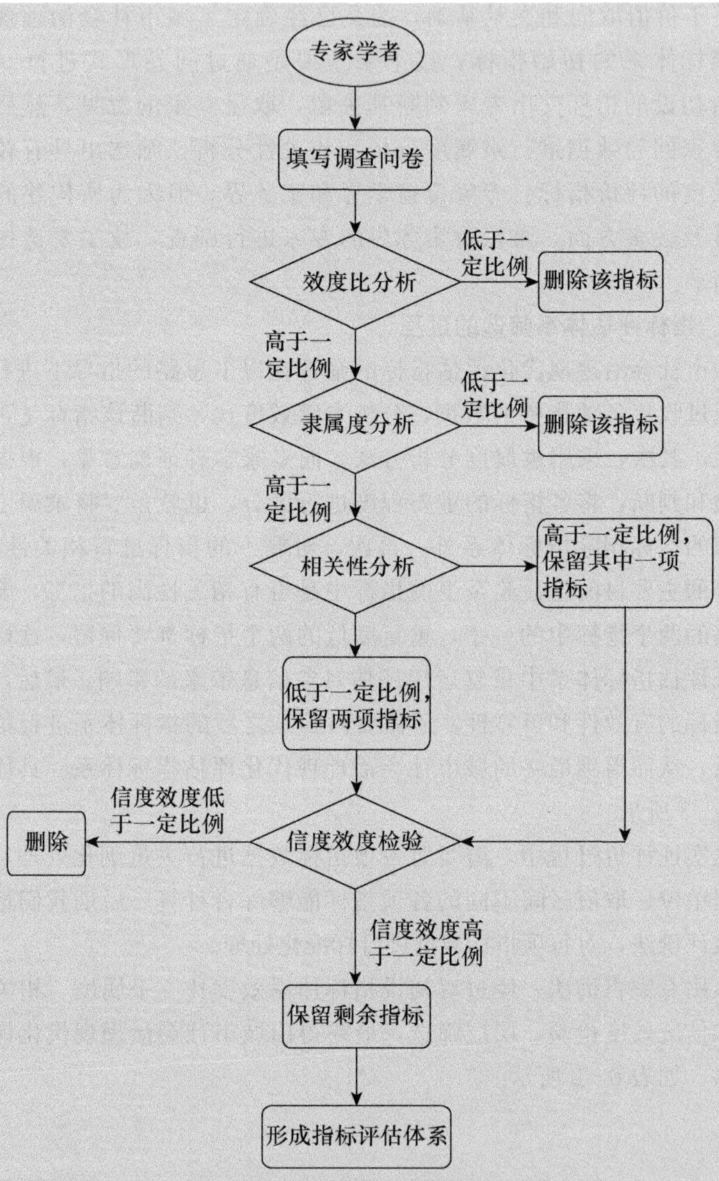

图6-3　指标体系筛选流程

表 6-2 城市社会治理现代化评估指标体系（终级）

城市社会治理现代化评估指标体系					
一级指标	二级指标	序号	三级指标	方向	
城市社会治理体系	制度体系	1	制度体系的完备性	正向	主观调查
		2	制度体系的正当性	正向	主观调查
		3	制度体系的匹配性	正向	主观调查
		4	制度体系的有效性	正向	主观调查
	结构体系	5	党组织覆盖率	正向	城市民政部
		6	万人公务员数	逆向	城市统计年鉴
		7	万人律师数	正向	城市司法部门
		8	万人社会组织数	正向	城市统计年鉴
城市社会治理能力	效能	9	单位公务人力资源投入（公务员教育水平）	逆向	城市人社部门
		10	行政管理费占财政支出的比重	逆向	城市统计年鉴
		11	人均 GDP	正向	城市统计年鉴
	责任	12	城镇登记失业率	逆向	城市统计年鉴
		13	劳动仲裁案件结案数	正向	城市统计年鉴
		14	重大刑事案件破案率	正向	城市司法部门
		15	人民调解受理率	正向	城市司法部门
		16	群众来信来访办结率	正向	城市信访部门
	廉能	17	重大贪污腐败案件（20 万以上）破案率	正向	城市纪检部门
		18	党风廉政建设专题教育次数	正向	城市纪检部门
		19	每万公务员中职务犯罪发案人数	逆向	城市司法部门
		20	每万公务员中行政案件的发案率	逆向	城市司法部门
	透明	21	政务公开率	正向	城市法制部门
		22	居（村）务公开率	正向	城市民政部门
		23	司法公开率	正向	城市司法部门
		24	财政公开率	正向	城市财政部门
	参与	25	居委会直选投票率	正向	城市民政部门
		26	基层人大代表参选率	正向	城市人大
		27	广播、电台覆盖率	正向	城市统计年鉴

续表

城市社会治理现代化评估指标体系					
一级指标	二级指标	序号	三级指标	方向	
城市社会治理客观绩效	生活水平	28	城镇居民人均可支配收入	正向	城市统计年鉴
		29	恩格尔系数	正向	城市统计年鉴
		30	基本公共服务支出占财政支出比重	正向	城市统计年鉴
		31	平均预期寿命	正向	城市统计年鉴
	文明素养	32	普通高等学校在校生数	正向	城市统计年鉴
		33	每万人科技人员数	正向	城市统计年鉴
		34	图书馆流通人数	正向	城市统计年鉴
		35	公共教育经费占 GDP 比重	正向	城市统计年鉴
	永续发展	36	人均土地面积	正向	城市统计年鉴
		37	人均绿化覆盖面积	正向	城市统计年鉴
		38	生活垃圾无害处理率	正向	城市统计年鉴
		39	大气质量二级以上天数	正向	城市统计信息网
		40	万元 GDP 能耗	逆向	城市统计年鉴
城市社会治理主观满意度	获得感	41	生活品质的可及性	正向	主观调查
		42	城市分配的公平性	正向	主观调查
		43	政治权利的主体性	正向	主观调查
	安全感	44	社会治安的主观感知	正向	主观调查
		45	对保障自身安全的能力感知	正向	主观调查
	幸福感	46	生活愉悦感	正向	主观调查
		47	自我实现的自豪感	正向	主观调查

（三）评估指标的权重与标准值确定

权重是一个相对的概念，是指在评估过程中对被评估对象不同侧面的重要程度的定量分配。在指标体系中，某一指标的权重是指该指标在整体评价中的相对重要程度①。在城市社会治理现代化评估指标体系中，并不是每一个评估维度、每一项评估指标都是同等重要的。鉴于此，为了使构建的评估指标体系更为全面完整，需要对其进行实证检测。本书

① 曾永泉. 转型期中国社会风险预警指标体研究［D］. 武汉：华中师范大学，2011.

以层次分析法和专家打分法为基础，将专家的主观判断和统计分析技术运用到指标体系权重确定中，实现研究的定性与定量的结合，更加保证了权重分配的可靠性。

1. 建立层次结构模型

根据本书提出的城市社会治理现代化指标体系，建立层次结构模型。最上层为目标层，即城市社会治理现代化；第二层是准则层 1，即城市社会治理体系、城市社会治理能力、城市社会治理客观绩效和城市社会治理主观满意度四个一级指标；最下层是准则层 2，即治理体系下设的制度体系和结构体系，治理能力下设的效能、责任、廉能、透明、参与，客观绩效下设的生活水平、文明素养和永续发展，主观满意度下设的获得感、安全感和幸福感。

2. 构造判断矩阵

判断矩阵是根据一定的等级和评优准则反映指标体系各指标之间重要程度对比关系的矩阵。首先，根据社会燃烧理论分析城市社会治理评估指标层次，这样就将复杂的指标体系转化成一个有等级层次的结构模型，以便将复杂的问题逐步分解。其次，在确定的等级梯阶层次结构中，每层指标及该层指标涵盖的下一层指标形成一个子区域，再运用专家打分法对子区域各指标的相对重要程度以数值形式给出判断。最后，用矩阵的形式表现出来。层次分析法中两两比较判断矩阵如表 6-3 所示：

表 6-3　层次分析法中两两比较判断矩阵

A_r	B_1	B_2	B_3	B_4	B_5	…	B_n
B_1	B_{11}	B_{12}	B_{13}	B_{14}	B_{15}	…	B_{1n}
B_2	B_{21}	B_{22}	B_{23}	B_{24}	B_{25}	…	B_{2n}
B_3	B_{31}	B_{32}	B_{33}	B_{34}	B_{35}	…	B_{3n}
B_4	B_{41}	B_{42}	B_{43}	B_{44}	B_{45}	…	B_{4n}
B_5	B_{51}	B_{52}	B_{53}	B_{54}	B_{55}	…	B_{5n}
…	…	…	…	…	…	…	…
B_m	B_{m1}	B_{m2}	B_{m3}	B_{m4}	B_{m5}	…	B_{mn}

资料来源：由查阅文献整理所得。

表中各元素为相对重要性标度。任意一项元素 B_{mn} 是指对于 A_r 而言，测度指标 B_m 对 B_n 的相对重要程度。学界通常采用 9 级分制对相对重要程度进行量化，分值越高代表越重要。具体评分标准如表 6－4 所示：

表 6－4　判断矩阵赋值标准

重要性标度	含义
1	X_i 与 X_j 的重要性相同
3	X_i 比 X_j 的影响稍强
5	X_i 比 X_j 的影响强
7	X_i 比 X_j 的影响明显强
9	X_i 比 X_j 的影响绝对强
2，4，6，8，	X_i 与 X_j 的影响之比在上述两个相邻等级之间
1，1/2，…，1/9	X_i 与 X_j 的影响之比为上述非负值的倒数

资料来源：根据 Saaty 标度说明表整理而成。

表 6－4 显示的是判断矩阵中两两元素之间相对重要性的标度评分。根据该评分标准表，我们可以根据任意两个元素（评估指标）之间的相对重要程度得到相应的量化数值。例如，如果在城市社会治理现代化评估指标体系中，专家认为测度指标 B_1 相对于测度指标 B_3 来说非常重要，那么 $B_{13}=7$，$B_{31}=1/7$，就将这两个数字填入判断矩阵中相应的位置。以此类推，得到所有与之对应的完整判断矩阵。

3. 单层权重计算与单层一致性检验

计算特征向量及最大特征根。根据前文相对重要性标度评分标准表，结合专家意见，就得到了量化的判断矩阵。接下来就需要计算特征向量及最大特征根。其具体计算步骤如下（以前文判断矩阵 B 为例）：首先，计算判断矩阵 B 中每一行元素的连乘积 M_i（$i=1$，2，3，…，n）。$M_i=B_{11}\times B_{12}\times B_{13}\times\cdots\times B_{1n}$。其次，求出 M_i 的 m 次方根，进而得到特征向量 α。最后，得到矩阵 B 的最大特征根 λ_{max}。通过这样的方法就可以计算出每一个判断矩阵的特征向量以及最大特征根，进而逐步确定测度城市社会治理现代化评估指标体系各方面层及基础层测度指标的权重系数。

本书通过反复运用层次分析法，过程中再穿插专家意见法，经历复杂的实证研究程序，最终得出城市社会治理现代化评估指标体系各层次测度指标的权重系数，具体如表 6－5 所示。

表 6-5　城市社会治理现代化评估指标体系权重系数

一级指标	权重	二级指标	权重	序号	三级指标	权重
城市社会治理体系	0.186 6	制度体系	0.104 2	1	制度体系的完备性	0.227 3
				2	制度体系的正当性	0.254 5
				3	制度体系的匹配性	0.254 5
				4	制度体系的有效性	0.263 6
		结构体系	0.082 4	5	党组织覆盖率（基层党组织数量/人口数量）	0.252 9
				6	万人公务员数（公共管理与社会组织从业人员）	0.160 9
				7	万人律师数	0.287 4
				8	万人社会组织数	0.298 9
城市社会治理能力	0.388 3	效能	0.083 3	9	单位公务人力资源投入（公务员教育水平）	0.295 5
				10	行政管理费占财政支出的比重	0.215 9
				11	人均 GDP	0.284 1
				12	城镇登记失业率	0.204 5
		责任	0.081 4	13	劳动仲裁案件结案数	0.172 7
				14	重大刑事案件破案率	0.244 2
				15	人民调解受理率	0.267 4
				16	群众来信来访办结率	0.267 4
		廉能	0.080 5	17	重大贪污腐败案件（20 万以上）破案率	0.200 0
				18	党风廉政建设专题教育次数	0.223 5
				19	每万公务员中职务犯罪发案人数	0.305 9
				20	每万公务员中行政案件的发案率（相关性）	0.270 6
		透明	0.090 0	21	政务公开率	0.263 2
				22	居（村）务公开率	0.263 2
				23	司法公开率	0.231 6
				24	财政公开率	0.242 1
		参与	0.053 0	25	居委会直选投票率	0.428 6
				26	基层人大代表参选率	0.214 3
				27	广播、电台覆盖率	0.357 1

续表

一级指标	权重	二级指标	权重	序号	三级指标	权重
城市社会治理客观绩效	0.266 1	生活水平	0.084 3	28	城镇居民人均可支配收入	0.258 4
				29	恩格尔系数	0.224 7
				30	基本公共服务支出占财政支出比重	0.280 9
				31	平均预期寿命	0.236 0
		文明素养	0.073 9	32	普通高等学校在校生数	0.230 8
				33	每万人科技人员数	0.243 6
				34	图书馆流通人数	0.282 1
				35	公共教育经费占 GDP 比重	0.243 6
		永续发展	0.108 0	36	人均土地面积	0.131 6
				37	人均绿化覆盖面积	0.201 8
				38	生活垃圾无害处理率	0.210 5
				39	大气质量二级以上天数	0.228 1
				40	万元 GDP 能耗	0.228 1
城市社会治理主观满意度	0.159 1	获得感	0.072 9	41	城市服务的可及性	0.324 7
				42	城市分配的公平性	0.350 6
				43	市民参与的广泛性	0.324 7
		安全感	0.043 6	44	社会治安的主观感知	0.587 0
				45	对保障自身安全的能力感知（相关性）	0.413 0
		幸福感	0.042 6	46	生活愉悦感	0.511 1
				47	自我实现的自豪感	0.488 9

五、城市社会治理现代化的评估与监测体系建设

（一）评估与监测体系建设的指导思想

治理是一种新的理论，也是一种具有明确目标预设的创新活动实践。作为后者，治理必须通过内在规律的发展趋向表明自己是一个怎样的状态，显示参与、互动、协商等特定的自身元素介入后与以往的统治、管

理不同的比较优势。因此，治理需要设立指标、收集和分析数据以记录、描述、判断和掌握治理的现状；通过纵向比较等以追踪治理的演变过程，发现治理发展的趋势①。也就是说，治理需要评估介入，通过治理评估回答治理目标是否实现、实现程度如何的问题，提出改善治理的具体路径和政策建议，引领治理改革的方向。作为治理的基础工程，城市社会治理同样如此。建设城市社会治理现代化评估监测体系，有助于客观真实地反映城市社会治理现代化的现实，探寻城市社会治理现代化的潜在规律，探索城市社会治理现代化的改善，促进城市社会治理现代化的发展。

城市社会治理现代化评估与监测体系建设的主要目的和基本要求可以概括为不同的方面，但其构建与应用都是在一定的指导思想的指引下进行的。总的来看，城市社会治理现代化评估与监测体系建设的指导思想主要包括三个方面：补齐短板推发展、凝练特色树标杆、明确问责促建设。

1. 补齐短板推发展

城市社会治理现代化评估与监测体系的建设以反映城市社会治理现代化现状、推动城市社会治理现代化水平进一步提高为基本要求。着力完善城市社会治理现代化评估与监测体系，要加快关键技术标准研制工作，强化标准应用实施，形成并不断完善城市社会治理现代化评估指标体系，充分发挥城市社会治理现代化评估工作的引导和规范作用，为与城市社会治理相关的各级各类社会组织参与社会治理实践提供理论模型、操作工具和分析方法，从而反映城市社会治理现代化实践现状，剖析城市社会治理现代化实践中出现的问题，找出薄弱领域和环节，发现短板、解决问题、积累经验，推动城市社会治理现代化建设的不断发展，确保城市社会治理现代化建设质量，提升城市社会治理现代化水平。

2. 凝练特色树标杆

建设城市社会治理现代化评估与监测体系，在评估体系框架下采集、分析和传播评估信息，可为政府城市社会治理实践的全面、协调、持续和特色发展提供基础支持，推动城市社会治理现代化标准应用与试

---

① 陈志勇，卓越. 治理评估的三维坐标：体系、能力与现代化［J］. 中国行政管理，2015 (4)：79-84.

点示范，进而发现可借鉴的发展理念、建设目标、体制机制、实现路径、经验教训。评估与监测体系需对不同城市、不同社区进行横向比较，科学准确评价城市社会治理现代化的建设成果，发现各个城市、各个社区的优势特色，在凝练特色的基础上，充分结合地方特色，集中优势资源，深化发展，形成标杆，以点带面，为进一步的治理实践提供有益的方针策略和可参考借鉴的样板，促进城市社会治理现代化的健康发展。

3. 明确问责促建设

建设城市社会治理现代化评估与监测体系，将其作为工作落实的"推进器"，以此考察、评价城市社会治理现代化水平，通过以评促建、以评促改，完成城市社会治理现代化水平的提升。建设评估与监测体系，考察各地各部门城市社会治理现代化，以此作为考察各级领导和领导干部工作业绩的"标尺"和提拔任用干部的主要依据。根据评估结果，对城市社会治理现代化建设水平高的城市社区，要给予奖励；对工作中存在问题的城市社区，要及时促其改进；对问题严重的城市社区，要给予相应的处罚和监督。要确保城市社会治理现代化建设工作平稳有序进行，从而促进各级政府和各部门明确任务、落实责任，促进城市社会治理现代化的科学发展。

（二）评估与监测体系建设的工作机制

1. 绩效预算与审计机制

政府绩效预算是一种由主管机构或其他受委托机构通过科学的评价体系对政府预算（包括政府业绩状况和预期业绩目标）进行成本效益分析，据此分配财政资金的结果导向型预算模式，强调预算本身的绩效价值和责任导向。在实施主体上，绩效预算主要由财政部门、立法部门的委员会来实施；在实施时机上，绩效预算主要是在财政资金拨付前和预算执行过程中施行，可有多个方案。城市社会治理委员会可签订城市社会治理绩效预算合同，在进行成本效益分析的基础上，合理设置绩效目标，并以此为标杆分配财政资源，促进目标的实现；同时，可提交季度和年度绩效报告，对产出进行评价以适当调整目标，实现城市社会治理的事前和事中控制。在绩效预算执行完毕后，首先，可建立独立的审计部门或者委托社会审计机构，加强对所制定的城市社会治理预期产出或结果的目标及预算执行完毕后取得的绩效的审计，确保绩效审计的权威

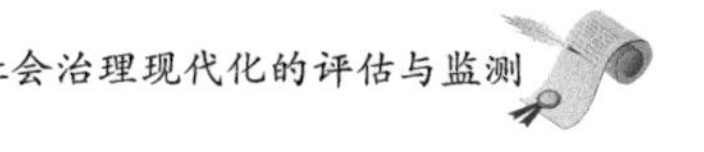

性和独立性。其次，推进绩效审计结果公开，使被审计单位和相关部门自觉接受公众和舆论的监督，并把绩效审计结果运用到对领导干部的考察考核中，逐步建立跟踪问责长效机制。通过有效的审计过程，促进城市社会治理主体活动的透明性，提高城市社会治理质量。

2. 绩效沟通与反馈机制

绩效沟通是绩效管理的核心，是指考核者与被考核者就绩效评估反映出的问题以及考核机制本身存在的问题展开实质性的沟通，并着力于寻求应对之策，服务于后一阶段绩效改善和提高的一种管理方法。城市社会治理是一个系统的工程，涉及一连串的工作环节，若各个环节相互独立、各行其是，必然会导致信息的失真和结果的失效。为了提供一个良好的信息环境，可建立一套有效的绩效沟通协调机制：一是从文件上正式确立沟通机制，确定沟通的形式和频次；二是保证城市社会治理主体上级和下级的沟通渠道，达成工作共识；三是建立、完善目标制定、绩效实施、绩效反馈和绩效改进四个环节的沟通渠道，把绩效评估结论反馈给各被评主体，以促进工作改善和绩效改进，发挥绩效评估的真正作用，保证四个方面相互配合，层层递进。通过建立良好的绩效沟通的形式，将城市社会治理的每个工作环节和相关人员都参与到绩效管理当中，合理确定各部门城市社会治理的目标、职责，在持续有效的沟通前提下，共同完成绩效目标，从而实现城市的发展目标和战略规划。

3. 绩效监测与控制机制

绩效监测与控制是指在整个绩效周期内，对整个绩效管理过程进行监测，预防或解决绩效周期内可能发生的各种问题，以更好地帮助各部门完成绩效计划，以及记录工作过程中的关键事件或绩效信息，为绩效评估提供依据。绩效监测与控制连接绩效计划和绩效评估，是持续时间最长的环节，也是必不可少的环节。在城市社会治理上，要重视过程控制，逐步建立内部监督与外部监测相结合的监测机制，强化事前、事中监督。首先，建立城市社会治理动态监测制度，确保对城市社会治理投资、管理和运行的监测能持续、规范进行，并使其成为绩效评估的重要参考。其次，为监测机制的有效运行提供政策和规划、监测指标与方法、统计与信息服务等配套支持。最后，规范利益相关者参与机制，确保各利益相关者（包括政府部门成员、专家、项目受益群体及其他利益相关者）有权利、有机会、有渠道参与，强化城市社会治理全过程对公众需求与满意度的关注。建立良好的绩效监测与控制机制，能减少各个工作环节的失误，从而促进整个绩效目标的实现。

（三）评估与监测体系建设的保障措施

1. 制度保障

一是要加强相关法律建设。法治是善治的前提，城市社会治理评估需要法律护航。目前，不管是在实践层面还是在学术层面，我国在城市社会治理评估方面才刚刚起步，很多问题需要摸索。良好的城市社会治理必须加强在治理方面的立法，用法律规范城市社会治理的具体内容，保持政策和法律的统一性；还要在此基础上对城市社会治理现代化的评估标准和程序进行立法，促进城市社会治理评估的规范化、科学化和标准化。二是要加强各部分的制度衔接。城市社会治理涉及的内容广泛，涉及不同的治理主体和职能部门，政治、经济和社会制度对城市社会治理评估有不同的价值取向：政治制度侧重稳定和民主，经济制度侧重效率，社会制度侧重社会福利。若缺乏制度衔接，各部门评估以各自标准为主，容易造成评估结果的失真。必须加强各部门在城市社会治理评估方面的制度衔接，在评估标准的设定上，充分考虑不同方面的发展特性，从而确立统一的标准，保证评估内容和评估结果的有效性和真实性，最大可能反映城市社会治理现状。

2. 组织保障

一是按照“政事分离、管办分离”的原则，突破条条块块体制，依法明确各职能部门的职责权限，建立专门的城市社会治理评估委员会，将其作为城市社会治理政策制定、规划和绩效评估的主体。其主要职责为：（1）组织、指导、协调评估管理工作；（2）制定完善的城市社会治理评估规章制度；（3）审定评估计划和评估指标体系；（4）组织开展年度城市社会治理评估工作；（5）审核年度绩效评估结果及其运用建议；（6）接受和处理治理评估中的申诉；（7）研究和协调解决治理评估工作中的重大问题。二是在此基础上，培育第三方治理评估机构，规范其评估行为，重视其评估结论；注重公民在城市社会治理方面的满意度评价，把公民对城市社会治理的关注度和评价作为改善治理的晴雨表。三是注重对城市社会治理评估绩效的独立审计，确保审计工作的独立性、科学性，并实行绩效评估结果公开，增强社会对城市社会治理的监督。

3. 资源保障

一是要加强对城市社会治理评估工作的人力、物力和财力资源保障。城市社会治理是一个系统的工程，涉及治理体系、治理能力、治理结果等方面，是一个输入和输出的过程。不仅城市社会治理本身需要保障充分的资源投入，城市社会治理评估也需要足够的人力、物力和财力支持。要加强对城市社会治理评估工作的重视，建立对城市社会治理评估工作的支持机制，促进城市社会治理评估工作的有序开展。二是要疏通评估的信息获取渠道。城市社会治理评估是依据获取的信息对城市社会治理各项工作进行反馈判断的过程，绩效信息对于有效评估非常重要，有效的评估依赖真实、全面和及时的信息，为此，政府需要建立完整的信息沟通网络、专门的信息管理机构和完善的信息处理机制，以解决城市社会治理评估中数据等资料获取困难的问题。

参考文献

张海. 欧洲发展史新释：从古代到工业革命［M］. 广州：广东人民出版社，2002.

摩尔根. 古代社会：上册［M］. 北京：商务印书馆，1977.

汤普逊. 中世纪经济社会史：下册［M］. 北京：商务印书馆，1984.

谢连科. 城邦与城市［M］. 北京：时事出版社，1985.

高志春. 我国古代城市发展及经济特征：以唐宋为例［J］. 商讯，2020（5）.

李传永. 我国城市的兴起和发展［J］. 四川师范大学学报（哲学社会科学版），1994（1）.

BARNETT D. London，hub of the industrial revolution［M］. New York：St. Martins Press，1999：4.

欧阳萍. 英国城市的发展与近代郊区的兴起［J］. 城市学刊，2016，37（4）.

THOMPSON F M L，GRIFFIN W D. The cambridge social history of Britain 1750—1950（Vol. I）［M］. Cambridge：Cambridge University Press，1990：15.

刘克祥. 近代城市的发展与资本主义中小农场的兴起［J］. 中国经济史研究，1998（3）.

方创琳. 中国城市发展方针的演变调整与城市规模新格局［J］. 地理研究，2014，33（4）.

段瑞君. 中国城市规模及其影响因素研究：来自 284 个地级及以上城市的经验证据［J］. 财经研究，2013（9）.

吉登斯. 现代性的后果［M］. 田禾，等译. 南京：译林出版社，2000.

帕克. 城市社会学［M］. 宋俊岭，等译. 北京：华夏出版社，1987.

齐美尔. 大都会与精神生活［M］. 顾仁明，等译. 上海：学林出版社，2000.

齐美尔. 货币哲学：第1卷［M］. 于沛沛，等译. 北京：中国社会科学出版社，2007.

马克思. 1844年经济学哲学手稿［M］. 中共中央马克思恩格斯列宁斯大林著作编译局，译. 北京：人民出版社，2000.

徐勇. 基于中国场景的“积极政府”［J］. 党政研究，2019（1）.

田毅鹏，胡水. 单位共同体变迁与基层社会治理体系的重建［J］. 社会建设，2015（2）.

田毅鹏. “典型单位制”的起源和形成［J］. 吉林大学社会科学学报，2007（7）.

何海兵. 我国城市基层社会管理体制的变迁：从单位制、街居制到社会制［J］. 管理世界，2003（6）.

厉云飞，黄瑞瑞. 选聘分离：我国城市社会治理的体制创新［J］. 宁波大学学报，2009（6）.

王名，乐园. 中国民间组织参与公共服务购买的模式分析［J］. 中共浙江省委党校学报，2008（4）.

燕妮，高红. 国内老旧小区治理研究现状与热点主题分析：基于CiteSpace知识图谱的可视化分析［J］. 哈尔滨市委党校学报，2019（3）.

罗旭. “智慧党建”助力社会治理［N］. 光明日报，2016-12-20（4）.

吴晓林. 人民日报新论：以社会党建引领社会治理［N］. 人民日报，2019-06-27（9）.

范锐平. 坚持党建引领　强化共建共治　努力建设高品质和谐宜居生活社区［J］. 先锋，2017（9）.

深入推进城乡社区发展治理　建设高品质和谐宜居生活社区［J］. 先锋，2017（9）.

杨舟. 居民参与社会治理能力提升的社会工作介入研究［D］. 咸阳：西北农林科技大学，2019.

王少峰. 探索建立民生工作民意立项机制［N］. 学习时报，2018-

08-03（4）.

阎星，陈艺．走向共建共治共享的社会治理格局［J］．先锋，2019（4）.

黎智洪．从管理到治理：我国城市社会管理模式转型研究［D］．重庆：西南大学，2014.

桑德斯．社会理论与城市问题［M］．郭秋来，译．南京：江苏凤凰教育出版社，2018.

马休尼斯．城市社会学：第6版［M］．姚伟，王佳，译．北京：中国人民大学出版社，2016.

戈特迪纳，哈奇森．新城市社会学［M］．黄怡，译．上海：上海译文出版社，2011.

REX J，MOORE R．Race，community and conflict：a study of sparkbrook［M］．London：Oxford University Press，1967.

刘霞．公共管理学科前沿与发展趋势［J］．公共管理学报，2004（1）.

斯托克，华夏风．作为理论的治理：五个论点［J］．国际社会科学杂志（中文版），1999（1）.

曼德，阿斯夫．善治：以民众为中心的治理［M］．北京：知识产权出版社，2007.

博克斯．公民治理：引领21世纪的美国社会［M］．孙柏瑛，等译．北京：中国人民大学出版社，2014.

奥斯本，盖布勒．改革政府：企业精神如何改革着公营部门［M］．周敦仁，译．上海：上海译文出版社，2006.

王珏青．国内外社区治理模式比较研究［D］．上海：上海交通大学，2009.

衡霞．发挥城乡社区在社会管理中的基础作用［J］．四川大学学报，2012（4）.

蔺雪峰．生态城市社会治理机制研究［D］．天津：天津大学，2011.

过勇，程文浩．城市社会治理水平评价：基于五个城市的实证研究［J］．城市发展研究，2010，17（12）.

廖加固．快速城市化背景下的中国城市社会治理模式创新研究［D］．武汉：武汉大学，2014.

何增科．城市社会治理评估的初步思考［J］．华中科技大学学报

（社会科学版），2015，29（4）.

顾辉．综合评价法在城市社会治理评估指标体系中的应用［J］．江淮论坛，2015（6）.

李宪奇．中国城市社会治理评估模型的建构与应用［J］．江淮论坛，2015（6）.

王珺，夏宏武．五区域中心城市社会治理能力评价［J］．开放导报，2015（3）.

姜军．我国城市社会治理能力评估与提升路径研究［D］．西安：西北大学，2015.

卫梦婉．北京城市社会治理能力评价与提升研究［D］．北京：首都经济贸易大学，2017.

张亚明，裴琳，刘海鸥．我国数字城市社会治理成熟度实证研究［J］．中国科技论坛，2010（5）.

张国玉，余斌．基于城市可持续科学发展能力评价的城市社会治理：以宁波市等37个城市为例［J］．四川行政学院学报，2013（1）.

夏志强，谭毅．城市社会治理体系和治理能力建设的基本逻辑［J］．上海行政学院学报，2017，18（5）.

包雅钧．当前中国社会治理评估的思考［J］．科学决策，2011（7）.

王菁．城市社区民主治理绩效评估体系的构建与指标设计［J］．华东经济管理，2016，30（3）.

庞丹．我国城市和谐社区评估研究［D］．大连：大连理工大学，2008.

俞可平．中国治理评估框架［J］．经济社会体制比较，2008（6）.

陈志勇，卓越．治理评估的三维坐标：体系、能力与现代化［J］．中国行政管理，2015（4）.

彭国甫．价值取向是地方政府绩效评估的深层结构考［J］．中国行政管理，2007（7）.

计永超，焦德武．城市社会治理现代化：理念、价值与路径构想［J］．江淮论坛，2015（6）.

厉玲玲，吕永操．“我们”与城市社会治理体系、治理能力现代化：2014生活与发展研讨会综述［J］．浙江社会科学，2015（2）.

杨宏山．城市社会治理绩效评估的模式比较：以北京市朝阳区和美国巴尔第摩市为例［J］．国家治理，2015（15）.

杨雪锋. 理解城市社会治理现代化 [J]. 经济社会体制比较，2016 (6).

邬晓霞，卫梦婉. 城市社会治理：一个文献综述 [J]. 经济研究参考，2016 (30).

罗一民. 城市现代化离不开政府治理现代化 [J]. 同舟共进，2017 (7).

白鸽，唐小明. 法治城市建设是城市社会治理现代化的必然要求 [J]. 安徽行政学院学报，2015，6 (2).

蓝志勇，胡税根. 中国政府绩效评估：理论与实践 [J]. 政治学研究，2008 (3).

马庆. 关于"公共服务"的解读 [J]. 中国行政管理，2005 (2).

诺斯. 经济史中的结构与变迁 [M]. 上海：上海三联书店，1994.

郑吉峰. 国家治理体系的基本结构与层次 [J]. 重庆社会科学，2014 (4).

梁芷铭，徐福林，许珍. 国家治理体系现代化：理论源流、衡量标准及基本内容 [J]. 理论导刊，2014 (12).

欧阳建国. 社会主义和谐社会综合评价体系研究 [J]. 浙江社会科学，2006 (2).

吴诣民，陈涛. 和谐社会评价指标体系及指标分类研究 [J]. 统计教育，2007 (7).

谢媛. 当代西方国家城市社会治理研究 [J]. 上海经济研究，2010 (4).

田祚雄，杨瑜娴. 主体再造：推进城市社会治理体系现代化的关键 [J]. 学习与实践，2015 (7).

李景鹏. 关于推进国家治理体系和治理能力现代化："四个现代化"之后的第五个"现代化" [J]. 天津社会科学，2014 (2).

张兆曙. 城市议题与社会复合主体的联合治理：对杭州 3 种城市社会治理实践的组织分析 [J]. 管理世界，2010 (2).

向俊杰. 我国生态文明建设的协同治理体系研究 [D]. 长春：吉林大学，2015.

包国宪，周云飞. 中国公共治理评价的几个问题 [J]. 中国行政管理，2009 (2).

施雪华，方盛举. 中国省级政府公共治理效能评价指标体系设计 [J]. 政治学研究，2010 (2).

陈国权，王勤. 责任政府：以公共责任为本位［J］. 行政论坛，2009，16（6）.

俞可平. 国家治理评估：中国与世界［M］. 北京：中央编译出版社，2009.

宋林飞. 社会风险指标体系与社会波动机制［J］. 社会学研究，1995（6）.

陈振明，李东云. “政治参与”概念辨析［J］. 东南学术，2008（4）.

胡荣. 中国人的政治效能感、政治参与和警察信任［J］. 社会学研究，2015，30（1）.

金桥. 上海居民文化资本与政治参与：基于上海社会质量调查数据的分析［J］. 社会学研究，2012，27（4）.

张品. “获得感”的理论内涵及当代价值［J］. 河南理工大学学报（社会科学版），2016，17（4）.

丁元竹. 让居民拥有获得感必须打通最后一公里：新时期社区治理创新的实践路径［J］. 国家治理，2016（2）.

丛中，安莉娟. 安全感量表的初步编制及信度、效度检验［J］. 中国心理卫生杂志，2004（2）.

孙三百，黄薇，洪俊杰，等. 城市规模、幸福感与移民空间优化［J］. 经济研究，2014，49（1）.

曹现强，李烁. 获得感的时代内涵与国外经验借鉴［J］. 人民论坛·学术前沿，2017（2）.

黄嘉文. 教育程度、收入水平与中国城市居民幸福感：一项基于CGSS2005的实证分析［J］. 社会，2013，33（5）.

徐延辉，黄云凌. 城市低收入居民的幸福感及其影响因素研究［J］. 经济社会体制比较，2013（4）.

王珂. 城市居民主观幸福感及其影响因素研究［D］. 北京：中国矿业大学，2015.

李珊珊. 大中城市居民幸福感的比较研究［D］. 南昌：南昌大学，2014.

曾永泉. 转型期中国社会风险预警指标体系研究［D］. 武汉：华中师范大学，2011.

江易华. 当代中国县级政府基本公共服务绩效评估指标体系的理论构建与实证研究：基于社会公正的视角［M］. 北京：中国社会科学出版

社，2010.

于涛，粟方忠. 社会经济统计学原理［M］. 武汉：武汉大学出版社，1996.

谭跃进. 定量分析方法［M］. 北京：中国人民大学出版社，2002.

后　记

本书是在完成2017年中共成都市委市政府委托课题“特大城市社会治理体系和治理能力现代化”的基础上进行修改完善而成的。本课题由姜晓萍教授任主持人，衡霞教授、田昭老师负责了整个课题的内外调研、分工与协调工作，还分别承担了本书多个章节的部分撰写和全部撰写工作，以及负责全书的修订工作。课题组成员范逢春教授是理论框架的主要设计者，夏志强、郭金云、李晓梅、李强彬、黄超、刘磊、沙治慧、雷尚清、杨磊、刘锐等研究成员均参与了本书部分章节的撰写工作。

本书在出版的过程中获得了中共成都市委社会发展治理委员会的大力支持。另外，本书中部分内容的调研还获得多个市级部门，武汉、上海、杭州、广州、深圳等多个地方政府部门的大力协助，同时也特别感谢浙江大学胡税根教授给予调研与课题研究的大力支持。借本书出版之际，特向支持本课题研究和本书出版的朋友们表示由衷的感谢。

本书是基于宏观的制度设计与问题导向的方案设计，难免有一孔之见，欢迎社会各界批评指正，以致诚挚交流之意。

2021年1月

图书在版编目（CIP）数据

中国城市社会治理/姜晓萍，衡霞，田昭著. --北京：中国人民大学出版社，2021.4
（国家治理研究书系）
ISBN 978-7-300-29260-1

Ⅰ. ①中… Ⅱ. ①姜… ②衡… ③田… Ⅲ. ①城市管理-研究-中国 Ⅳ. ①F299.23

中国版本图书馆 CIP 数据核字（2021）第 063112 号

国家治理研究书系
中国城市社会治理
姜晓萍　衡霞　田昭　著
Zhongguo Chengshi Shehui Zhili

出版发行	中国人民大学出版社		
社　　址	北京中关村大街 31 号	**邮政编码**	100080
电　　话	010－62511242（总编室）		010－62511770（质管部）
	010－82501766（邮购部）		010－62514148（门市部）
	010－62515195（发行公司）		010－62515275（盗版举报）
网　　址	http://www.crup.com.cn		
经　　销	新华书店		
印　　刷	唐山玺诚印务有限公司		
开　　本	720 mm×1000 mm　1/16	**版　　次**	2021 年 4 月第 1 版
印　　张	15	**印　　次**	2024 年 7 月第 3 次印刷
字　　数	241 000	**定　　价**	88.00 元